LAROUSSE

LIVRES DE BORD

Difficultés grammaticales

René Lagane,
agrégé de grammaire

D0556368

LAROUSSE

© Larousse 1995
© Larousse 2004 pour la présente édition
ISBN 2-03-533126-9 et 2-03-533120-X

COMPOSITION : EURONUMÉRIQUE, MONTROUGE
IMPRESSION : CLERC S.A.S. - 18200 SAINT-AMAND-MONTROND - N° IMPRIMEUR : 9319
DÉPÔT LÉGAL : AVRIL 1995 - N° DE PROJET : 11004416
IMPRIMÉ EN FRANCE - AOÛT 2006

VANT-PROPOS

À côté d'une grammaire simple et complète, il y a place pour un livre différent, essentiellement pratique, consacré à un grand nombre de points particuliers sur lesquels on peut, à juste titre, s'interroger ou hésiter : problèmes d'accord et de construction, choix des modes et des temps (concernant la syntaxe), sens et valeurs des différents moyens d'expression (c'est-à-dire sémantique et style).

DES QUESTIONS MULTIPLES

C'est surtout lorsque l'on rédige que les questions se posent. Par exemple, comment employer *soi-disant* ? comment choisir entre *dont, de qui, duquel* ? la construction *celui prévu* est-elle correcte ? de quelle préposition faire suivre le verbe *consister* : *à* ? *en* ? *dans* ? quelle construction du verbe *croire,* et quel mode employer dans la subordonnée qui en dépend, pour traduire précisément son idée ? Vaut-il mieux terminer une lettre par *En attendant une confirmation de votre part, veuillez agréer...* ou par *En attendant une confirmation de votre part, je vous prie d'agréer...* ? etc.
Mais il peut aussi arriver que l'on ait quelque peine à interpréter le langage d'autrui, par exemple des locutions comme *rien moins que,* en parallèle avec *rien de moins que,* ou encore une phrase comportant un *ne* dit « explétif ».

DES RÉPONSES ADAPTÉES AUX MULTIPLES SITUATIONS

Les réponses proposées ici à ce genre de questions sont apportées non pas en application de dogmes grammaticaux, mais en référence à l'usage actuel dans sa diversité.
Est-il utile, en effet, de rappeler qu'on ne s'exprime pas de la même façon selon les différentes circonstances où l'on se trouve ? Si une familiarité déplacée peut discréditer quelqu'un, une expression recherchée jusqu'à l'affectation peut aussi le ridiculiser, à moins que l'intention plaisante ne soit manifeste, en vue d'un effet de drôlerie. Tout est affaire de discernement et de maîtrise, et le « bon usage », ainsi compris, est celui qui convient à la situation de communication et à l'intention de celui qui s'exprime.

L'AIDE APPORTÉE

● Quand une même idée peut être exprimée sous plusieurs formes grammaticales, ces formes sont signalées ici et caractérisées par rapport à une situation : usage **courant,** ou **familier,** ou **soutenu,** ou **littéraire,** voire **archaïsant.** L'usage **surveillé** se définit par opposition à un usage **relâché** qui, comme l'usage ordinairement appelé « **populaire** », ou même l'usage **familier,** est incompatible avec le caractère soigné attendu dans la plupart des textes écrits ou dans certaines interventions orales.

● Certains écarts pouvant apparaître spontanément, mais reconnus à la réflexion étrangers à toute norme linguistique, sont marqués d'un astérisque ; par exemple : *Ne t'inquiète pas de comment ça se passera, ou *Ce projet ressemble et diffère tout à la fois du précédent sont des phrases à éviter.

● Pour la plupart des expressions signalées comme littéraires, ou archaïques, ou familières, etc., ou encore présentées comme aberrantes par rapport à l'emploi grammatical habituel, des équivalences sont proposées dans l'usage courant ou surveillé ; le livre joue alors le rôle de « dictionnaire des synonymes syntaxiques » (ou même lexicaux). S'il est vrai qu'aucune classification rigoureuse des divers modes d'expression ne peut être établie, une longue pratique des dictionnaires et une bonne familiarité avec de grands ouvrages grammaticaux de référence ont facilité une évaluation raisonnable des registres (appelés aussi « niveaux de langue ») correspondant aux situations de communication.

● Quelques articles de caractère général, comme sujet, complément, etc., visent moins à résoudre des difficultés, ou à mettre en garde contre des faux-pas, qu'à rappeler des notions de base en éveillant des réflexions souvent utiles ou à présenter une vue panoramique succincte.

● D'autres articles généraux, comme cause, comparaison, concession, etc., offrent un éventail de moyens d'expression d'une même idée, c'est-à-dire de synonymes au sens large.

De même qu'un guide touristique est un conseiller qui décrit des lieux tantôt à leur ordre alphabétique, tantôt dans le cadre d'une région ou d'un itinéraire, ce guide grammatical propose son aide en intégrant souvent les remarques sur des faits particuliers dans des ensembles plus larges. Cette disposition explique la grande abondance des renvois très précis tant dans le répertoire alphabétique des « entrées » qu'à l'intérieur des articles.

René Lagane

Abréviations
utilisées dans l'ouvrage

adj.	adjectif	nég.	négation ou négatif
adv.	adverbe	n. f.	nom féminin
compl.	complément	n. m.	nom masculin
condit.	conditionnel	part.	participe
conj.	conjonction	pop.	usage populaire
fam.	usage familier	prép.	préposition
indic.	indicatif	prop.	proposition
infin.	infinitif	qqn	quelqu'un
interr.	interrogation	qqch	quelque chose
	ou interrogatif	subj.	subjonctif
littér.	usage littéraire	*	expression incorrecte
n.	nom		grammaticalement

A

à

1. Les emplois de la préposition *à* sont extrêmement divers.

On trouvera des remarques la concernant dans de nombreux articles, notamment à :
affaire, 1 *(avoir affaire à)* ;
agent, 3 *(faire, laisser* + infin. *à)* ;
aider, 1 ; aimer, 1 et 2 ;
aller, 3 *(aller au dentiste)* ;
atteindre ; attention, 4 ;
avec, 1 *(associer, comparer,* etc., *à)* ;
bénéficier ; causer ;
c'est, 2 *(c'est à lui à qui)* ;
commencer, 1 et 3 ; consister, 1 ;
continuer ; convenir, 1 ; croire, 2 ;
en, II, 3 *(à Avignon)* ; essayer, 1 et 3 ;
éviter, 2 ; faute, 1 *(c'est la faute à)* ;
fois, 1 *(à chaque fois)* ; fournir, 1 et 2 ;
garde *(prendre garde à)* ; goûter ;
grâce *(avoir mauvaise grâce à)* ;
hésiter ; ici *(d'ici à)* ; jamais, 5 ;
jusque, 2 *(jusqu'à aujourd'hui)* ; manquer, 3 et 5 ; matin, 1 *(hier au matin, au soir)* ;
mettre *(mettre à* + infin.*)* ; nouveau, 2 ;
numéraux, 6 et 8 *(cinq à six, être à cinq)* ;
obliger ; occuper, 1 ; pallier ;
paraître, 2 *(à ce qu'il paraît)* ; participer ;
partir *(partir à Paris)* ; peine ;
prendre, 5 et 7 *(se prendre à* + infin., *s'en prendre à)* ;
prétendre, 3 ; raison ; savoir, 7 ; servir ;
tâcher ; tenir, 3 *(tenir à honneur)* ; terre ;
toucher ; tour ; travers ; un, 6 *(l'un à l'autre)*.

2. À/de (possession, appartenance). La construction *le fils à la concierge* est de l'usage très familier ou populaire ; dans l'usage surveillé, on dit *le fils de la concierge.* Avec un pronom personnel, on dit couramment *C'est un cousin à moi* = c'est un de mes cousins).

Quand on dit *C'est une idée de lui,* on souligne le fait que la personne en question est l'auteur de l'idée, alors que *C'est une idée à lui* signifie seulement « c'est une de ses idées ».

3. À/en (moyen de déplacement). On dit *aller à pied, à cheval,* mais *en voiture, en bateau.* L'emploi de *en* tend à se généraliser : on dit généralement *en vélo, à* (ou *en*) *bicyclette, en* (ou *à*) *moto, en* (ou *à*) *skis, en patins à roulettes, en planche à voile.*

4. C'est à vous à (ou de) + infin. Ces deux constructions s'emploient à peu près indifféremment, *de* étant cependant plus usuel :

> *C'est à vous à vous occuper* (ou *de vous occuper*) *de cette affaire. Ce n'est pas à moi de juger. C'est à qui de jouer ?*

5. À + infin. /à ce que/que. De nombreux verbes peuvent être suivis de *à* et d'un infinitif ayant même sujet que leur sujet ou leur complément d'objet :

> *Je parviens à comprendre. Je l'aide à comprendre.* (Voir infinitif, II, 2.)

● Quand il n'y a pas cette identité de sujet (ou entre sujet de l'infinitif et complément d'objet du verbe), ces verbes sont souvent suivis d'une subordonnée au subjonctif introduite par *à ce que :*

> *Il faut parvenir à ce que chacun comprenne. Ces explications aident à ce que tout soit clair.*

Cette construction s'applique notamment aux verbes suivants :

> *aboutir, s'accoutumer, aider, s'appliquer, arriver, s'attacher, chercher, concourir, condescendre, conduire, contribuer, se décider, s'employer, s'exposer, gagner, s'habituer, s'intéresser, mener, s'occuper, parvenir, pourvoir, se refuser, renoncer, se résigner, se résoudre, réussir, revenir, tendre, tenir, travailler, veiller, viser, voir.*

● Les verbes ou locutions *aimer, s'attendre, consentir, demander, faire attention, prendre garde* peuvent être suivis soit de *à ce que* + subj., soit simplement de *que.* (Voir ces mots à leur ordre.)

6. À/avec, voir avec, 1.

absolu, absolument

1. On dit qu'on a affaire à un emploi absolu d'un mot (ou que ce mot est employé absolument) quand ce mot est employé dans une phrase sans le complément ou le régime qu'on peut s'attendre à rencontrer. C'est le cas, par exemple, d'un verbe transitif employé sans complément d'objet (voir **verbe**, 1) ou d'une préposition employée adverbialement (voir **préposition**, 2).

2. Participe absolu, voir participe, IV.

---

s'abstenir de + infin. → *infinitif*, II, 2 ;
  (verbe) pronominal, 2
abstrait : *nom abstrait* → *nom*, 1
abuser de qqch/ de ce que + indic. →
  de, 10
accepter de + infin. → *infinitif*, II, 2
accompli → *aspect*, 1

---

accord

A. Accord du verbe.

I. VERBE AYANT UN SUJET UNIQUE.

En règle générale, le verbe s'accorde avec ce sujet en personne, en nombre et éventuellement (pour le participe) en genre.

1. Nom collectif sujet (ex. *une foule de*, etc.), voir **collectif**. Voir aussi **(la) plupart**.

2. Assez de, beaucoup de, trop de, etc. Quand ces expressions servent de déterminant à un nom pluriel sujet, le verbe s'accorde avec ce nom pluriel :

> *Trop de questions sont restées sans réponse.* (Voir beaucoup, 2.)

3. Sujet il (impersonnel), ce, qui, voir impersonnel ; ce, II, 3 ; être, 1, 4, 5 ; si, I, 4 ; qui, 2, 3, 4, 5.

II. VERBE AYANT PLUSIEURS SUJETS.

1. Plusieurs noms désignant un même être ou une même chose.
Dans ce cas, le verbe est au singulier :

> *L'inventeur et le promoteur de ce procédé était un artisan.*

2. Noms quasi synonymes. Le verbe est souvent au singulier :

> *Sa crédulité et sa naïveté est incroyable* (ou *sont incroyables*).

3. Mots constituant un ensemble. Le verbe est ordinairement au singulier :

> *Écouter et se taire est parfois difficile. Une critique, une remarque, une simple allusion lui est insupportable* (ou *lui sont insupportables*).

4. Sujets résumés par un mot. C'est ce mot qui commande l'accord :

> *Les cris, les pétards, les flonflons, tout ce vacarme est assourdissant.*

5. Sujets reliés par ainsi que, avec, comme, de même que, aussi bien que, etc. L'accord se fait tantôt au singulier, tantôt au pluriel (en général au singulier si les sujets sont séparés par une pause) :

> *Son frère, ainsi que sa sœur, est passionné de musique*, ou *son frère ainsi que sa sœur sont passionnés de musique.* (Voir **avec**, 2.)

6. Sujets reliés par ou, ni. L'accord se fait tantôt au singulier, surtout si l'on considère ces sujets comme des termes distincts ou opposés, tantôt au pluriel :

> *La réussite ou l'échec dépend du choix initial. Une erreur ou un défaut d'attention peut* (ou *peuvent*) *tout compromettre. Ni la douceur ni la menace ne peut* (ou *ne peuvent*) *le faire changer d'avis.*

7. Pronoms personnels sujets. Si les sujets coordonnés par *et, ou, ni* ne sont pas de la même personne (donc comprennent des pronoms personnels), le verbe est au pluriel ; la 1re personne prévaut sur la 2e et/ou la 3e, et la 2e personne prévaut sur la 3e :

> *Pierre, toi et moi sommes d'accord sur ce point. Lui ou toi pouvez régler l'affaire. Ni lui ni moi n'y pouvons rien.*

Le plus souvent, on reprend ces sujets par le pronom personnel de la personne qui prévaut :

> *Pierre, toi et moi, nous sommes d'accord sur ce point. Lui ou toi, vous pouvez régler l'affaire.*

8. Sujet l'un et l'autre, l'un ou l'autre, voir **un**, 5. **Sujet tout ce qu'il y a de + n.,** voir **tout**, 6.

B. Accord du participe passé, voir participe, II.

C. Accord de l'adjectif, voir adjectif, 3.

---

d'accord : *être d'accord sur qqch/de
  qqch* → *sur*, 4
accoucher, accourir → *auxiliaire*, 3

---

accoutumer

1. Ce verbe est moins usuel que *habituer*, dont il est l'équivalent ; son complément (nom ou infinitif) est ordinairement introduit par *à* :

> *On ne nous avait pas accoutumés à tant de précautions. Je suis accoutumé à ses caprices. Il s'est accoutumé à vivre en solitaire.*

2. La construction *avoir accoutumé de* + infin. est archaïque :

> *Il avait accoutumé de répéter ce proverbe* (usage courant : *Il avait l'habitude* [ou, plus rarement : *Il avait coutume*] *de répéter ce proverbe*).

3. S'accoutumer à + infin./à ce que + subj., voir à, 5.

s'acharner après (contre) qqn, qqch → *après,* 3 ; **s'acharner à** + infin. → *infinitif,* II, 2
achever → *finir,* 2 ; **achever de** + infin. → *infinitif,* II, 2
acrostiche → *genre,* 7
actif : *forme active* → *phrase,* 2 ; *voix active* → *verbe,* 3
action : *sous l'action de* → *sur,* 1
actuel → *aspect,* 2
adage → *genre,* 7

adjectif

L'adjectif est un mot qui se joint à un nom ou à un pronom pour le qualifier ou le déterminer. On distingue les adjectifs qualificatifs : *grand, difficile, solitaire,* etc., et les adjectifs déterminatifs, comme les numéraux ordinaux : *premier, troisième,* etc.

● Adjectif verbal, voir **participe,** 1 et 2.

1. Fonctions. L'adjectif peut être
— épithète : *Un conducteur prudent ralentit ;*
— attribut : *Le conducteur est* (ou *devient, reste, semble*) *prudent ;*
— apposé, ou mis en apposition : *Le conducteur, prudent, ralentit.*

2. Degrés. On appelle « comparatif » d'un adjectif l'ensemble formé par cet adjectif et les adverbes *plus* (comparatif de supériorité), *moins* (comparatif d'infériorité), *aussi* ou *si* (comparatif d'égalité) :

> *Son jardin est plus long, moins large, aussi ombragé que le mien.*

● On appelle « superlatif » d'un adjectif cet adjectif modifié par *le plus* (superlatif relatif) ou *très, fort, extrêmement,* etc. (superlatif absolu) :

> *Son jardin est le plus fertile, est très fertile.* (Voir **meilleur, pire, moindre.**)

3. Accords. L'adjectif s'accorde en genre et en nombre avec le nom (ou les noms) ou le pronom (ou les pronoms) auxquels il se rapporte :

> *Un grand fauteuil. Une grande table. Ces triangles sont égaux.*

● Un adjectif se rapportant à plusieurs noms de genre différent se met au masculin pluriel :

> *Une table et un fauteuil neufs. Une taille ou un poids excessifs. Les rues et le boulevard étaient déserts.* Mais : *Un bœuf et une vache laitière. Une revue ou un journal quotidien* (l'adjectif ne se rapporte qu'à un seul des noms).

● On évite de préférence de placer un adjectif ainsi employé au masculin pluriel immédiatement auprès d'un nom féminin, du moins quand la prononciation du féminin de l'adjectif est différente de celle du masculin ; on dit plutôt, dans l'usage surveillé, *une robe et un chapeau violets* que *un chapeau et une robe violets.*

● On met parfois au singulier deux adjectifs coordonnés par *et, ou,* se rapportant à un nom exprimé une seule fois au pluriel au lieu d'être répété : *les Codes civil et pénal* (= le Code civil et le Code pénal).

4. Place de l'adjectif épithète.

A. Antéposition.
Il existe une liste limitée d'adjectifs qui sont ordinairement placés avant le nom (antéposés) ; ces adjectifs n'ont le plus souvent qu'une ou deux syllabes : *beau, bon, grand, gros, vieux, joli, petit, mauvais,* etc. : *un beau château,* et non **un château beau.*

B. Postposition.
Certains adjectifs sont toujours placés après le nom (postposés), en particulier :

● ceux qui sont issus de participes passés ou (moins systématiquement) de participes présents : *fatigué, apprivoisé, ravi, connu, clos, ambulant, cassant,* etc. : *un voyageur fatigué,* et non **un fatigué voyageur ; les numéros gagnants* et non **les gagnants numéros ;*

● ceux qui classent dans des ensembles en indiquant la nationalité, la religion, la catégorie administrative, technique, géographique, sociale, etc. *(français, catholique, municipal, électrique)* : *le gouvernement français,* et non **le français gouvernement ;*

• ceux qui décrivent en indiquant une forme, une couleur : *triangulaire, sphérique, bleu, violet* : *une robe bleue,* et non **une bleue robe.*

C. Antéposition / postposition.

Un grand nombre d'adjectifs peuvent être soit antéposés, soit postposés selon des règles ou des tendances relevant de la grammaire proprement dite, du rythme, du sens ou de l'expressivité.

• Tout adjectif, même s'il est ordinairement antéposé, se place après le nom quand il est suivi d'un complément : *un bon repas* (et non **un repas bon*), mais *un repas **bon pour des cochons.***
S'il est coordonné à un ou plusieurs adjectifs, il peut être aussi postposé : *un repas **bon** et **copieux,*** mais l'antéposition des deux adjectifs est souvent possible : *un **bon** et **copieux** repas.*

• On évite de placer un adjectif long devant un nom d'une seule syllabe constituant la fin d'un groupe rythmique. On dit normalement *des cris bouleversants,* et non *de bouleversants cris,* mais *de bouleversants cris de détresse* est une construction usuelle, surtout dans un texte écrit.

• L'antéposition de l'adjectif indique parfois une qualité conçue comme inhérente : l'ensemble adjectif + nom exprime alors une notion globale, alors que la postposition exprime une représentation de la qualité ayant valeur distinctive :

> *Les courageux soldats ont été félicités* (tous les soldats, qui sont auréolés de courage) / *Les soldats courageux ont été félicités* (seulement ceux des soldats qui ont montré du courage).

On peut constater que, dans de tels exemples, la modification de sens correspondant au changement de place de l'adjectif est importante.

• L'adjectif antéposé exprime souvent une vision subjective, une appréciation ; il se charge d'une valeur affective, par opposition à la vision objective, à la valeur descriptive de ce même adjectif postposé : un *pauvre homme* est un homme sur lequel je m'apitoie (même s'il est riche) ; un *homme pauvre* peut être objectivement déclaré tel sur des critères financiers.
De même pour *un brave garçon / un garçon brave ; mon cher ami / du tissu cher.*
Ce type d'opposition rend compte du sens dit « figuré » pris par certains adjectifs antéposés, par rapport au sens « propre » qu'ils ont en postposition : *une étroite obligation / une rue étroite ; un noir chagrin / du tissu noir ; de vertes remontrances / un ruban vert.*
On voit par de tels exemples qu'on peut avoir affaire à deux sens nettement différents de l'adjectif.
Souvent, l'antéposition est un trait de l'usage littéraire qui ajoute une simple nuance affective : les *vertes campagnes* sont certes de couleur verte, comme la *campagne verte,* mais, en outre, le vert y est évocateur de fraîcheur, de paix.

5. **Adjectivation :** ***blessé grave, blessé léger.*** Les expressions *un blessé grave, un blessé léger* sont un raccourci de *un homme blessé gravement, un homme blessé légèrement,* avec un double transfert de nature : emploi comme nom du participe-adjectif *blessé* et transformation en adjectifs des adverbes *gravement* et *légèrement* (voir **nominalisation,** 3).
Ces expressions sont très couramment usitées, sans risque d'équivoque, en dépit de certaines critiques signalant, par exemple, qu'un homme légèrement blessé peut ne pas être léger à transporter — remarque d'un humour douteux.
On dit de même, avec des transferts analogues : *un grand blessé, un handicapé mental, un débile profond, un paralytique général* (surtout dans le langage médical), *un assuré social,* etc.

admettre

1. ***Admettre que* + indic. ou condit.** Le verbe de la subordonnée dépendant de *admettre* est à l'indicatif ou au conditionnel quand *admettre que* signifie « convenir du fait que, reconnaître que » :

> *J'admets qu'on ne **pouvait** pas faire autrement. J'admets que ce **serait** surprenant.*

2. ***Admettre que* + subj.** Le verbe de la subordonnée est au subjonctif quand *admettre que* signifie « prendre comme hypothèse que » ; c'est le cas en particulier aux formes *admettons, admettez que, en admettant que* :

> *Admettons qu'il **ait eu** un empêchement, il aurait tout de même pu prévenir. En admettant que nous **acceptions,** qu'est-ce que nous y gagnerons ?*

• Le verbe de la subordonnée est aussi au subjonctif quand *admettre que* signifie « accepter, tolérer que, consentir à ce que » ou « en venir à l'idée que » :

> *J'admets qu'on lui **reconnaisse** des circonstances atténuantes.*

C'est souvent le cas quand *admettre* est à la forme négative ou interrogative ou dans un contexte restrictif :

*Je n'admets pas qu'on **mette** ma parole en doute. Comment pouvez-vous admettre qu'on **agisse** ainsi à votre égard ? J'ai peine à admettre qu'on **soit** aussi négligent. Il est difficile d'admettre qu'on ne **tienne** pas compte de cet argument.*

3. Être admis auprès de qqn, voir auprès, 2.

s'adonner à + infin. → *infinitif,* II, 2

adverbe

1. Les adverbes sont des mots en principe invariables (mais voir ci-dessous n° 3 et **tout,** 7 et 13). On peut distinguer des adverbes circonstanciels (manière, lieu, temps, cause, etc.) : *ainsi, facilement, là, toujours, pourquoi,* etc. ; des adverbes de quantité et de négation : *très, beaucoup, ne... pas,* etc. ; des adverbes d'opinion et modalisateurs : *oui, non, peut-être, probablement,* etc. ; des adverbes de liaison : *puis, ensuite,* etc.

● Les adverbes, comme les adjectifs, peuvent avoir des formes de comparatif : *plus facilement,* etc., ou de superlatif : *le plus facilement ; très facilement.*

2. Adverbes en *-ment.* Un grand nombre d'adjectifs ont un correspondant adverbial en *-ment : un travail facile → il travaille facilement ; une légère différence → un résultat légèrement différent,* etc.

● Ces adverbes se forment en principe par addition du suffixe *-ment* au féminin de l'adjectif ; cependant certaines formations sont particulières.

● Tout adjectif ne donne pas lieu à la formation d'un adverbe en *-ment* couramment employé. Des mots comme **geignardement, clairvoyamment,* pourtant formés régulièrement sur *geignard, clairvoyant,* ne sont pas en usage.
En cas de doute, il est prudent de s'assurer grâce à un dictionnaire du caractère usuel d'un adverbe en *-ment.* On peut employer un complément de manière au lieu de l'adverbe, par ex. *d'un air geignard, avec clairvoyance.*

● Le sens d'un adverbe en *-ment* correspond souvent à un seul des divers sens de l'adjectif ; par ex., *vertement* correspond au sens de *vert* dans une expression comme *de vertes réprimandes.* Parfois même le sens de l'adverbe en *-ment* est différent de celui de l'adjectif : *incessamment* signifie seulement aujourd'hui « d'un instant à l'autre, très bientôt », alors que *incessant* signifie « continuel, qui ne cesse pas ».

● L'abus des adverbes en *-ment* risque d'alourdir les phrases. C'est pourquoi, par exemple, au lieu de *incroyablement rapidement,* on dira plutôt *avec une incroyable rapidité.*

3. Adjectifs employés adverbialement.
Un certain nombre d'adjectifs, en général courts, peuvent s'employer comme adverbes :

*Ces fleurs sentent **bon**. Nous avions vu juste. Ces paquets pèsent **lourd**.*

Quand pour un même adjectif il y a possibilité d'emploi adverbial et formation d'un adverbe en *-ment,* en principe les deux adverbes ne sont pas interchangeables : on dit *s'élever **haut**, parler **haut**,* mais *revendiquer **hautement** un droit ; voir **clair**,* mais *voir clairement la situation ; boire **sec**,* mais *répondre **sèchement**,* etc.

● Quelques adjectifs employés adverbialement sont variables en genre et en nombre :

*Une fenêtre **grande** ouverte (= ouverte en grand). Des fleurs **fraîches** écloses (= récemment écloses). Elle est **bonne** dernière (= tout à fait dernière).*

4. Place. Un adverbe modifiant un verbe se place ordinairement après ce verbe ou, aux formes composées, après l'auxiliaire :

*Je vous approuve **complètement**. J'avais **totalement** oublié ce détail. Il travaille **beaucoup**. Il a **beaucoup** travaillé. Il ne vient **jamais**. Il n'est **jamais** venu.*

● Cependant un adverbe peut souvent se placer après le participe :

*Elle avait oublié **totalement** ce détail.*

C'est même la seule place possible pour certains adverbes, notamment de lieu ou de temps :

*Il est allé **ailleurs**. Je me suis couché **tard**.*

● Un adverbe modifiant un adjectif ou un autre adverbe se place ordinairement avant lui :

*Un résultat **complètement** faux. Un arbre **toujours** vert.*

● Un adverbe modifiant un participe se place tantôt avant lui, tantôt après lui :

*Un terrain **récemment** acquis ou acquis **récemment**.*

affaire

1. Avoir affaire à/avec. La construction avec *à* est la plus usuelle.

- **Avoir affaire à qqn,** c'est se trouver en rapport avec lui, avoir à lui parler :

    J'ai eu affaire à un employé très serviable.

- **Avoir affaire à qqch,** c'est avoir à s'en occuper, être en présence de cela :

    Nous avons affaire à un problème très délicat.

- **Avoir affaire avec qqn** s'emploie parfois avec le même sens, mais on prend plutôt cette construction au sens plus particulier de « avoir à traiter, à débattre une affaire avec quelqu'un » :

    J'ai rendez-vous avec le notaire : j'ai affaire avec lui au sujet de cette vente.

On écrit aussi *avoir à faire à* ou *avec.*

2. Qu'ai-je affaire de + n. ou infin. ? Cette expression, qu'on écrit aussi *Qu'ai-je à faire de... ?*, est de l'usage soutenu et marque l'indifférence ou le refus :

Qu'ai-je affaire de ses conseils ? (usage très familier : *Ses conseils, j'en ai rien à faire*). *Qu'avons-nous à faire de perdre notre temps en palabres ?*

---

affecter de + infin. → **infinitif,** II, 2
affirmatif : *forme affirmative* → **phrase,** 2
affirmer que → **croire,** 6
s'affliger de ce que/de + infin. → **de,** 10
afin de, que → **but ; pour,** 1 ; **conjonction,** 1

(complément d') agent

1. Le complément d'agent d'un verbe passif (qui serait sujet de la phrase active correspondante) est introduit ordinairement par la préposition *par* :

La séance était présidée par le ministre (actif : *Le ministre présidait la séance*).

2. Parfois ce complément peut aussi être introduit par la préposition *de,* par exemple :

- quand le verbe passif exprime plutôt l'état que l'action en cours :

    Le sol était couvert d'une couche de neige ;

- en particulier avec des verbes exprimant

— un sentiment (*aimer, haïr, préférer, craindre, redouter,* etc.) :

    Il était détesté de tous (ou *par tous*) ;

— une opération de l'esprit (*comprendre, ignorer, oublier,* etc.) :

    Un texte de loi ignoré de (ou *par*) *la plupart des gens ;*

- quand le verbe indique une situation dans l'espace (*entourer* = être autour de, *précéder* = être devant, *accompagner* = être auprès de, etc.) :

    La voiture présidentielle était précédée (*entourée, suivie,* etc.) *de motards* (mais : *était protégée par des motards*). *Le clocher est surmonté d'une girouette* (= une girouette est au-dessus).

- Les mêmes principes s'appliquent au complément d'agent dans des constructions à l'infinitif avec *se laisser* et *se faire* :

    Il s'est fait détester de (ou *par*) *tout le monde. Il s'est fait accompagner de* (ou *par*) *son secrétaire.*

3. Faire, laisser + infin. ... par/à.

- Si l'infinitif introduit par *faire* ou *laisser* a un complément d'objet direct, le complément d'agent peut être introduit par *par* :

    Il faut faire établir un devis par un architecte. Ne laissons pas prendre nos places par des resquilleurs.

Il est souvent aussi introduit par *à*, ou, si c'est un pronom personnel, il prend les formes *me, te, nous, vous, lui, leur* :

    On a fait écouter ce disque aux enfants. On leur a fait écouter ce disque. Il a laissé deviner ses projets à son interlocuteur. Il lui a laissé deviner ses projets.

Enfin, avec *laisser* (mais non avec *faire*), l'agent peut aussi être construit sans préposition (il est agent et sujet de l'infinitif) :

    Ne les (ou *leur*) *laissons pas prendre nos places. Ne laissons pas des resquilleurs prendre nos places. Je le* (ou *lui*) *laisse diriger les opérations. Je laisse Pierre diriger les opérations.*

- Si l'infinitif n'a pas de complément d'objet direct, l'agent est construit sans préposition :

    L'architecte fait travailler les maçons. Faites-le venir. Laissez passer les gens pressés. Laissez-le parler.

4. Le pronominal passif (v. passif, 4) ne reçoit pas de complément d'agent. On ne dit pas **Ces poteries se fabriquent en*

Provence par des artisans ; on peut alors employer le passif proprement dit *(sont fabriquées par).*

agir

1. En agir, au sens de « se conduire (de telle ou telle façon) » est une locution littéraire analogique de la locution archaïque *en user* :

> *Est-ce ainsi qu'il en agit avec ceux qui l'ont aidé ?*

2. S'agir se conjugue avec l'auxiliaire *être*, comme tous les verbes pronominaux :

> *Quand il s'est agi de payer* (et non **quand il s'a agi* ou **quand il a s'agi*).

● **Il s'agit que + subj.** s'emploie parfois, au sens de « il faut que », au lieu de la construction infinitive, quand on veut exprimer le sujet :

> *Il s'agit que vous ne commettiez pas d'erreur* (ou *Il ne s'agit pas que vous commettiez d'erreur*). *Il s'agit que tout le monde soit bien d'accord.*

● **Il s'agit que + indic.** est de l'usage très familier, au sens de « il s'agit du fait que » :

> *Tu crois toujours qu'on t'en veut : il ne s'agit pas de ça. Il s'agit que tu es toujours en retard* (= la vérité c'est que).

3. S'agissant de + n. ou infin. est un cas particulier de participe absolu sans sujet. L'expression appartient à l'usage soutenu ou administratif, au sens de « puisqu'il s'agit de, quand il s'agit de » :

> *S'agissant d'un accident du travail, vous avez droit à une indemnité. Je demande à réfléchir, s'agissant d'engager une telle dépense.*

aider

1. Aider (à) qqn (à + infin.) / aider (à) qqch (à + infin.). On dit normalement *aider quelqu'un*, mais l'ancienne construction *aider à quelqu'un* se rencontre parfois encore, surtout avec *lui* ou *leur* comme complément :

> *Je les ai aidés à finir ce travail* ou, plus rarement : *Je leur ai aidé à finir ce travail. On l'a un peu aidé* ou *On lui a un peu aidé.*

● On dit ordinairement *aider à quelque chose* (= le faciliter, le favoriser) :

> *Ces notes aident à la compréhension du texte* (ou *à comprendre le texte*).

Toutefois, l'usage courant admet parfois l'omission de la préposition *à* devant un nom de chose :

> *Des comprimés qui aident la digestion. La chaleur risquait d'aider l'épidémie.*

2. Aider (qqn) à ce que + subj. Si la construction infinitive est impossible après *aider*, on peut avoir une subordonnée au subjonctif avec *à ce que* :

> *Cette précaution aidera à ce que tout aille bien.*

ailleurs

Par ailleurs est aujourd'hui tout à fait courant pour indiquer un changement de point de vue :

> *Ce produit est excellent ; il a par ailleurs l'avantage d'être économique* (= en outre, d'autre part).

D'ailleurs indique une considération qui vient à l'appui de l'idée précédemment exprimée :

> *C'est là un résultat normal, d'ailleurs tout le monde s'y attendait* (= au reste, du reste).

aimer

1. Aimer que + subj. / aimer (à, de) + infin.

● Si le sujet du verbe de la proposition dépendant de *aimer* est différent du sujet de *aimer*, cette proposition est une complétive par *que* au subjonctif :

> *J'aime qu'on soit franc.*

● Si le sujet est le même, la proposition dépendant de *aimer* prend la forme d'un infinitif :

> *J'aime être franc. Il aimait se promener le soir.*

● **Aimer à + infin.** est une construction plus rare, de caractère un peu plus soutenu :

> *Il aimait à se promener dans ces sous-*

bois. On dit *j'aime à croire, j'aime à penser que...* (= j'espère que...).

● **Aimer de** + **infin.** est archaïsant :

Il eût aimé d'être célèbre (usage courant : *Il aurait aimé être célèbre*).

2. Aimer à ce que + subj. est une variante, parfois critiquée, de *aimer que :*

J'aime à ce qu'on soit franc. Il aime à ce qu'on s'occupe de lui.

3. Aimer mieux, autant + infin. ... que (de), plutôt que (de) + infin. L'infinitif employé comme deuxième terme d'une comparaison exprimée par *aimer mieux, aimer autant* peut être introduit par *que de, plutôt que de,* ou, un peu moins couramment, par *que, plutôt que :*

J'aimerais mieux tout abandonner que de recommencer (ou *plutôt que de recommencer*). *J'aime mieux lire que jouer aux cartes* (ou *plutôt que jouer aux cartes*).

Il semble que la construction avec *de* soit plus ordinairement employée pour exprimer un choix exclusif, c'est-à-dire éliminant un des deux termes, et la construction sans *de* pour exprimer un goût préférentiel.

4. Aimer mieux que... que (si)..., voir que, 7, et si, 5.

5. Aimer (bien) quand + indic. est une construction familière à peu près équivalente à *aimer (bien) que* + subj., mais insistant un peu plus sur la satisfaction produite éventuellement par une constatation :

J'aime quand tout est en ordre.

---

ainsi (adv. de liaison) → *inversion du sujet,* 1, b
ainsi que reliant deux sujets → *accord,* II, 5

---

air

1. Avoir l'air + adj. Cette locution est un équivalent de *sembler* ou de *paraître ;* elle est d'un usage un peu plus courant que ces deux verbes. L'adjectif s'accorde en général avec le sujet :

Elle a l'air inquiète.

Une phrase comme *Elle a l'air inquiet* n'est sans doute pas exclue, mais un tel accord avec le mot *air* n'est vraiment usuel que quand *air* est suivi d'un complément ou d'une proposition relative :

Elle a l'air inquiet d'une personne égarée. Elle a l'air inquiet que vous lui connaissez.

● On dit toujours *Elle a un air inquiet, insouciant,* etc. (Il n'y a plus locution verbale.)

---

albâtre → *genre,* 7

---

alentour

1. Alentour est un équivalent un peu soutenu de « autour, aux environs » :

On découvre le château et le parc qui s'étend alentour. Se promener dans les bois d'alentour (usage courant : *des environs*).

2. Alentour de (ou *à l'entour de*) est archaïsant :

Mettre une clôture alentour de la maison (usage courant : *autour de la maison*).

3. Les alentours (de qqch) est un peu moins courant que *les environs (de qqch) :*

Les alentours de la ville sont pittoresques. Visiter les alentours. Il est arrivé aux alentours de dix heures.

---

algèbre → *genre,* 7

---

aller

1. Je vais/je vas. La forme *je vas* est populaire ou régionale ; c'est un des traits du langage parfois prêté conventionnellement aux paysans.

2. Je suis allé/j'ai été. Les formes composées de *être* remplacent très souvent celles de *aller* dans l'usage courant, sans différence de sens :

J'ai été (ou *je suis allé*) *en vacances en Italie. Il avait été* (ou *il était allé*) *se promener.*

● L'emploi du passé simple de *être* au lieu de celui de *aller* a une valeur littéraire très accusée :

Chacun fut se coucher (usage courant écrit : *Chacun alla se coucher,* et oral : *Chacun est allé se coucher*).

● Quand *aller* signifie « se porter, être dans tel ou tel état », les seules formes possibles aux temps composés sont celles du verbe *être* :

> *Ça commence à aller mieux, mais ça a été plutôt mal* (et non **c'est allé plutôt mal*).

3. Aller au dentiste. Cette construction est de l'usage familier. On dit, dans un usage plus surveillé :

> *Aller **chez** le dentiste, **chez** le coiffeur, **chez** le boucher,* etc.

On dit couramment : *Aller au juge de paix* ou *devant le juge de paix.*

4. Aller + infin. *Aller* peut s'employer au présent ou à l'imparfait de l'indicatif comme auxiliaire de futur devant un infinitif. En principe, il exprime le futur proche par rapport au présent ou au passé :

> *La séance **va commencer*** (= la séance commencera bientôt, d'un instant à l'autre). *Je **vais** avoir terminé* (= j'aurai bientôt terminé). *J'allais vous le demander.*

On peut parfois employer à peu près indifféremment le futur simple ou *aller* + infin., surtout avec une indication de temps :

> *Je **reviendrai** bientôt* ou *Je **vais revenir** bientôt.*

● *Aller* auxiliaire peut s'employer devant *aller* verbe de mouvement :

> *Je **vais aller** chez lui.*

Une phrase comme *Il **allait aller** à la gare* n'a rien d'anormal ; on peut cependant juger préférable de dire, par exemple :

> *Il était prêt* (ou *il se disposait*) *à aller à la gare,* etc.

5. Aller pour + infin., voir pour, 5.

6. Ne va pas, n'allez pas + infin. est un renforcement de la défense ou de la recommandation négative :

> *Ne va pas t'imaginer que ça me fait plaisir !* (= ne te l'imagine surtout pas). *N'allez pas ébruiter cette affaire !* (= gardez-vous-en bien).

7. Si/pourvu que + aller + infin. insiste sur ce qu'une hypothèse aurait de fâcheux si elle était avérée :

> *S'il **allait** s'en **apercevoir**, ce serait une catastrophe. Pourvu qu'il n'**aille** pas tout raconter !*

8. Aller sur suivi d'une indication d'âge signifie qu'on approche de cet âge :

> *Elle **allait sur** ses dix-huit ans. Il **va sur** la soixantaine.*

9. Aller (en) augmentant, voir gérondif, 2.

10. S'en aller. Les formes *Je me suis en allé, Ils s'étaient en allés,* etc., se sont largement répandues dans l'usage courant et même dans les textes littéraires, au lieu des formes traditionnellement recommandées *Je m'en suis allé, Ils s'en étaient allés,* qui ont un caractère plus soutenu.

● Le participe *en allé,* employé comme adjectif épithète, se rencontre surtout dans l'usage littéraire : *des enfants en allés.*

● *S'en aller* + infin. s'emploie parfois comme *aller* + infin. pour exprimer le futur proche, mais avec une valeur plus familière et à peu près uniquement à la 1re personne du singulier du présent :

> *Je **m'en vais** vous **prouver** que j'ai raison.*

11. On distinguera les deux expressions (de l'usage soutenu) *il en va de même* (ou *autrement*) *de* (ou *pour*), qui signifie « C'est la même chose (ou "autre chose") pour », et *il y va de,* qui signifie que quelque chose est en jeu, est mis en cause :

> *Cette question était simple ; il en va tout autrement de la suivante. Réfléchissez bien : il y va de votre avenir.*

12. J' (y) irai. On n'exprime généralement pas *y* devant le futur ou le conditionnel de *aller* :

> *Allez-y si vous voulez, moi je n'irai pas. Quand bien même il irait de ma situation, je refuserais.*

13. Ne pas aller sans + infin., voir sans, 4 ; *aller de soi,* voir soi, 4.

allier avec/à → *avec,* 1
allure : *une allure garçon manqué* → *de,* 12
alluvion → *genre,* 7

alors

1. Alors/maintenant. Quand *alors* indique un moment du temps, ce moment est situé dans le passé ou dans le futur et non dans le présent ; il équivaut à « à ce moment-là » (et non « en ce moment-ci »). On dit donc :

> *J'ai reçu hier une lettre de lui : jusqu'alors je ne savais pas où il se trouvait ;* ou : *Je vous passerai un coup de fil : jusqu'alors, ne bougez pas.* Mais : *J'espère qu'il n'y*

aura aucun incident : *jusqu'à maintenant* (ou *jusqu'à présent* ou *jusqu'ici*), *tout se passe bien,* et non **jusqu'alors, tout se passe bien.*

Voir **discours indirect,** 1.

2. *Alors* mot de liaison. *Alors* (ou *et* [*puis*] *alors*) sert souvent de mot de liaison vague entre des phrases, surtout dans les énoncés oraux :

*Il passait dans la rue, **alors** je me suis avancé vers lui, et **alors** il m'a reconnu,* etc.

Dans l'usage surveillé, on évite l'emploi trop fréquent de ce mot par le recours à la subordination, à la coordination et à la juxtaposition.

3. *Alors que.* L'emploi purement temporel de cette locution conjonctive est assez restreint et appartient à un usage assez soutenu ; le verbe est en principe à l'indicatif imparfait :

*Je l'ai connu **alors que** j'étais étudiant* (= quand, pendant que, tandis que).

● *Alors que* exprime le plus souvent une opposition, avec éventuellement une valeur temporelle (« pendant que ») :

*Tu t'amuses **alors qu'**il y a encore tout ce travail à faire ? Il prétend cela aujourd'hui **alors qu'**hier il affirmait le contraire* (= tandis que).

4. *Alors même que* avec un verbe au conditionnel exprime une opposition dans un système hypothétique (usage soutenu) :

Alors même qu'on m'offrirait le double, je refuserais (= quand bien même, même si + indic. imparfait).

---

alvéole, amalgame → *genre,* 7
ambitionner de + infin. → *Infinitif,* II, 2
ambre, amiante → *genre,* 7
amour → *genre,* 8
s'amuser à + infin. → *infinitif,* II, 2
an : *deux fois l'an* → *fois,* 2
anacoluthe → *coordination,* 4
anagramme, anathème → *genre,* 7
âne, ânesse → *genre,* 2
anévrisme, anicroche → *genre,* 7
animé : *nom animé* → *nom,* 1

---

1. Le terme remplacé par un pronom relatif est appelé son « antécédent ». C'est le plus souvent un nom ou un pronom, mais l'anté-

cédent peut aussi être un adverbe de lieu (quand le relatif est *où*) : *Restez là où vous êtes,* ou une proposition ; dans ce cas, celle-ci est reprise par le pronom *ce* mis en apposition : *Tout s'est bien passé, **ce dont** nous nous félicitons.* Voir **relatif ; qui,** 2 à 6 ; **où ; quoi.**

2. L'antécédent n'est jamais, en principe, un nom commun sans déterminant. On ne dit pas ** il est parti en voiture, qui est tombée en panne,* mais *dans **sa** voiture* (ou *dans **une** voiture*) *qui...* Voir **pronom,** 2.

● Cependant, un nom sans déterminant peut être antécédent d'un relatif dans quelques cas, par exemple quand le déterminant pourrait être *des, du, de la* :

La région se divise en départements, qui se divisent en cantons, lesquels regroupent plusieurs communes (= des départements, des cantons). *Il se nourrissait principalement de fromage qu'il faisait lui-même* (= du fromage).

---

antéposition : *antéposition de l'adjectif* → ***adjectif,*** 4
antérieur : *passé antérieur* → ***passé,*** 3 ; *futur antérieur* → ***futur,*** 4
antidote, antre, apogée → ***genre,*** 7

Un nom ou un pronom est mis en apostrophe quand, étant en position détachée, il désigne l'être ou la chose auxquels on s'adresse, que l'on évoque :

Monsieur, veuillez entrer. Toi, approche ! Montagnes, je vous aime !

L'apostrophe implique normalement la 2e personne grammaticale, exprimée dans le verbe ou par un pronom. Voir **qui,** 3.

---

1. Ce verbe se conjugue soit avec l'auxiliaire *avoir,* soit (plutôt) avec l'auxiliaire *être* :

*Des difficultés imprévues **ont** apparu, ou **sont** apparues. La vérité **est** apparue.*

2. Après *apparaître,* on peut avoir un attribut introduit par *comme* ou construit directement :

*Cette solution apparaît **comme** la meilleure,* ou *apparaît la meilleure.*

appartenance → **à,** 2
s'applaudir de ce que/de + infin. → **de,** 10
s'appliquer à + infin./**à ce que** + subj. → **infinitif,** II, 2 ; **à,** 5

apposition

1. Il y a apposition dans des phrases comme

Son chien, *un épagneul,* l'accompagnait. Lui, *surpris,* hésitait. L'échelle, *qui était mal calée,* a glissé.

Le nom *un épagneul,* le participe adjectif *surpris,* la relative *qui était mal calée* sont apposés (ou mis en apposition) à un nom ou à un pronom pour indiquer une précision, une explication.

● La mise en apposition d'un nom ou d'un adjectif est un moyen de donner plus de concision à une phrase : ces mots ont en effet une valeur proche de celle d'un attribut, mais le verbe *être* n'est pas exprimé :

Son chien, [*qui était*] un épagneul, l'accompagnait. Lui, [*qui était*] surpris, hésitait.

● Pour la relative apposée (ou appositive), voir **relative,** 2.

2. Un terme mis en apposition après ou avant le nom, et détaché par une pause (une virgule), exprime souvent le temps, la cause, la concession, la condition :

Jeune, il avait beaucoup voyagé (= quand il était jeune). *Militaire de carrière, il avait le sens de la discipline* (= du fait qu'il était militaire de carrière). *Pierre, ce garçon timide, a fait prévaloir son point de vue* (= bien que ce soit un garçon timide). *Prévenu à temps, j'aurais pu éviter cela* (= si j'avais été prévenu à temps).

appréhender de + infin. → **infinitif,** II, 2 ; appréhender que (ne) → **ne,** II, 1 **apprendre à** + infin. → **infinitif,** II, 2 **s'apprêter à** + infin. → **infinitif,** II, 2

après

1. *Courir après qqn, qqch.* Cette construction est très normale ; on emploie plus rarement *s'élancer, sauter, bondir après qqn* :

Le chien s'élance après le facteur.

● La construction *Il lui a couru après* est familière ; dans l'usage soigné, on dit plutôt : *Il a couru après lui.*

2. *Attendre après qqn, qqch* est de l'usage courant pour exprimer le besoin de quelqu'un ou de quelque chose, l'impatience de l'attente :

Dépêche-toi, on attend après nous depuis une heure. Il n'attend pas après cet argent pour vivre.

● *Demander, réclamer après qqn, chercher après qqn, qqch* sont des constructions plus familières que *demander, réclamer, chercher qqn, qqch* :

Personne n'a demandé après moi en mon absence ? — Personne ne vous a demandé. Je cherche après Titine. Il cherche après ses lunettes. Il cherche ses lunettes.

3. *Après* indiquant l'hostilité. *Crier après qqn, qqch* est plus familier que *crier contre* ou *sur qqn, qqch* :

Il crie après (contre, sur) ses gosses toute la journée. Il passe son temps à rouspéter après l'Administration.

On dit *être furieux, en colère après* (fam.) ou *contre qqn, s'acharner après* (ou *contre, sur*) *qqn, qqch.* On dit *être, se mettre après* (ou *contre*) :

Ils se sont tous mis après lui en lui reprochant son insouciance.

4. *Après* indiquant le contact, la fixation. *Après,* dans ces emplois, est en général d'un usage plus familier que *à* ou *sur* :

Il a grimpé après (à, sur) un arbre. La clef est après (sur) la porte. Accrocher son imperméable après (à) un portemanteau. Avoir de la boue après (à, sur) ses chaussures.

5. *Être après qqch* = y travailler, s'en occuper. Cette construction est courante, sans marque particulière de familiarité :

Il est après son moteur depuis ce matin.

6. *Après* employé adverbialement. Il est courant, en fin de phrase, d'employer *après* sans le pronom qui représenterait un nom de chose déjà exprimé ; *après* joue alors un rôle adverbial :

Certains événements ont eu lieu avant cette date, d'autres après.

7. *Après* + infin., voir après que, 3.

8. *La semaine d'après,* voir prochain, dernier, 1.

après-guerre, après-midi → *genre,* 7

après que, après + infin.

1. Après que + indic. Dans l'usage le plus traditionnel, *après que* introduit un verbe à un temps composé de l'indicatif ou du conditionnel.

● Pour l'indicatif, c'est le plus souvent le passé antérieur ou le futur antérieur :

*Après qu'ils **eurent fait** cette déclaration, ils se retirèrent. Je m'occuperai de cette affaire après qu'on **aura réglé** l'autre.*

● Le passé surcomposé peut se substituer au passé antérieur :

*Après qu'ils **ont eu fait** cette déclaration, ils se sont retirés.*

● Le passé composé ou le plus-que-parfait s'emploient surtout pour exprimer la répétition, le fait habituel, général :

*Après qu'on **a mis** la plante en terre, il faut l'arroser.* (Voir n° 3.) *Après que le gardien **avait fait** sa ronde, le prisonnier se remettait à creuser.*

● Le conditionnel passé s'emploie dans les phrases exprimant une hypothèse :

*Après que vous **auriez donné** votre démission, il serait trop tard pour changer d'avis.*

2. Après que + subj. Le subjonctif passé ou plus-que-parfait avec *après que* s'est largement répandu dans l'usage courant :

*Après qu'on **ait** tout **essayé**, il a fallu en venir à cette solution. Je ne repartirai qu'après que vous m'**ayez donné** votre réponse.*

● La présence ou l'absence d'un accent circonflexe distingue seule, dans l'écriture, le subjonctif plus-que-parfait de l'indicatif passé antérieur à la 3e personne du singulier : *après qu'il **eut compris**, qu'ils **eurent compris*** (usage traditionnel) ; *après qu'il **eût compris**, qu'ils **eussent compris*** (usage récent).

3. Après + infin. Quand les sujets de la principale et de la proposition introduite par *après que* désignent le même être ou la même chose, il est en général plus commode d'employer *après* et l'infinitif composé :

*Après **avoir fait** cette déclaration, ils se retirèrent. Après **avoir mis** la plante en terre, il faut l'arroser* (on a mis, on arrose).

● L'infinitif présent, avec *après*, s'emploie seulement dans les expressions *après déjeuner, après dîner,* ou *après boire* qui est archaïsant :

*Je passerai chez vous après **déjeuner**.*

à propos : *ce qu'il est à propos de* + infin./*que* + subj. → **qui,** 8
arabesque, argent, argile → *genre,* 7
Arles, *en Arles* → **en,** II, 3
armistice, aromate, arpège → *genre,* 7

arrêter

1. Arrêter de + infin./s'arrêter de + infin. On peut le plus souvent employer à peu près indifféremment l'une ou l'autre de ces formes, en particulier dans des phrases négatives :

*La pluie n'**arrête** pas de tomber* ou *ne s'**arrête** pas de tomber.*

● La forme *arrêter de* est plus fréquente dans l'usage familier :

*Cet enfant n'**arrête** pas de gigoter. **Arrête** de dire des bêtises* (on ne dit guère : *Cet enfant ne s'arrête pas de gigoter, Arrête-toi de dire des bêtises*).

● Dans un usage plus soutenu, on emploie *cesser de* :

*La pluie ne **cesse** pas de tomber. Cet enfant ne **cesse** pas de s'agiter. **Cesse** de dire des sottises.*

2. Ne pas s'arrêter de insiste parfois sur la persistance continue d'un état, d'une action (aspect duratif), et *ne pas arrêter de* sur la répétition continuelle d'une action (aspect fréquentatif).

Il ne s'est pas arrêté de fumer signifie « il n'a pas renoncé à son habitude de fumer, il continue à fumer » ; *il n'a pas arrêté de fumer* peut s'employer dans le même sens, mais signifie plutôt « il a fumé sans arrêt, il a beaucoup fumé ».
De la même façon, on dit *La terre ne s'arrête pas de tourner pour si peu* (= elle continue à tourner), mais *Les vents n'arrêtent pas de tourner* (= ils tournent, ils changent sans arrêt).

arrhes → *genre,* 7
arriver à + infin./**à ce que** + subj. → **à,** 5 ;
ce qui m'arrive/ce qu'il m'arrive → **qui,** 8 ; *il arrive que* (mode) → **subjonctif,** 1
s'arroger → *(verbe) pronominal,* 2.

article

1. Article défini, indéfini, partitif, contracté, voir déterminant.

2. L'article défini au lieu du possessif.
Devant les noms désignant des parties du corps ou des facultés, on emploie souvent l'article défini au lieu du possessif :

*J'ai froid **aux** pieds* (et non *à mes pieds*).
*Il ferme **les** yeux. Il perd **la** mémoire.*

La personne intéressée (« possesseur ») est parfois indiquée par un pronom personnel complément :

*Il **se** lave les mains* (et non *Il lave ses mains*). *Elle **s'**est foulé la cheville* (et non *Elle a foulé sa cheville*).

● Si le nom est précisé par un adjectif, le possessif apparaît généralement :

*Il ferme **ses** yeux fatigués. Elle lève **sa** tête blonde. J'ai mal à **ma** jambe gauche* (ou *à la jambe gauche*).

3. L'article devant les noms propres.
L'Antoine, la Marie sont des appellations familières ou régionales. Il y a un emploi méprisant de l'article défini devant un nom de personne :

*C'est encore un racontar de **la** Martin !*

● Quand un nom de ville comporte l'article *le* ou *les*, cet article se contracte éventuellement en *au, du* ou *aux, des* :

*Il habite **Le** Mans, **Les** Andelys. Il va **au** Mans, **aux** Andelys. Il revient **du** Mans, **des** Andelys.*

4. L'article devant les titres d'œuvres.
Quand un titre d'ouvrage, de film, etc., commence par l'article défini, il y a généralement contraction de l'article après *à* ou *de* en *au(x), du, des* :

*Un article consacré **au** « Misanthrope », **aux** « Caractères ». La lecture **du** « Capital », **des** « Feuilles d'automne ».*

● Si le titre contient deux noms coordonnés, l'usage est variable :

*Le héros **du** « Rouge et le Noir »*, ou *du « Rouge et du Noir »*, ou *de « le Rouge et le Noir ».*

● Si le titre est une phrase, tantôt on contracte l'article du sujet, tantôt on cite le titre sans contraction :

*Une représentation **du** « Roi s'amuse »*, ou *de « Le roi s'amuse ».*

On évite parfois ces difficultés en mettant le titre en apposition à un nom comme « livre, pièce, film », etc. :

Le héros du roman « le Rouge et le Noir ». Une représentation de la pièce « Le roi s'amuse ».

5. Du, des / de. L'article contracté *du, des* (partitif ou indéfini), contenant déjà étymologiquement la préposition *de*, ne peut pas être employé avec cette préposition. On dit :

*Il mange **du** pain et **des** légumes*, mais *Il se nourrit **de** pain et **de** légumes.*

● Dans l'usage écrit surveillé, on emploie *de* plutôt que *des* (article indéfini) quand le nom est précédé d'un adjectif :

*Ce sont **de** vieilles histoires.*

Dans l'usage courant, on emploie souvent *des*, principalement quand l'adjectif appartient au petit nombre de ceux qui se placent d'ordinaire avant le nom (voir **adjectif**, 4, A) :

Ce sont (ou *c'est*) ***des** vieilles histoires.*

Le déterminant *des* est usuel, même dans l'usage soutenu, quand l'adjectif forme avec le nom un groupe plus ou moins complètement figé :

*Faire **des** faux pas. Dire **des** bons mots. S'adresser à **des** grandes personnes.*

● Quand l'adjectif peut se placer avant ou après le nom, on emploie rarement *des* devant l'adjectif antéposé ; on dit ordinairement *de surprenantes révélations, d'innombrables difficultés*, ou *des révélations surprenantes*, ***des** difficultés innombrables*, plutôt que *des surprenantes révélations, des innombrables difficultés.*

● Au singulier, l'emploi de *de* partitif au lieu de *du, de la* devant un nom précédé d'un adjectif est un archaïsme : *boire de bon vin, manger de bonne viande* (usage courant : *boire du bon vin, manger de la bonne viande*).

6. Du pain / pas (ou plus) de pain. Dans une phrase contenant la négation *ne... pas* ou *ne... plus*, ou *sans*, les articles *du, de la, des* (partitif ou indéfini) précédant un complément d'objet direct ou un sujet réel se réduisent d'habitude à la préposition *de* :

*J'achète **du** pain, **de la** viande, **des** œufs.* → *Je n'achète pas **de** pain, **de** viande, **d'**œufs. Il reste **des** fruits.* → *Il ne reste pas* (ou *plus*) ***de** fruits. Il vit en gaspillant **de l'**argent, en faisant **des** excès.* → *Il vit sans gaspiller **d'**argent, sans faire **d'**excès.*

● Toutefois, les articles *du, de la, des* sont parfois maintenus en phrase négative, notamment quand le nom est en opposition à un autre terme :

*Je n'achète pas **du** pain, mais **des** biscottes,*

ou quand la négation porte en réalité sur un autre mot :

On ne donne pas de la viande à une vache.

● ***Sans du, de la, des,*** voir sans, 1.

7. *Le plus, le moins,* voir plus, 1.

---

ascendant → ***genre,*** 6

---

aspect

La manière dont est présenté l'accomplissement ou le déroulement de l'action s'appelle l'« aspect ». L'aspect se traduit par le choix du temps verbal ou par divers autres procédés : adverbes, locutions verbales, etc.

1. Accompli/non accompli. Le passé composé et l'imparfait situent tous deux l'action dans le passé, mais le passé composé la décrit comme accomplie :

Hier à cette heure-ci j'ai déjeuné,

et l'imparfait comme non accomplie (en cours de réalisation) :

Hier à cette heure-ci je déjeunais.

2. Habituel/actuel. *Pierre écrit, Paul boit* peut signifier : « Pierre est en train d'écrire, Paul est en train de boire » : c'est l'aspect actuel ; ou « Pierre est écrivain, Paul se livre à la boisson » : c'est l'aspect habituel. On peut préciser ces aspects au moyen de locutions ou d'adverbes : *être en train de, être occupé à* + infin., *être en cours de* + n., etc., pour l'aspect actuel ; *habituellement, souvent, d'ordinaire,* etc., pour l'aspect habituel.

3. Inchoatif/terminatif. *Commencer à, se mettre à, partir à* + infin. indiquent le début d'une action (aspect inchoatif) :

Il s'est mis à rire en entendant cela.

Cesser de, finir de + infin. expriment l'idée opposée (aspect terminatif).

4. Immédiat. Le futur proche peut se traduire par *aller* + infin. (au présent ou à l'imparfait) :

Je vais partir. J'allais partir.

On peut aussi employer les locutions *être sur le point de, être en passe de, être prêt à :*

Il était sur le point de se décourager.

On emploie aussi le présent de l'indicatif :

Je reviens dans un instant.

● Le passé récent se traduit par *venir de* + infin. (au présent ou à l'imparfait) :

Je viens de terminer. Je venais de terminer.

On peut aussi employer le présent de l'indicatif :

J'arrive à l'instant.

---

aspect : *son aspect clochard* → ***de,*** 12
asphalte → ***genre,*** 7
aspirer à + infin. → ***infinitif,*** II, 2
assez : *assez de* (accord) → ***accord,*** A, 2 ; *beaucoup,* 2 ; *assez... pour que* → ***conséquence,*** 1
associer avec/à → ***avec,*** 1
assurément (que) → ***que,*** 4
assuré social → ***adjectif,*** 5
assurer que (mode) → ***croire,*** 6 ; *assurer* + infin. → ***infinitif,*** II, 2
astérisque → ***genre,*** 7
s'astreindre à + infin. → ***infinitif,*** II, 2
asyndète → ***juxtaposition***
s'attacher à + infin./**à ce que** + subj. → ***à,*** 5

---

atteindre

Atteindre qqch/atteindre à qqch. La construction directe (sans *à*) peut s'appliquer à un complément de sens concret ou abstrait :

Toutes les flèches ont atteint le but. J'ai atteint le but que je m'étais fixé. Il a atteint l'âge de quatre-vingt-douze ans.

● La construction avec *à* s'applique en règle générale à des compléments de sens abstrait ; elle évoque ordinairement une idée d'effort :

J'ai réussi à atteindre au but que je m'étais fixé. Un écrivain qui a atteint à la célébrité.

---

attendre

1. *Attendre après qqn, qqch,* voir après, 2. ***Attendre de*** + **infin.,** voir infinitif, II, 2.

2. *S'attendre à* + **infin./*s'attendre (à ce) que.*** Si le verbe d'une subordonnée dépendant de *s'attendre* a le même sujet que *s'attendre,* on emploie normalement la construction infinitive avec *à :*

Je m'attends à être contredit sur ce point.

● En cas de sujets différents dans les deux propositions, on dit ordinairement *s'attendre à ce que* + subj. :

> *Je m'attends **à ce qu**'on me **contredise** sur ce point.*

La construction *s'attendre que* + subj. a un caractère plus littéraire :

> *Il s'attendait **qu**'on lui **fît** des objections.*

● L'indicatif futur après *s'attendre que* est d'un usage très soutenu :

> *On s'attend que le projet **sera adopté** par l'assemblée.*

attention

1. *Faire attention à qqch,* c'est soit s'en méfier, soit y veiller attentivement ou le remarquer :

> *Faites attention **au** verglas, **à** la marche. Fais attention **à** tes vêtements. Nous n'avions pas fait attention **à** ce détail.*

On dit *faire bien attention, faire très attention* (fam.), *faire plus, moins attention,* etc. (Voir **très,** 2.)

2. *Faire attention (à ce) que* + subj. exprime une intention, un but recherché attentivement :

> *Faites attention **à ce que** le récipient **soit** bien hermétique, **à ce que** le récipient ne **fuie** pas. Faites bien attention **que** cette affaire ne se **sache** pas.* (Voir **à,** 5.)

3. *Faire attention que* + indic. ou condit. signifie « remarquer que, tenir compte du fait que » :

> *Je n'avais pas fait attention **que** ma montre **était arrêtée**. Faites attention **que** ce détail **pourrait** tout changer.*

4. *Faire attention à (ou de)* + infin. On emploie indifféremment les prépositions *à* ou *de* devant l'infinitif ; il semble que *à* soit plus usuel si l'infinitif est affirmatif :

> *Faites bien attention **à** suivre toutes les indications. Fais attention **à ne rien** oublier,* ou ***de ne rien** oublier.*

atterrir → **auxiliaire,** 3

attribut

1. L'attribut qualifie ou caractérise un nom ou un pronom par l'intermédiaire d'un verbe attributif, appelé aussi « verbe d'état » (voir **verbe,** 3).

● L'attribut peut être un adjectif (voir **adjectif,** 1), un nom : *L'ablette est un **poisson,*** un pronom : ***Que** devenez-vous ?,* un infinitif ou une proposition : *Mon seul espoir est **d'arriver** à temps..., est **qu'il fasse** beau.*

2. L'attribut peut se rapporter au sujet, comme dans les exemples ci-dessus, ou au complément d'objet : *Je déclare la séance **ouverte**. On le prend pour un **fantaisiste*** (voir **considérer ; tenir,** 2).

aucun

1. *Aucun + ne.* *Aucun,* déterminant ou pronom, s'emploie avec *ne* ou *ne plus, ne jamais* (mais non *ne pas*) :

> *On **n**'a aucune preuve de sa culpabilité. De tous ces projets, aucun **n**'est satisfaisant. Vous **n**'aurez **plus jamais** aucun souci de ce côté* (mais non **Vous n'aurez pas aucun souci*).

2. *Aucun sans ne.* *Aucun* peut aussi être utilisé sans *ne,* dans des phrases exprimant la négation par d'autres moyens grammaticaux ou par le vocabulaire :

> *Nous avons trouvé **sans** aucune difficulté* (= sans la moindre difficulté). *Il est **incapable** de faire aucun progrès. C'est un travail **trop** délicat **pour** être confié à aucun autre que lui.*

● Dans une phrase comme *Je ne pense pas qu'il y ait aucun moyen d'éviter cela,* le mot *aucun* est employé sans *ne* dans sa proposition : c'est la principale qui contient *ne... pas.*

● *Aucun* s'emploie aussi dans des phrases interrogatives ou exprimant un doute :

> *Y a-t-il aucun moyen d'éviter cela ?* (= un moyen quelconque). *Je **doute** qu'il y ait aucun moyen d'éviter cela. Il est **peu probable** qu'aucune solution soit trouvée* (= qu'une solution quelconque).

● *Aucun* s'emploie sans *ne* dans le deuxième terme d'un système comparatif :

> *Il est plus qualifié **qu'aucun autre**.*

3. *Sans + nom + aucun.* Cette construction de l'usage soutenu est une variante de *sans aucun* + nom (complément de manière) :

Nous avons trouvé sans difficulté aucune. La loi s'applique sans exception aucune (ou *sans aucune exception*).

4. Aucuns. L'emploi de *aucun* au pluriel est limité au cas où il détermine un nom sans singulier :

Je ne veux plus faire aucuns frais dans cette maison.

5. D'aucuns. Ce pronom signifiant « certaines personnes » est d'un usage nettement littéraire :

D'aucuns ont prétendu que cette histoire était légendaire.

augmenter → auxiliaire, 3
augure → genre, 7

auprès, près

1. Auprès de/près de. Ces deux locutions prépositives s'emploient à peu près indifféremment pour exprimer la proximité dans l'espace :

Il habite auprès de la mairie ou près de la mairie.

Seule la locution *près de* peut être modifiée par un adverbe d'intensité : ***plus près de, aussi** près de, **tout** près de*, etc., mais non **plus auprès de*, etc.

2. On dit *intervenir auprès de qqn, être admis auprès de qqn* et non **près de qqn :*

*Nous avons fait une démarche **auprès du** directeur.*

3. On dit parfois *partir, s'éloigner*, etc., *d'auprès d'un lieu, d'auprès de qqn*, et non **de près d'un lieu, de près de qqn.*

4. *Près* employé adverbialement peut signifier « à peu de distance d'ici » (surtout précédé d'un adverbe) :

Je rentre à pied, j'habite tout près. Viens plus près.

● *Auprès* s'emploie familièrement comme adverbe par omission du complément :

Son fils est malade, elle est restée auprès toute la journée. Il s'est heurté à d'énormes difficultés ; les nôtres ne sont rien auprès (= en comparaison).

5. Auprès de/au prix de, voir prix.

6. Près + n. *Près* s'emploie comme préposition dans quelques formules administratives :

Il est expert près le tribunal de commerce.

7. Près/prêt, voir prêt.

auspice → genre, 7

aussi, si

1. Aussi exprime ou renforce une idée d'association, d'addition :

Vous habitez Paris ? Moi aussi. Il ne suffit pas de l'affirmer, il faut aussi le prouver (= en outre, encore). *Il n'était pas seulement peintre, mais aussi musicien. Il possède un appartement, et aussi une résidence secondaire* (= ainsi que). *Il dit que la chose est impossible : c'est aussi mon avis* (= également) [ou *c'est mon avis aussi*]. (Voir n° 11.)

2. Aussi/non plus. On emploie en principe *non plus* au lieu de *aussi* pour relier des phrases négatives, ou un mot à une phrase négative :

Si tu n'y vas pas, je n'irai pas non plus (phrase affirmative : *Si tu y vas, j'irai aussi*). *Si vous n'êtes pas pressé, moi non plus. Je ne peux pas l'affirmer, ni non plus le nier* (ou *ni le nier non plus*). *Je présente cela comme une hypothèse, sans l'affirmer, ni non plus le nier* (ou *ni le nier non plus*).

● Il peut arriver qu'on emploie *aussi* au lieu de *non plus*, surtout quand cet adverbe précède le verbe négatif :

*Moi **aussi**, je n'y comprends rien* (usage plus courant : *Moi **non plus**, je n'y comprends rien*).

● Dans le cas de la négation restrictive *ne... que*, on emploie soit *aussi*, soit *non plus* :

*Je **ne** demande, moi aussi, qu'à vous aider. Je **ne** peux, moi aussi* (ou, plus rarement, *moi non plus*), *que constater les faits.*

3. Aussi, adverbe de liaison. *Aussi* introduit une proposition qui exprime une conséquence de ce qui vient d'être dit (= c'est pourquoi) :

J'avais promis le secret, aussi je n'ai pu rien dire.

L'inversion du pronom sujet est une marque de l'usage soutenu :

Aussi n'ai-je pu rien dire.

4. Aussi bien en début de proposition souligne, dans l'usage soutenu, l'enchaînement logique avec ce qui précède (= en effet, d'ailleurs, au reste) ; l'inversion du pronom sujet n'a pas toujours lieu :

Il décida de tout risquer : aussi bien n'avait-il plus rien à perdre (ou, plus rarement : *aussi bien il n'avait plus...*).

5. Aussi (si) / autant (tant)... que. *Aussi* et *autant* expriment la comparaison (voir **adjectif, 2**). *Aussi* se place devant un adjectif, un adverbe ou un participe ; *autant* accompagne un verbe ou un participe :

C'est aussi simple que cela. Je suis aussi (ou autant) embarrassé que vous. Je le sais aussi bien que vous. Je m'intéresse autant que vous à cette question.

● *Aussi* peut être réduit à *si* dans une phrase négative ou interrogative :

Il n'est pas aussi (ou si) grand que son frère. Est-ce aussi (ou si) difficile qu'on le prétend ?

● *Autant* peut être réduit à *tant* dans une phrase négative :

L'usine n'a pas produit autant (ou n'a pas autant produit), ou n'a pas tant produit que l'année dernière.

6. Aussi + adj. ... que + adj. On dit : *Le remède est aussi simple qu'efficace* (= très simple et très efficace), ou *Le remède est simple autant qu'efficace*. La forme négative n'est guère usitée pour ce tour.

7. Si... que/aussi... que + subj. On emploie à volonté l'une ou l'autre de ces formules pour exprimer une relation de concession :

Si (ou aussi) surprenant que cela paraisse, je n'ai rien remarqué. Si (ou aussi) loin que soit le lieu de rendez-vous, il faut y aller.

● *Pour si... que...,* voir **pour, 4**.

● Quand le sujet est un pronom personnel, on a parfois, dans l'usage soutenu, une construction avec sujet inversé sans *que* :

Si (ou aussi) rusé soit-il, il s'est laissé prendre.

8. Si... que + indic. Pour exprimer la conséquence, avec le même sens que « tellement », on emploie seulement *si... que* et non *aussi... que* :

C'est si compliqué qu'on n'y comprend rien.

9. Si... que de + infin. Cette construction, dans une phrase négative ou interrogative, est de l'usage littéraire :

Il n'était pas si sot que de se laisser prendre à ces belles promesses (usage courant : *Il n'était pas assez sot [ou assez bête] pour se laisser prendre...*).

10. Avoir aussi (ou autant) peur. Quoique les locutions *avoir peur, faim, soif, envie, hâte,* etc., ne contiennent ni adjectif ni adverbe, on y emploie souvent *aussi* (ou *si*) ; l'usage surveillé préfère souvent *autant (de)* :

J'ai aussi envie que toi de le voir, ou *J'ai autant (d') envie que toi de le voir. Je n'ai jamais eu si peur* (ou *autant [de] peur) de ma vie.* (Voir **très, 2 et 3**.)

11. Place de aussi. Quand *aussi* indique l'association, l'addition (voir n° 1), il est parfois possible de le placer sans différence notable de valeur à plusieurs endroits de la phrase ou de l'expression qu'il relie à ce qui précède. Si quelqu'un se propose pour exécuter un travail à la place de quelqu'un d'autre, il dira, par exemple :

Je peux aussi le faire, ou *Je peux le faire aussi.*

Mais il peut souvent y avoir ambiguïté sur le terme que *aussi* associe à tel ou tel autre. Dans la phrase *Je peux faire aussi ce travail,* l'adverbe *aussi* peut porter sur *je* ou sur *ce travail* ; l'ambiguïté cesse si l'on dit soit *Moi aussi, je peux faire ce travail,* soit *Ce travail aussi, je peux le faire.*

La phrase *Son frère est aussi musicien* peut s'interpréter de trois façons :

a) « Son frère aussi est musicien » (ou « Son frère est lui aussi musicien », ou « est musicien lui aussi », donc les deux frères sont musiciens) ;

b) « Son frère est en outre musicien » (jusque-là, on parlait de lui comme peintre, par exemple) ;

c) « Son frère est aussi musicien [que lui] ». Dans cette dernière interprétation, *aussi* indique la comparaison et non l'association, comme dans les deux précédentes ; le cas risque toujours de se présenter quand *aussi* est placé devant un adjectif ou un adverbe, ou un mot pouvant être employé comme tel, c'est pourquoi il est prudent de ne pas dire *Cela me paraît aussi important* si l'on veut exprimer « Cela aussi me paraît important ».

12. Aussi (autant)... comme, voir **comme, 4**.

aussitôt, sitôt

1. Aussitôt/aussi tôt. *Aussitôt* signifie « immédiatement, très rapidement » :

On appela les pompiers, qui arrivèrent **aussitôt.**

Aussi tôt est le comparatif d'égalité de *tôt* :

Je ne me suis pas levé **aussi** *tôt qu'hier.*

2. Aussitôt que, sitôt que. Ces deux locutions sont équivalentes, mais *sitôt que* est d'un usage un peu plus soutenu que *aussitôt que* :

Sitôt qu'il fut arrivé, il prit ses dispositions. Aussitôt que j'aurai terminé, je vous préviendrai.

3. (Aus)sitôt (que) + participe passé. On dit souvent, avec ellipse de *que* et du verbe *être* :

Aussitôt (ou sitôt) arrivé, il prit ses dispositions.

● La construction *(aus)sitôt que* + participe est de l'usage littéraire :

La partie fut interrompue **aussitôt que commencée.**

4. Ne... pas (aus)sitôt que... On dit :

Il n'était pas aussitôt (ou sitôt) couché qu'il s'endormit (= il s'endormit aussitôt qu'il fut couché).

On dit dans le même sens :

Il n'était pas plus tôt couché qu'il s'endormit. (Voir **subordination**, 2.)

5. (Aus)sitôt préposition. *Aussitôt* et *sitôt* s'emploient parfois devant un nom au sens de « dès » :

Aussitôt son départ, il est tombé en panne. Il s'est levé **aussitôt** *l'aube. Sitôt l'été, cette région devient aride.*

---

autant

1. Autant... autant... Dans un usage plus ou moins soutenu, on exprime ainsi un parallélisme qui souligne ordinairement une opposition.
Le premier terme est le point de comparaison et le deuxième contient l'assertion principale :

Autant son père est désagréable, autant elle est serviable (= elle est aussi serviable que son père est désagréable).

2. Pour autant, au sens de « cependant, malgré cela », ou « compte tenu de cela », s'emploie en général après un verbe à la forme négative ou interrogative :

Il y a quelques erreurs, mais on **ne** *peut* **pas** *pour autant rejeter en bloc ce témoi-*

gnage. *Il faut aller à l'essentiel* **sans** *pour autant négliger totalement les détails. Cette question est réglée ;* **faut-il** *pour autant oublier tout le reste ?*

Pour autant est plus rarement mis en tête de proposition affirmative, de la même manière que *pourtant.*

3. Pour autant que, au sens restrictif de « dans la mesure où », est suivi du subjonctif dans la locution *pour autant que je sache,* et, dans les autres cas, soit du subjonctif, soit de l'indicatif ou du conditionnel :

Je vous tiendrai au courant, pour autant que je serai moi-même informé.

Avec le subjonctif, il est souvent l'équivalent de *autant que,* au moins quand il n'exprime pas la condition :

(Pour) autant que je **sache,** *qu'il m'en* **souvienne,** *c'était un jeudi. Il réussira sûrement, pour autant qu'il* **veuille** *bien (ou qu'il* **voudra** *bien) faire un effort (= pourvu qu'il veuille bien, ou s'il veut bien).*

4. Autant que + subj., autant + infin., indiquant un choix préférable, sont d'un usage plus courant, mais plus familier, que *autant vaut que, autant vaut* + infin. :

S'il ne reste plus que cette question à régler, autant qu'on en **finisse** *tout de suite, autant en* **finir** *tout de suite. Dans ces conditions, autant (vaut) ne pas insister.*

5. D'autant plus que s'emploie souvent même après une proposition négative :

Ce **n'était pas** *difficile, d'autant plus qu'on l'a aidé.* (On peut dans ce cas préférer le tour plus logique *d'autant moins que.*)

● **D'autant que,** après une pause, introduit une remarque accessoire explicative équivalant en général à « d'autant plus (moins) » que, surtout que » :

Vous avez tort de ne pas saisir l'occasion, d'autant qu'elle est inespérée.

6. Tous (au)tant que + être. Ce tour insiste sur la totalité :

Vous êtes des lâches, tous autant que vous êtes. Nous refusons ce projet, tous autant que nous sommes.

7. Ce sont autant de... signifie « tous ces... sont des... » :

Évitons ces sujets délicats, qui sont autant d'occasions de querelles.

8. Voir **aussi**, 5 et 10.

autographe, automne, autoroute
→ *genre,* 7

---

autre

1. Autre adjectif qualificatif. *Autre* peut s'employer, dans un usage soutenu, comme adjectif qualificatif, au sens de « différent » ; il est alors épithète et postposé, ou attribut :

On peut proposer une interprétation autre, tout autre (sens peu différent de la construction plus usuelle *une [tout] autre interprétation*). *C'était sans doute vrai alors, mais aujourd'hui les circonstances sont* **autres** (usage courant : *sont différentes, sont changées*).

2. Autre... autre... La répétition de *autre* employé comme attribut en tête de proposition est une construction littéraire visant à souligner une opposition :

Autres étaient les espoirs, autres sont les résultats (= les résultats sont bien différents des espoirs).

• On répète parfois ainsi *autre chose* pour insister sur la diversité (usage soutenu) :

Autre chose est d'exprimer son désaccord, autre chose d'injurier son adversaire (= c'est une chose de..., c'en est une bien différente de...).

3. Autre que (ne), voir ne, II, 4.

4. L'autre lundi. *Autre* s'oppose parfois à *prochain* ou *dernier* pour désigner non pas le jour, la semaine, etc., les plus proches dans l'avenir ou dans le passé, mais ceux qui suivent ou précèdent immédiatement ce jour, cette semaine, etc. :

Je viendrai non pas lundi prochain, mais l'autre lundi (= lundi en huit). *Il m'a téléphoné l'autre semaine.*

• *L'autre jour* a le sens vague de « un jour plus ou moins récent » ; cette valeur vague peut aussi s'appliquer à *l'autre semaine, l'autre année.*

5. Nous autres, vous autres. Les formes insistantes *nous autres, vous autres* sont d'un usage courant. *Eux autres* n'est guère usité que régionalement ou très familièrement ; **elles autres* est inusité.

6. Et autres (+ n.). On complète parfois une énumération par l'expression *et autres* suivie d'un nom pluriel de sens plus général que chacun des mots de l'énumération (terme générique) :

Le train, le bateau, l'avion et autres moyens de transport.

• Sur le modèle de cette construction, on emploie parfois après *et autres,* en vue d'un effet plus ou moins plaisant, un nom (commun ou propre) qui n'a pas un sens plus général que chacun des noms énumérés, mais qui désigne un être ou une chose présentant un trait commun avec ceux de l'énumération :

Les cervidés, bovidés, équidés et autres canidés (familles zoologiques). *Les Christophe Colomb, Gutenberg et autres Denis Papin* (découvreurs ou inventeurs célèbres).

• *Et autres* s'emploie souvent absolument pour clore une énumération par généralisation, à peu près comme *et caetera :*

Des touristes anglais, allemands, belges, hollandais et autres. Toutes sortes d'outils : marteaux, rabots, scies, pinces et autres.

7. Entre autres. Cette expression peut s'employer

— comme *et autres,* devant un nom pluriel : *Entre autres arguments, il a fait valoir le moindre coût de ce projet ;*

— absolument, avec ellipse du nom pluriel : *Je vous conseille de lire, entre autres, ces deux ouvrages* (= entre autres ouvrages).

• *Entre autres* est souvent utilisé comme une simple locution adverbiale équivalant à « notamment, en particulier » ou « par exemple » (mots employés de préférence dans l'usage surveillé), sans qu'il soit possible d'interpréter cet emploi comme le résultat de l'ellipse d'un nom pluriel exprimé ailleurs dans la phrase :

Cet appareil est très pratique, entre autres pour préparer des jus de fruits.

8. De manière ou d'autre, de façon ou d'autre. Ces expressions sont plus rarement utilisées que *d'une manière ou d'une autre, d'une façon ou d'une autre.*

9. Autre chose est une locution pronominale analogue à *quelque chose ;* les adjectifs qui s'y rapportent sont au masculin ; s'ils sont épithètes, ils sont introduits par la préposition *de :*

Autre chose est survenu entre-temps. J'ai appris autre chose de curieux.

10. Personne autre, voir personne, 3. **Rien autre chose,** voir rien, 4. **L'un et (ou) l'autre,** voir un, 5.

autre(ment) que (ne) → *ne, II, 4*

autrui

Ce mot ne se rencontre que dans quelques expressions *(le bien d'autrui, ne faites pas à autrui ce que vous ne voudriez pas qu'on vous fasse),* ou dans l'usage littéraire, en principe comme complément après une préposition, parfois aussi comme sujet ou complément d'objet direct :

L'égoïste ne s'intéresse pas à autrui. Il est toujours prêt à aider autrui, mais autrui ne le lui rend guère.

Dans l'usage courant, on dit *les autres.*

auxiliaire

Les auxiliaires sont des verbes employés soit devant un participe passé, soit devant un infinitif pour former les temps composés d'un verbe ou pour exprimer diverses valeurs de temps, de mode ou d'aspect.
Les deux auxiliaires employés devant un participe sont *avoir* et *être.*

1. Auxiliaire *avoir*. *Avoir* est l'auxiliaire de tous les verbes transitifs ou employés transitivement, à la voix active :

J'ai rencontré un ami. Avez-vous descendu les valises ? (mais dans l'emploi intransitif : *Êtes-vous descendu ?*).

● *Avoir* est aussi l'auxiliaire de la plupart des verbes intransitifs et des impersonnels, de *avoir* et de *être :*

La voiture a dérapé. Il a neigé. Il a fallu partir. J'ai eu la réponse. Il a été malade.

2. Auxiliaire *être*. C'est celui de la conjugaison passive :

Je suis invité par des amis.

● C'est aussi l'auxiliaire de la conjugaison pronominale :

Les oiseaux se sont envolés. Je me suis (et non **Je m'ai*) *procuré du matériel* (verbe *se procurer,* conjugaison pronominale), mais *Je lui ai procuré du matériel* (verbe *procurer,* conjugaison active).

● *Se faire, se laisser, se sentir, se voir, s'entendre* employés devant un infinitif dont le pronom est complément forment avec cet infinitif une locution pronominale se conjuguant avec *être,* et dont le sens est proche de celui d'un passif : *Ils se sont fait remarquer. Elle s'est vu interdire l'accès de la salle.*

● Quelques verbes intransitifs sont toujours conjugués avec l'auxiliaire *être* (voir **verbe,** 4). Ce sont :

aller, arriver, décéder, devenir, échoir, éclore, entrer, intervenir, mourir, naître, partir, parvenir, rentrer, repartir, rester, retourner (= aller de nouveau), *revenir, survenir, tomber, retomber, venir.*

3. *Avoir / être*. Certains verbes intransitifs, ou dans un emploi intransitif, se conjuguent soit avec l'auxiliaire *avoir,* soit avec l'auxiliaire *être.* Par exemple, on dit aussi bien de quelqu'un dont la mine est bien différente de ce qu'elle était :

Il a bien changé, ou *Il est bien changé.*

Une assez nette différence de valeur est parfois sensible entre ces deux auxiliaires : *avoir* exprime alors plutôt l'action elle-même, située dans le passé (souvent au moyen d'un complément ou d'un adverbe de temps), et *être,* plutôt l'état résultant de l'accomplissement de l'action ; dans ce dernier cas, le participe est souvent assimilable à un adjectif attribut :

Ce livre a paru l'année dernière (indication d'un fait passé). *Ce livre est paru* (= il est en vente, il est disponible).

Sont notamment susceptibles de recevoir, selon l'aspect considéré, l'auxiliaire *avoir* ou l'auxiliaire *être* les verbes suivants en emploi intransitif :

accoucher, accourir, apparaître, atterrir, augmenter, changer, chavirer, convenir (voir ce mot), *crever, croupir, déborder, décamper, dégeler, dégénérer, déménager, demeurer* (voir ce mot), *descendre, diminuer, disparaître, divorcer, échapper, échouer, éclater, embellir, empirer, enchérir, enlaidir, expirer, grandir, grossir, maigrir, monter, trépasser, vieillir.*

4. Auxiliaires devant un infinitif, voir **aspect,** 3 et 4 ; **aller,** 4, 5, 6, 7, 10 ; **devoir** ; **faillir,** 1 ; **faire,** 2 et 4 ; **manquer,** 2, 3, 4 ; **pouvoir,** 1.

avance

1. *D'avance, par avance, à l'avance*. Ces trois expressions s'emploient couramment, sans différence marquée de sens ; toutefois *d'avance* est plus fréquent :

Je m'en réjouis d'avance, ou *par avance,* ou *à l'avance.* On dit : *Il s'y est pris longtemps* (*trois jours,* etc.) *d'avance,* ou *longtemps à l'avance* plutôt que *longtemps par avance.*

2. *Prévoir d'avance, pressentir d'avance, prédire d'avance* sont des pléonasmes : le préfixe *pré-* suffit à exprimer l'idée de « d'avance ».

s'avancer → *(verbe) pronominal,* 3

---

avant

1. *Avant que (ne)* + subj. / *Avant de* + infin. On emploie le subjonctif, et facultativement, *ne* explétif (voir **ne,** II, 5), dans la proposition introduite par *avant que :*

> *Prévenez-moi avant qu'il (ne) soit trop tard.*

● En cas d'identité de sujet entre le verbe de la proposition principale et celui de la subordonnée, la construction infinitive avec *de* est de règle :

> *Prévenez-moi avant de partir* (et non **avant que vous [ne] partiez*).

● *Avant que de* + **infin.** est une construction archaïque qui se rencontre parfois dans l'usage littéraire :

> *Il faut tout tenter avant que d'en arriver là.*

2. *Avant déjeuner, avant dîner.* Ces emplois sont beaucoup plus rares que ceux de *après déjeuner, après dîner :*

> *Je passerai vous voir avant dîner* (usage plus courant : *avant de dîner,* ou *avant le dîner*).

3. *Avant* adverbial. *Avant* s'emploie couramment comme adverbe par omission d'un terme déjà exprimé (ou d'un pronom qui le représenterait) :

> *Je vais jusqu'au bout, ou je m'arrête avant ?* (= avant le bout). *Je vais m'occuper de cette affaire, mais avant je dois passer un coup de téléphone* (= avant cela).

Dans un usage plus soutenu, on emploie *auparavant* au sens temporel.

● *Avant* précédé d'un adverbe comme *plus, bien, fort, assez, si* équivaut à *loin* ou à *tard* dans des phrases telles que :

> *Allons* (*entrons, pénétrons,* etc.) *plus avant dans le bois. La réunion a duré* (*s'est prolongée,* etc.) *fort* (*bien*) *avant dans la nuit.*

● *L'année d'avant :* voir **prochain, dernier.**

---

avantageux : *ce qu'il est avantageux de* + infin./*que* + subj. → *qui,* 8
avant-scène → *genre,* 7
l'avant-veille → *matin, soir, midi,* 1

---

avec

1. *Avec/à.* On peut souvent employer l'une ou l'autre de ces prépositions pour introduire le complément de certains verbes qui indiquent une association, une liaison, comme *s'aboucher, s'acoquiner, associer, allier, se lier, unir, réunir, joindre, comparer, confronter.*

Quand une différence de valeur peut être observée entre ces deux constructions, *à* indique plutôt un rapprochement, une addition (les deux termes peuvent généralement être reliés aussi par *et*), et *avec* insiste davantage sur la réciprocité ou la symétrie de situation des deux termes :

> *Associer la prudence à* (ou *avec,* ou *et*) *la fermeté. S'associer, s'allier à* (ou *avec*) *quelqu'un. Confronter son point de vue à* (ou *avec, et*) *celui des autres. Comparer une copie à* (ou *avec*) *l'original.*

Mais on dit *associer quelqu'un à* (et non *avec*) *une entreprise. Joindre un document à* (plutôt que *avec*) *un dossier.*

Quand *comparer* signifie « assimiler par analogie », son complément est toujours introduit par *à :*

> *Comparer des troubles sociaux à une tempête.*

2. *Avec/et.* On dit souvent, dans l'usage familier :

> *Avec mon frère, nous en parlions,* ou *Nous en parlions avec mon frère*

pour indiquer une conversation à deux personnes (mon frère + moi). Il risque d'y avoir confusion quand X (« mon frère ») peut être pris comme un complément d'accompagnement s'ajoutant à un sujet pluriel (« nous »), ce qui suppose au moins trois personnes. Dans l'usage surveillé, on dit soit *Mon frère et moi, nous en parlions,* soit *J'en parlais avec mon frère.*

● *Avec* joint parfois deux noms comme ferait la simple conjonction *et.*
Si ces noms sont sujets, le verbe se met au pluriel :

> *Pierre avec sa femme sont venus me voir.*

3. *Avec/contre.* Quand on dit *se battre, lutter, guerroyer avec qqn,* ces expressions sont susceptibles de deux interprétations, la préposition *avec* pouvant traduire le nom de l'adversaire ou celui du partenaire dans un combat.
Pour éviter tout risque d'ambiguïté, on peut dire soit *se battre, lutter, guerroyer contre qqn* pour indiquer l'hostilité, soit *se battre, lutter, guerroyer auprès* ou *aux côtés de qqn* pour indiquer l'alliance.

• *Se fâcher (être fâché) avec qqn,* c'est se brouiller (être brouillé) avec lui.
Se fâcher (être fâché) contre qqn, c'est se mettre (être) en colère contre lui.

4. D'avec/de. Après des verbes indiquant séparation, distinction, comme *séparer, distinguer, démêler, détacher, disjoindre, dissocier, divorcer, enlever, isoler, ôter, retirer,* le 2e complément peut être introduit par *d'avec,* qui est un peu plus expressif que *de* et qui rend parfois plus claire la relation grammaticale :

Il faut distinguer la fermeté d'avec la répression (on évite ainsi la fausse interprétation « la fermeté de la répression »).

5. Avec employé absolument. L'usage le plus courant est de ne pas employer de pronom personnel après *avec* pour représenter en fin de phrase un nom de chose déjà exprimé :

Il faut affûter ce couteau, on ne peut plus rien couper avec. Servir des radis et du beurre avec.

S'il s'agit d'un nom de personne, l'omission du pronom est rare :

J'ai rencontré Pierre et j'ai marché un moment avec lui.

6. Sens particuliers, voir cause, 2 ; concession, opposition, 3 ; condition, 2.

Avignon : en Avignon → *en,* II, 3
s'aviser de + infin. → *infinitif,* II, 2
avoir à + infin. → *infinitif,* II, 2 ; *avoir beau* + infin. → *infinitif,* II, 2 ; ***concession, opposition,*** 4 ; *auxiliaire* « *avoir* » → *auxiliaire,* 1 ; il y a → *être,* 1
avouer que (mode) → *croire,* 6 ; *avouer* + infin. → *infinitif,* II, 2
azalée → *genre,* 7

B

beaucoup

1. Beaucoup/bien. *Beaucoup,* adverbe de
quantité, sert à renforcer un verbe :

> *Il travaille beaucoup.* (Dans *Il travaille
> bien,* l'adverbe *bien* exprimerait la
> manière et non la quantité.)

Devant *plus, moins, mieux,* on emploie à
peu près indifféremment *beaucoup* ou
bien :

> *Cela s'est produit beaucoup plus tard,* ou
> *bien plus tard.*

On dit soit *beaucoup moindre,* soit plutôt
*bien moindre. Beaucoup meilleur, beau-
coup davantage* sont archaïsants ; l'usage
courant est *bien meilleur, bien davantage.*
De même, *bien pire, bien supérieur, bien
inférieur* sont bien plus usuels que *beaucoup pire, beaucoup supérieur, beaucoup
inférieur ;* on peut aussi souligner la différence par la locution *de beaucoup :*

> *Celui-ci est de beaucoup supérieur à
> l'autre,* ou *Celui-ci est supérieur à l'autre
> de beaucoup.*
> *Il s'en faut de beaucoup* est plus courant
> que *Il s'en faut beaucoup,* et, avec un
> superlatif relatif : *C'est de beaucoup* (ou
> *de loin) le plus intéressant.*

2. Beaucoup de sert de déterminant à un
nom singulier ou pluriel :

> *Beaucoup de prudence est requise.*
> *Beaucoup de détails sont inexacts.*

On voit que les accords se font en principe
avec le nom qui suit *beaucoup,* comme s'il
était déterminé par *certain, plusieurs,* etc.

● Une phrase comme *Beaucoup de déli-
catesse serait étonnant de sa part* n'est pas

exclue, mais ce n'est pas une construction
très naturelle ; on dit plutôt, par exemple :

> *Il serait étonnant qu'il montre beaucoup
> de délicatesse,* etc.

● Le même principe d'accord avec le
complément de l'adverbe s'applique à
d'autres expressions qui indiquent la quantité : *trop de, assez de, peu de, tant de,
combien de :*

> *Trop de gens s'imaginent... Assez de
> soucis nous assaillent. Peu de personnes
> le savent. Tant de questions sont à exa-
> miner ! Combien de romans sont
> ennuyeux !*

3. Beaucoup employé seul peut signifier
« beaucoup de gens » (emploi surtout usuel
dans la fonction sujet) :

> *Beaucoup pensent que c'est une erreur.*

Cet emploi est valable aussi pour *combien*
(voir *combien,* 3). Il n'est pas usuel pour les
adverbes de quantité *trop, assez, peu, tant.*

bénéficier

Dans l'usage traditionnel, on dit *bénéficier
de qqch* ou *de ce que* + indic.

> *L'accusé a bénéficié des circonstances
> atténuantes. Cette région bénéficie d'un
> climat très doux.*

La construction *bénéficier à qqn* est critiquée, mais assez courante :

> *Le doute doit bénéficier à l'accusé.* (On
> peut dire : *être au bénéfice, à l'avantage
> de, profiter à.*)

bon

1. Bon/meilleur. Au comparatif et au superlatif, *plus bon, *le plus bon sont de l'usage relâché au lieu des formes courantes *meilleur, le meilleur.* Pourtant, *plus* n'est pas incompatible avec *bon* s'il ne le précède pas immédiatement :

C'est plus ou moins bon. Plus ce vin vieillit, plus il est bon (mais on dit bien aussi : meilleur il est). [Voir **meilleur.**]

2. De bonne heure. Au comparatif, on ne dit généralement pas *de plus bonne heure. La construction *plus de bonne heure* est jugée relâchée ; la forme reconnue correcte est *de meilleure heure,* mais on préfère généralement dire *plus tôt. Trop de bonne heure, assez de bonne heure* sont usuels, mais dans l'usage surveillé on préfère *de trop bonne heure, d'assez bonne heure.*

3. Bon enfant, bon prince, bon vivant, etc. Vu la rareté du cas, il est difficile d'alléguer un usage relativement à un éventuel emploi au comparatif de ces locutions figées, susceptibles d'être employées adjectivement. Le recours à *meilleur* paraît exclu (*Il est meilleur vivant que son frère). On pourra éviter la séquence « plus bon » en disant, par exemple : *Il est bon vivant, plus que son frère,* etc.
À noter que *bon juge, bon marché* font très normalement *meilleur juge, meilleur marché :*

Je suis **meilleur** juge que vous. La vie est **meilleur** marché ici que sur la côte.

4. Bon mot, bonne foi, bonne volonté. Ces expressions sont en fait des mots composés, devant lesquels le mot *meilleur* ne semble pas choquant :

Un recueil des **meilleurs bons** mots. Avec la **meilleure bonne** foi, la **meilleure bonne** volonté du monde...

On dit cependant couramment : *Avec la meilleure volonté du monde, je ne peux vous approuver.*

5. Bon premier, bon dernier. Dans ces expressions, *bon,* qui a un rôle adverbial, s'accorde néanmoins comme l'adjectif qui suit :

Elles sont arrivées bonnes dernières. (Voir **adverbe,** 3.)

6. Il fait bon (de) + infin., voir *faire,* 10 ; *pour (tout) de bon,* voir *pour,* 7.

---

bondir après qqn, qqch → *après,* 1
se borner à + infin. → *infinitif,* II, 2
bouc, chèvre → *genre,* 3
brûler de + infin. → *infinitif,* II, 2 ; **(se) brûler** → *(verbe) pronominal,* 3

but

L'expression du but peut se faire à l'aide de diverses locutions conjonctives (avec le subjonctif) ou prépositives (suivies alors de l'infinitif) :
pour (que)
afin que (*afin de* + infin.) [plus soutenu]
à seule fin que (*de* + infin.) [soutenu]
aux fins de (langue administrative)
de manière (ou *façon*) [à ce] *que, de manière* (ou *façon*) *à* + infin.
de sorte que
de peur que (*de* + infin. ou n.)
pour éviter que (*de* + infin.), *pour éviter* + n.
dans le but de + infin., *dans un but de* + n.
(cet emploi, parfois critiqué, est bien reçu dans l'usage courant)
dans le dessein (ou *l'intention*) *de* + infin. (soutenu)
à dessein de + infin. (soutenu)
en vue de + infin.
histoire de + infin. (familier)

ou simplement par la conjonction *que* + subj. (familier) :

Ôte-toi de là, **que je puisse** voir.

● Les subordonnées de but sont aussi appelées « subordonnées finales ».

C

ça, cela

1. Ça/cela. Dans l'usage oral familier ou simplement courant, le démonstratif qu'on écrit plus habituellement *cela* que *ça* se prononce [sa], à tel point que la prononciation [səla] serait ressentie, dans certains contextes, comme une marque d'affectation : *Cela suffit comme cela.* (Voir **ce**, II.)

2. Ça (cela), qui désigne normalement des choses ou des animaux, est parfois employé pour des humains soit familièrement, soit avec une valeur méprisante :

> *Les enfants, ça vous occupe ! Ça prétend donner son avis et ça ne connaît rien à la question !*

3. Ça impersonnel. *Ça* s'emploie devant un verbe ou un tour impersonnel, parfois comme variante plus ou moins familière de *il :*

> *Ça sent mauvais ici* (= cela). *Ça pleut, ça tonne* (usage courant : *Il pleut, il tonne*).

4. Comme ça. Cette locution est fréquente dans l'usage oral familier, au sens de l'adverbe *ainsi* (à valeur démonstrative ou conclusive) ou au sens de l'adjectif *pareil :*

> *Si tu t'y prends comme ça, tu vas tout rater. Ne t'inquiète donc pas comme ça ! Alors, comme ça, tu nous quittes ? Un spectacle comme ça, c'est rare.*

● **Il a dit comme ça que...** Ce tour, où *comme ça* est superflu, appartient à l'usage populaire ou enfantin :

> *Il a dit comme ça qu'il reviendrait.*

5. Sans ça au sens de *sinon* est de l'usage oral familier :

> *J'espère qu'il ne pleuvra pas, sans ça la fête serait ratée.*

6. Qui ça ? où ça ? quand ça ? pourquoi ça ? *Ça,* comme *donc,* sert souvent d'appui à un mot interrogatif dans l'usage oral familier :

> *On me l'a dit. — Qui ça, on ?*
> *Il est parti. — Où ça ?*

caillou → *pluriel,* 7
camée, campanile, campanule → *genre,* 7
câpre → *genre,* 7

car

Cette conjonction, relativement rare dans l'usage oral, est très courante à l'écrit.

1. Car/parce que. La coordination par *car* a une valeur causale proche de celle de la subordination par *parce que,* mais généralement moins insistante ; *car* ajoute une explication accessoire, non requise, alors que *parce que* indique souvent la raison d'être de quelque chose, le mobile de quelqu'un, et peut, à la différence de *car,* être mis en relief par *si..., c'est* ou par *c'est... que :*

> *J'arrête ici ma lettre, car il est tard. (Si) j'ai été absent (c'est) parce que j'étais malade,* ou *C'est parce que j'étais malade que j'ai été absent.*

2. Car/en effet. Ces deux éléments de liaison ont à peu près la même valeur. *Car* est toujours en tête d'une proposition ; *en effet* peut être en tête ou à l'intérieur d'une proposition qui est généralement séparée de l'énoncé précédent par une pause plus marquée que si le lien est *car :*

> *Il faut que je parte, car je suis pressé. La durée du trajet dépend de l'itinéraire choisi : en effet il y a* (ou *il y a en effet*) *trois routes possibles.*

3. Car en effet. Cette expression, fréquente dans l'usage oral, forme pléonasme dans la mesure où *en effet* n'est plus compris comme autrefois au sens de « effectivement, en réalité ». On l'évite donc dans l'usage surveillé, où l'on utilise soit *car,* soit *en effet :*

> *L'enquête va être reprise, car* (ou *en effet*) *il y a un fait nouveau.*

29

4. Car... et que... Par analogie avec *parce que... et que...* (voir **que,** 1), on reprend parfois *car* par *que* :

> *Je m'arrête ici, car il est tard et que j'ai sommeil.*

Dans l'usage surveillé, on préfère éviter d'employer *que* :

> *Je m'arrête ici, car il est tard et j'ai sommeil.*

---

cardinal → *numéraux,* 3

---

cas

1. Au cas où. Après cette locution conjonctive, on emploie ordinairement le conditionnel :

> *Au cas où un incident se produirait, prévenez le gardien.*

● Dans l'usage littéraire, on emploie parfois le subjonctif, et principalement le subjonctif plus-que-parfait, qui est une variante du conditionnel passé (voir **conditionnel,** 4) :

> *Au cas où il en soit encore temps, je vous prie d'intervenir. Au cas où il eût refusé, nous ne pouvions rien faire.*

2. Au cas que, en cas que sont des archaïsmes littéraires employés soit avec le subjonctif, soit avec le conditionnel :

> *Il avait pris ses précautions au cas (ou en cas) que l'affaire tournât mal. On avait recueilli des témoignages, au cas que d'aucuns auraient émis un doute.*

---

se casser → *(verbe) pronominal,* 3

---

cause

L'expression de la cause peut se faire par des moyens très divers.

1. Subordination par des conjonctions, suivies en règle générale de l'indicatif, certaines correspondant à des prépositions :

● *parce que, puisque, comme, du moment que, dès l'instant que (où), dès lors que, c'est que, surtout que* (familier) :

> *Si je ne suis pas venu, c'est que j'avais un empêchement.*

● *vu (que), attendu (que), étant donné (que)* :

> *vu l'heure tardive ; vu qu'il était tard.*

● *du fait que/de, sous prétexte que/de, compte tenu que/de :*

> *du fait qu'il est absent ; du fait de son absence.*

● *non que, ce n'est pas que* + subj. :

> *Je ne suis pas venu, non que cela ne me plaise pas, mais j'avais un empêchement.*

● *de peur* (ou *crainte*) *que* + subj./*de :*

> *de peur qu'il soit trop tard ; de peur d'être en retard.*

2. Emploi de prépositions :

● *par (agir par avarice) ; pour (être condamné pour vol, pour avoir fraudé le fisc) ; de (rougir de honte) ; avec (avec un tel passé, il n'y coupe pas de la prison) ; sous (céder sous le choc) ; devant (être révolté devant tant de cynisme),* etc.

● *à cause de, grâce à, faute de, en raison de, eu égard à, sous l'effet de, sous le coup de, par suite de,* etc.

3. Coordination par une conjonction, un adverbe : *car, en effet, aussi bien.*

4. Juxtaposition de propositions :

> *Je rentre : il est tard.*

5. Mise en apposition d'un adjectif, d'un participe, d'une subordonnée relative ou participiale :

> *Le coupable, confus, baissait la tête. Pressé par le temps, j'ai dû décider seul. La planche, qui était pourrie, s'effondra. Tout le monde étant d'accord, on peut commencer.*

---

causer, parler

1. On dit *parler à qqn* ou *avec qqn, causer avec qqn,* et aussi *causer à qqn.* Cette dernière construction, longtemps critiquée, est fréquente aujourd'hui mais ordinairement jugée familière ou populaire :

> *Toi, je te cause pas. Ah, celui-là... (ne) m'en causez pas !*

On peut aussi employer ces verbes sans complément :

> *Il parle bien. Il cause agréablement. Nous causions en vous attendant.*

2. On dit couramment *parler* ou *causer affaires, cinéma, gros sous.* Mais, avec un complément plus spécifié : *parler* ou *causer d'une affaire importante.*

3. On dit *parler une langue, parler (le) français. Causer une langue, causer (le) français* est de l'usage populaire.

I. CE (CETTE, CES), DÉTERMINANT DÉMONSTRATIF

1. *Ce* **exclamatif** est familier : *Ce culot !* (usage soutenu : *Quelle audace !*).

2. *Un de ces* s'emploie familièrement en exclamation avec une valeur intensive :

Il a un de ces culots ! Il y a un de ces brouillards ! (= un épais brouillard).

On dit plus habituellement *J'ai un de ces mal de tête ! J'ai un de ces travail !* que *J'ai un de ces maux de tête, de ces travaux !* (= un violent mal de tête, beaucoup de travail.)

● *Un de ces jours* signifie, familièrement, « un jour plus ou moins prochain ».

II. CE (C', ÇA), PRONOM DÉMONSTRATIF

1. *Ce (c')*, **pronom démonstratif,** s'emploie comme sujet du verbe *être* ou comme antécédent d'un relatif :

Ce sera difficile (familièrement : *Ça sera difficile*). *C'est ce que je pensais.*

● *Ce* s'emploie dans l'usage soutenu comme sujet de verbes tels que *devoir, pouvoir,* introduisant le verbe *être* :

Ce devait être au mois de juin. Ce pourra être bientôt (usage courant : *Cela [ça] devait être... Cela [ça] pourra être...*).

● La forme élidée *c',* de règle devant les formes du verbe *être* commençant par une voyelle, peut aussi se rencontrer devant *en* ou, avec une cédille *(ç'),* devant l'auxiliaire *avoir* aux formes composées du verbe *être* (usage soutenu) :

C'en est la raison principale. Ç'avait été difficile (usage courant : *Cela [ça] avait été...*) ; mais : *Cela [ça] avait coûté très cher* (et non **Ç'avait coûté*). [Voir ça, cela.]

2. *Ce* s'emploie aussi comme pronom dans les formules de l'usage soutenu *et ce, sur ce, ce faisant* :

Les choses vont changer et ce dès aujourd'hui (= et cela). *Une semaine s'écoula ; sur ce un nouvel incident se produisit* (= là-dessus). *Vous pourriez*

certes refuser : *ce faisant, vous prendriez un grand risque* (= en agissant ainsi).

3. *C'est/ce sont.* Quand le mot qui suit cette expression est un nom pluriel, le verbe *être* se met soit au pluriel, soit au singulier, l'accord au pluriel étant considéré comme une marque de l'usage soigné :

Ce sont là les points essentiels (fam. *C'est là les points essentiels*). *Ce furent ses derniers mots.*

● Si le nom ou le pronom qui suit cette expression est introduit par une préposition, on emploie la forme de singulier *c'est* :

Si je vous ai appelé, c'est pour des raisons graves (et non **ce sont pour des raisons graves*).

● *C'est eux (elles)* est plus courant que *ce sont eux (elles)* :

Je les aperçois : c'est eux. C'est eux (ou ce sont eux) qui m'ont averti.

● *Si ce n'est,* voir si.

4. *Ce que... !* voir *combien,* 1. *Ce qui, ce que* dans l'interrogative indirecte, voir *interrogation,* 4. *Ce dont,* voir *dont. À ce que,* voir *à,* 5. *De ce que,* voir de, 10. *C'est... qui (que),* voir c'est.

Ceci/cela. Dans l'usage soigné, on peut opposer *ceci,* désignant ce qu'on va dire ou ce qui est proche, à *cela,* désignant ce qui a été dit ou ce qui est plus éloigné :

Après avoir rappelé cela, j'ajouterai seulement ceci : ...

On peut établir la même distinction entre *celui-ci* et *celui-là, voici* et *voilà.* Cependant, on dit aussi bien *ceci dit* que *cela dit* pour référer à ce qu'on vient de dire. Dans l'usage oral, on emploie surtout *cela* (ou *ça*), *celui-là, voilà,* sans tenir compte de la distinction indiquée.

1. Dans l'usage le plus indiscuté, *celui* est repris par un pronom relatif (*celui qui, que, dont,* etc.) ou par un complément introduit par *de (celui de...).* L'emploi d'autres prépositions (*à, en, pour,* etc.), autrefois critiqué, est couramment admis aujourd'hui :

Les bateaux à voile et ceux à moteur. La

vaisselle en faïence et celle en porce-laine.

2. *Celui* + **participe** est une construction qui a été longtemps critiquée, mais qui est largement répandue aujourd'hui quand le participe est suivi d'un complément :

La somme à payer est celle figurant au bas de la facture, celle indiquée au bas de la facture

Dans l'usage surveillé, on évite d'employer *celui* + participe sans complément ; au lieu de dire : *Le prix est supérieur à celui prévu,* on dit : *à celui qui était prévu* ou *au prix prévu.*

3. *Celui* + **adjectif** est un tour qui est évité si l'adjectif n'a pas de complément. Au lieu de : **Ne mélangez pas les boîtes vides et celles pleines,* on dit : *... et celles qui sont pleines,* ou *...et les pleines.* Quand l'adjectif a un complément, ce tour est très usuel, mais dans l'usage soutenu on préfère ordinairement dire *celui qui est* + adjectif, ou répéter le nom au lieu d'employer *celui* :

On a abordé les questions politiques et celles relatives à l'économie (ou *celles qui sont relatives...,* ou *les questions relatives...*).

● Un adjectif peut très normalement être placé après *celui* s'il lui est apposé, c'est-à-dire s'il en est séparé par une pause (une virgule) ; dans ce cas, *celui* est repris par un pronom relatif ou par un complément :

Je m'adresse à ceux, nombreux, qui s'inquiètent.

4. *Je suis celui qui...,* voir qui, 4.

---

cent : *cent fois* → *numéraux,* 8

Cette locution conjonctive est de l'usage littéraire. Elle peut avoir une valeur temporelle :

Ils poursuivaient leur route, cependant que le ciel s'assombrissait (= tandis que). *Cependant qu'il parlait, sa pensée se précisait* (= pendant que).

● Elle peut avoir une valeur d'opposition :

Il niait toujours, cependant que les preuves l'accablaient (= alors que).

---

cerf, biche → *genre,* 3

---

1. *Un certain* + **n.** laisse subsister une indétermination, en indiquant une quantité, une importance non négligeables :

Je ne l'ai pas vu depuis un certain temps. On a une certaine difficulté à le suivre. C'est vrai jusqu'à un certain point ;

ou la nature particulière de quelque chose :

Il a une certaine façon à lui de présenter les choses.

● Devant un nom de personne, *un certain* souligne le caractère peu connu de la personne, parfois avec une valeur plus ou moins méprisante :

J'ai reçu la visite d'un certain Durand (on dit aussi, avec une valeur comparable, *un nommé, un dénommé Durand*).

● *Certain* + **n.** (au singulier, sans article indéfini) est archaïsant. Il indique un être, une chose notoires, mais qu'on s'abstient de préciser autrement :

Certain gentilhomme normand... Certain jour qu'il neigeait...

2. *Certains* + **n.** indique plusieurs êtres ou choses qu'on distingue d'un ensemble :

Certains oiseaux imitent la parole humaine. Cela ne se produit que dans certaines conditions.

● *De certains* + **n.** est archaïsant :

Je l'ai rencontré en de certaines occasions (usage courant : *en certaines occasions*).

3. *Certains* **employé pronominalement** représente une partie des êtres ou des choses nommés antérieurement ou exprimés ensuite sous forme de complément :

Les spectateurs s'ennuyaient ; certains même s'étaient endormis. Certaines de ces maisons datent du Moyen Âge.

● *Certains* employé seul peut signifier « certains hommes », principalement, mais non exclusivement dans la fonction sujet :

Certains prétendent le contraire. Selon certains, c'est faux.

4. *Certain* placé après le nom ou employé comme attribut est un adjectif qualificatif :

Une réussite certaine est moins douteuse qu'une certaine réussite.

---

certifier que (mode) → *croire,* 6
cesser de + infin. → *infinitif,* II, 2, et

---

arrêter, 1 ; *ne (pas) cesser de* → **négation,** 5
c'est : *c'est/ce sont* → **ce (c', ça),** II, 3 ; *c'est à vous à* (ou *de*) + infin. → **à,** 4

c'est... qui, c'est... que

1. On met un mot ou une expression en relief en les encadrant par *c'est... qui, c'est... que :*

C'est le facteur *qui* me l'a dit. *C'est* lui *que* je veux voir. *C'est* pour cela *que* je n'ai rien dit. *C'est* demain *qu'*il arrive. *Ce sont* eux *qui* me l'ont dit. (Pour *c'est/ce sont,* voir **ce,** II, 3.)

● On dit aussi *c'est... quand..., c'est... si..., c'est... comme... :*

C'est rare *quand* (ou *si*) elle oublie (= elle oublie rarement).
C'est étonnant *comme* je me sens bien (= je me sens étonnamment bien).

● Au lieu de *c'est,* on peut employer *c'était, ce fut, ce sera, ce serait,* mais l'usage tend à généraliser l'invariabilité de *c'est :*

C'était (ou *c'est*) ce qui me tracassait. *Ce fut* (ou *c'est*) alors qu'on s'en aperçut. *Ce sera* (ou *c'est*) bientôt que nous le reverrons.

2. C'est de cela que, c'est à lui que. Quand le complément mis en relief est indirect, c'est-à-dire précédé d'une préposition, on le place ordinairement avec sa préposition après *c'est :*

C'est de cela que je m'occupe. *C'est à lui que* je pense.

La construction *C'est cela dont je m'occupe, C'est lui à qui je pense* est aujourd'hui plus rare, et la construction *C'est de cela dont je m'occupe, C'est à lui à qui je pense* est archaïque.

3. C'est un monstre (que) cet homme, ce serait une faute (que) d'accepter, voir **que,** 4.

chacal → *pluriel,* II, 2

chacun, chaque

1. Chacun notre (votre)/chacun son. Quand le sujet est un pronom de la 1re ou de la 2e personne du pluriel, on emploie le plus souvent, dans ces expressions, le possessif de la personne correspondante, mais par-

fois aussi celui de la 3e personne, en particulier dans la locution *chacun de son côté :*

Nous avons **chacun** *notre opinion sur la question. Nous partirons, toi et moi,* **chacun** *de notre côté* (ou **chacun** *de son côté*). **Chacun** *à* **votre** *manière* (ou **chacun** *à* **sa** *manière*), *vous avez fait un travail intéressant.*

2. Chacun son (ses)/chacun leur(s). Quand le sujet est pluriel et de la 3e personne, on peut dire :

Ils se sont installés **chacun** *à* **sa** *place* ou **chacun** *à* **leur** *place. Joël et Étienne étaient accompagnés* **chacun** *de* **ses** *parents* ou **chacun** *de* **leurs** *parents.*

3. Entre chacun (de), entre chaque. Ces expressions s'emploient couramment au sens de « entre chacun (de)... et le suivant », « dans l'intervalle ; entre deux... » :

Entre **chacune** *de ses phrases, il marquait une pause. Boire une gorgée entre* **chaque** *bouchée* (on peut dire : *après* **chacune** *de ses phrases, après* **chaque** *bouchée*).

4. Chaque deux jours. L'emploi de *chaque* devant un mot numéral pour marquer la périodicité est familier. La langue soignée emploie *tous les... :*

Il vient tous les deux jours, ou *un jour sur deux.*

5. Un chacun, tout un chacun est un équivalent littéraire ou plaisant de « tout le monde, n'importe qui » :

C'est un art qui n'est pas donné à un chacun. Vous pouvez, comme tout un chacun, vous procurer ce document.

6. Chacun/chaque. L'emploi de *chaque,* normalement adjectif, au lieu du pronom *chacun* appartient à la langue commerciale ou à la langue familière :

Des articles à cent francs **chaque** (= à cent francs [la] pièce, à cent francs **chacun**). *Il a pris de tous les plats, mais un peu de* **chaque** *seulement.*

7. Chacun, chaque + ne... pas, voir **négation,** 10.

chanoine, -esse → **genre,** 2
se charger de + infin. → **infinitif,** II, 2
chasseur, -eresse → **genre,** 2
chausse-trape → **genre,** 7
chercher *à* + infin./*à ce que* + subj. → **à,** 5 ; *chercher après qqn, qqch* → **après,** 2

choisir *de* + infin. → *infinitif*, II, 2
choral → *pluriel*, II, 2
chose : *quelque chose* → *quelque*, 5 ;
autre chose → *autre*, 9
chou → *pluriel*, II, 1
chromo, chrysanthème → *genre*, 7
ciel → *pluriel*, II, 4
circonstanciel → *complément*, 3 ;
subordonnée circonstancielle
→ *subordination*, 3
clair employé adverbialement
→ *adverbe*, 3
clairement → *adverbe*, 3
clovisse, colchique → *genre*, 7
colère : *être en colère après (contre)*
qqn/qqch → *après*, 3

---

collectif

1. De nombreux noms collectifs suivis de la préposition *de* peuvent fonctionner comme déterminants d'un nom :

On a examiné *la totalité des* réponses (= toutes les réponses).

On peut employer ainsi *une foule de, une bande de, un grand (petit, certain) nombre de, une multitude de, une quantité de, une partie de, une majorité de, une minorité de, la plupart de, le reste de,* etc.
Quand un groupe du nom pluriel ainsi déterminé a la fonction sujet, le verbe est en principe au pluriel :

Une foule de visiteurs **sont venus**. *La majorité des réponses* **sont** *fausses*.

● Quand le groupe sujet comprend les compléments *d'entre nous* ou *d'entre vous*, le verbe se met le plus souvent au pluriel et à la 3e personne :

Le plus grand nombre d'entre nous **sont** *de cet avis. La plupart d'entre vous le* **savent.**

Il arrive cependant que l'accord soit fait avec *nous* ou *vous*, à la 1re ou à la 2e personne du pluriel :

La plupart d'entre vous le **savez.**

Cet accord en personne peut avoir lieu aussi si *d'entre nous* (ou *vous*) est complément d'un adverbe, d'un numéral ou d'un indéfini :

Beaucoup d'entre nous le **savent** *(ou le* **savons***). Trois, plusieurs d'entre vous le* **savent** *(ou le* **savez***). [Voir* **entre,** 1 et (la) plupart.]

2. Cependant le nom collectif peut aussi remplir par lui-même la fonction sujet en

gardant sa pleine valeur de nom suivi d'un complément ; dans ce cas, le verbe s'accorde au singulier avec le collectif :

La foule des curieux **s'est dispersée.** *Une majorité d'opposants* **peut** *bloquer le projet.*

● Dans de nombreux cas, on peut indifféremment choisir l'accord au singulier ou au pluriel :

Une partie des objets volés **ont été retrouvés** *ou* **a été retrouvée.**

---

combien

1. Combien ! Comme ! Que ! Ces trois mots peuvent s'employer comme adverbes exclamatifs exprimant la quantité, l'intensité :

Combien c'est heureux ! Comme c'est heureux ! Que c'est heureux !

Ce que exclamatif est familier, *qu'est-ce que* exclamatif est très familier :

Ce qu'on est bien ici ! Qu'est-ce qu'on est bien ici !

● Seul *combien* peut porter directement sur un adjectif ou un adverbe placé immédiatement après lui :

Combien rares sont de telles occasions ! Comme (ou combien, ou que) de telles occasions sont rares ! (Voir **comme,** 2.)

2. Combien de s'emploie comme déterminant interrogatif ou exclamatif devant un nom, à la manière de *quel(s)* :

Combien de temps dure le spectacle ? Combien de voyages avez-vous faits ? Combien de peine nous a donnée cette affaire ! (pour les accords, voir **beaucoup,** 2).

On voit que le sujet est normalement inversé (quand il n'est pas le mot déterminé par *combien de*). Dans l'usage familier cependant, le sujet reste parfois placé avant le verbe dans la phrase interrogative :

Combien de temps (que) ce spectacle dure ? Combien de voyages (que) vous avez faits ? (voir **interrogation,** 3).

Si la phrase est exclamative, le sujet se place aussi bien avant le verbe qu'après lui, dans l'usage courant :

Combien de peine cette affaire nous a donnée !

● Si *combien de* se rapporte au nom sujet, le sujet n'est pas inversé :

Combien de personnes ont répondu ?

Toutefois, il arrive que dans ce cas on pratique une inversion « complexe » (reprise du sujet par un pronom personnel inversé) : *Combien de personnes ont-elles répondu ?* Cette construction est évitée dans l'usage surveillé.
Pour l'accord du verbe, voir **beaucoup, 2.**

3. *Combien* exclamatif ou interrogatif peut signifier « combien de personnes » :

> *Combien voudraient être à votre place !*
> *Combien ont répondu ?*

Combien interrogatif peut signifier « combien de temps » ou « quel prix » :

> *Combien dure la séance ? Combien as-tu payé cet article ?* Voir **interrogation, 6.**

4. *Le combien ? Le combientième ?* Pour interroger sur le jour du mois, on dit souvent familièrement :

> *On est le combien ?* ou *Le combien sommes-nous ?*

Dans un usage plus surveillé, on dit *Quel jour sommes-nous ?* ou *Quel jour est-on aujourd'hui ?*, ce qui est plus ambigu, la réponse pouvant être « lundi » ou « mardi », etc. On peut dire : *Quelle est la date aujourd'hui ?*

● On interroge familièrement sur la périodicité (en jours) par *tous les combien ? :*

> *Le marché a lieu tous les combien ?*

● On ne pourrait guère éviter ce type d'interrogation que par des tournures telles que : *Quelle est la fréquence* ou *la périodicité des marchés ?* etc., qui ont un caractère plus ou moins solennel pour une question aussi simple.

● On interroge souvent familièrement sur le rang par *le combien* ou, plus familièrement, par *le combientième :*

> *Il était le combien* (ou *le combientième*) *à l'arrivée ?*

Si on veut éviter ces emplois, on dira, par exemple :

> *Il est arrivé à quelle place ?* ou *Quel était son rang d'arrivée ?*

5. *Ô combien !* s'emploie plaisamment avec une valeur intensive :

> *J'admire ô combien ce projet ! L'autre éventualité est ô combien préférable !*

---

comme

1. *Comme/comment.* L'emploi de *comme* au lieu de *comment* pour introduire une interrogation indirecte a un caractère archaïsant : *J'ignore comme il a présenté les choses.*
On dit cependant parfois, familièrement : *Dis-moi comme il faut faire.*

2. *Comme* s'emploie bien pour introduire une exclamation indirecte, au sens de « combien, à quel point » :

> *Il m'a raconté comme vous aviez été inquiet. Il fallait voir comme on s'empressait,* ou *On s'empressait, il fallait voir comme !* *Dieu sait comme c'est compliqué,* ou *C'est compliqué, Dieu sait comme !* (Voir **combien, 1.**)

3. *Comme quoi* s'emploie parfois dans l'usage soutenu à la place de la simple conjonction *que* après un verbe transitif de déclaration :

> *Il m'a longuement raconté comme quoi il avait été chargé de missions importantes.*

● Cette expression peut introduire, dans l'usage familier et après un nom, une proposition explicative développant la teneur des propos de quelqu'un (= disant que, indiquant que, etc.) :

> *Il m'a écrit une lettre comme quoi il acceptait ces propositions.*

● Après une pause, *comme quoi* peut introduire une réflexion de caractère conclusif (= ce qui prouve que...) :

> *On est bien en avance, comme quoi ce n'était pas la peine de tant se presser.*

4. *Aussi, autant, comme.* Une comparaison d'égalité peut s'exprimer soit par *aussi... que, autant... que,* soit parfois simplement par *comme :*

> *Est-ce que c'est **aussi** grave **qu'**on le croyait ?* (ou : *Est-ce que c'est grave **comme** on le croyait ?*) *Il y a **autant** d'inconvénients **que** d'avantages.*

Aussi... comme, autant... comme, usuels autrefois, ne s'emploient plus que dans l'usage populaire et dans certaines provinces : **Il y a autant d'inconvénients comme d'avantages.*

5. *C'est tout comme* est une locution familière signifiant « peu s'en faut, il n'y a guère de différence » :

> *Il n'a pas dit tout à fait cela, mais c'est tout comme.*

6. *Comme tout* placé après un adjectif lui donne la valeur d'un superlatif :

> *C'est simple comme tout* (= c'est très simple).

7. *Comme qui dirait* indique dans la

langue familière une analogie (= pour ainsi dire, une sorte de), parfois avec une nuance plaisante :

> C'est une grande place, comme qui dirait la place de la Concorde à Paris. Il y a comme qui dirait une difficulté !

Comme qui dirait que + indic. introduit, dans la langue très familière et sur le mode plaisant, une réflexion suscitée par une observation :

> Comme qui dirait que j'arrive trop tard !

8. *Comme* conjonction de temps ou de cause.

● *Comme* exprimant le temps (= tandis que, alors que, pendant que) s'emploie seulement avec l'imparfait de l'indicatif :

> Il est arrivé *comme* la nuit *tombait* (et non *Comme il est arrivé, la nuit tombait).

● *Comme* exprimant la cause (= du fait que, étant donné que) peut s'employer avec n'importe quel temps de l'indicatif ou du conditionnel, mais la proposition qu'il introduit précède normalement la principale :

> *Comme* la nuit *tombait,* on a dû interrompre les recherches.

On peut, selon la situation, interpréter *comme* au sens temporel ou au sens causal dans une phrase telle que :

> Comme la nuit tombait, le silence est revenu.

9. *Comme ça,* voir ça, 4. *Comme* reliant deux sujets, voir accord, II, 5. *Considérer (comme) responsable,* voir considérer. *Prendre comme exemple, pour exemple,* voir prendre, 1.

---

1. *Commencer à, commencer de.* Commencer à + infin. est plus courant aujourd'hui que *commencer de* + infin., qui a souvent un caractère plus littéraire :

> Le jour commence à se lever. Il commençait à m'agacer avec ses réflexions.

● Pourtant, *commencer de* est d'un usage très courant dans certains cas, par exemple aux formes composées, ou pour éviter un hiatus :

> Il a commencé de (ou à) pleuvoir à dix heures. Dès qu'il commencera de (ou à) pleuvoir, on se mettra à l'abri.

2. *Commencer par* + infin. indique une action qu'on fait avant autre chose :

> Commençons *par* régler les affaires les plus urgentes.

3. *Commencer à* (ou *d'*) *être* + part. passé/*être commencé de* + infin. Avec des verbes perfectifs (voir **verbe**, 4) comme *construire, rédiger, payer,* etc., on peut traduire l'action entreprise par *être commencé de* + infin. ; avec les verbes non perfectifs, on emploie *commencer à* (ou *d'*) *être* + part. passé :

> La maison *a été commencée de construire* au printemps dernier (plus usuel que *a commencé d'être construite*). Mon rapport *est commencé de rédiger* (et non *commencé à être rédigé*), mais : *Le gisement commence à être exploité* (et non *est commencé d'exploiter*). Le phénomène *a commencé à* (ou *d'*) *être observé* il y a dix ans (et non *a été commencé d'observer,* car exploiter et observer sont des verbes non perfectifs). Voir **finir**, 2).

---

comment → *comme*, 1 ; comment ? → *quoi*, I, 2
commerçant : *une rue commerçante* → *participe*, I, 2
commun : *nom commun* → *nom*, 1

L'expression de la comparaison peut se faire par des moyens divers.

1. **Subordination** par la conjonction *comme* ou par des locutions conjonctives, en principe avec :

— l'indicatif (ou le conditionnel) : *ainsi que, à mesure que, aussi* (ou *si*)*... que, autant que, autre(ment) que, d'autant plus* (ou *moins*) *que, davantage que, de même que, mieux que, moins... que, plus... que, selon que, suivant que, tant que, tel que.* Pour *plus* [*mieux*, etc.]*... que si*, voir si, I, 5)
— l'indicatif ou le subjonctif : *autant que, pour autant que.*

● L'élément qui constitue la comparaison est très souvent elliptique et peut se réduire à un seul mot après la conjonction ou le mot qui établit la comparaison :

> Il est malin *comme un singe* [est malin]. Il était rusé *tel Ulysse.*

2. **Juxtaposition** avec répétition du mot qui établit la comparaison : *tel..., tel ; autant..., autant ; plus..., plus ; moins..., moins,* etc.

3. **Emploi de locutions prépositives :** *à l'exemple de, à l'instar de* (littéraire), *à l'égal de, à la différence de, en regard de, en comparaison de, auprès de, par comparaison avec, comparativement à, contrairement à,* etc.

4. **Emploi d'adjectifs** exprimant l'idée de comparaison : *semblable, analogue, égal, supérieur, inférieur, moindre, différent,* etc.

Voir à leur ordre **autant, comme, davantage,** etc.

> **comparatif** → *adjectif,* 2 ; *adverbe,* 1
> **comparer avec/à** → *avec,* 1
> **compensation :** *en compensation*
> → *contre,* 1
> **se complaire à** + infin. → *infinitif,* II, 2

---

compléments

1. Un nom, un pronom, un infinitif, une proposition qui dépend grammaticalement d'un autre mot et en complète ou en précise le sens est un complément de ce mot (voir **subordination,** 3). Un adjectif n'est pas appelé « complément » : on dit qu'il « qualifie » ou qu'il « détermine ».
On dit qu'un adverbe « modifie » un verbe, un adjectif ou un autre adverbe. De nombreux adverbes sont des équivalents de compléments du verbe.
Un nom, un pronom ou un infinitif introduit par une préposition n'est pas appelé « complément » de la préposition mais « régime » de la préposition.

2. Un complément peut compléter :
— un nom : *les fleurs du jardin ;*
— un pronom : *mon chien et celui de mon voisin ;*
— un adjectif : *un jardin plein de fleurs ;*
— un verbe : *Elle chante une chanson. Il marche avec difficulté. J'imagine que vous êtes satisfaite. Quand le chat n'est pas là, les souris dansent.*

3. Parmi les compléments du verbe, on distingue essentiellement :
a) le complément d'objet (direct ou indirect) : voir **verbe,** 1 ;
b) le complément d'objet second, ou d'attribution : voir **verbe,** 1 ;
c) le complément d'agent du verbe passif : voir **(complément d')** **agent** ;
d) les compléments circonstanciels de but, de cause, de concession, de conséquence, de lieu, de manière, de prix, de temps, etc.

4. Place

● Le complément d'objet et le complément d'objet second se placent le plus souvent après le verbe :
> *Pierre félicite **Paul.***

Cet ordre est parfois inversé :
— dans des phrases interrogatives ou exclamatives, ou encore emphatiques (voir **phrase,** 2) ;
— quand le complément d'objet est un pronom personnel ou relatif (voir **pronom personnel,** 3 ; **relatif,** 2 ; **inversion du sujet,** 4).

● Le complément d'objet second peut suivre ou précéder le complément d'objet, surtout pour des raisons de rythme :
> *Pierre adresse ses félicitations à **Paul**.*
> *Pierre adresse à **Paul** ses plus vives félicitations et ses meilleurs vœux.*

● Le complément circonstanciel est généralement plus mobile que le complément d'objet ou le complément d'objet second. Il peut être souvent mis en tête de phrase, et, dans ce cas, il est habituellement suivi d'une pause (d'une virgule, à l'écrit) :
> *Nous passerons vous voir **la semaine prochaine**. **La semaine prochaine**, nous passerons vous voir. Des maisons sont dispersées **au flanc de la colline**. **Au flanc de la colline**, des maisons sont dispersées.*

Ce principe est valable aussi pour les subordonnées circonstancielles :
> *Je vous avertirai **dès que je serai informée**. **Dès que je serai informée**, je vous avertirai.*

> **complétive :** *subordonnée complétive*
> → *subordination,* 3
> **composé :** *passé composé* → *passé,* 1

---

comprendre

1. *Comprendre que* + indic. ou condit. Le verbe de la proposition dépendant de *comprendre* est à l'indicatif ou au conditionnel quand *comprendre* indique un raisonnement aboutissant à la prise de conscience d'un fait :
> *Je comprends maintenant qu'il ne **pouvait** pas faire autrement* (= je m'en rends compte, j'en ai conscience).
> *Je comprends en lisant sa lettre qu'il **aimerait** mieux ne pas être mêlé à cela* (= je le déduis de sa lettre).

2. Comprendre que + subj. Le verbe de la proposition dépendant de *comprendre* est normalement mis au subjonctif quand *comprendre* indique la reconnaissance, l'acceptation des raisons d'une action.

Vu sa situation, je comprends qu'il se fasse du souci (= je trouve cela normal). *Je comprends fort bien qu'il n'ait rien voulu dire avant d'avoir des preuves.*

3. Ne pas comprendre que. À la forme négative de *comprendre*, le choix entre l'indicatif (ou le conditionnel) et le subjonctif pour le verbe de la subordonnée repose sur la même distinction de sens :

Il ne comprend pas qu'on peut se passer de lui (= il ne s'en rend pas compte, il n'en a pas conscience). *Il ne comprend pas qu'on puisse se passer de lui* (= il ne se l'explique pas, il ne l'admet pas).

Si *comprendre* est à la 1re personne, seul le subjonctif est possible dans la subordonnée :

Je ne comprends pas qu'on agisse ainsi.

---

comptable : *nom comptable* → *nom,* 1
compter que (mode) → *croire,* 6 ;
compter + infin. → *infinitif,* II, 2
comte, -esse → *genre,* 2

---

concession, opposition

Il y a des moyens divers d'exprimer la concession, c'est-à-dire le contraire de ce qu'on aurait pu logiquement attendre, ou l'opposition.

1. Des conjonctions ou locutions conjonctives :
— avec le subjonctif : *quoique, bien que, malgré que, encore que* (soutenu), parfois aussi l'indicatif ou le conditionnel (voir **quoique,** 1 ; **encore,** 4) ; *si... que, quelque... que* (soutenu), *pour* + adj. *que* (soutenu), *loin que ; quel... que, quoi que, qui que, qui* (ou *quoi*) *que ce soit qui* (ou *que*) ;
— avec l'indicatif ou le subjonctif : *tout... que, au lieu que ;*
— avec l'indicatif (ou le conditionnel) : *alors que, lors même que* (littér.), *tandis que ;*
— avec l'indicatif : *même si ;*
— avec le conditionnel : *quand, quand bien même, même que* (familier).

2. Des conjonctions ou des adverbes de coordination : *mais, toutefois, cependant, pourtant, néanmoins.*

3. Des prépositions ou locutions prépositives : *malgré, en dépit de, au lieu de, loin de, avec :*

Avec toute sa fortune, il n'est pas heureux.

4. La locution *avoir beau* + infin. :

Il a beau être riche, il n'est pas heureux.

5. La locution *tout* + gérondif :

Tout en étant très riche, il n'est pas heureux.

6. La construction *pour* + n. ou *pour* + infin. *ne... pas* :

Pour un spécialiste, il a fait un travail médiocre. Pour être riche, il n'en est pas plus heureux.

7. Le subjonctif imparfait ou plus-que-parfait de quelques verbes *(avoir, être, vouloir)* dans une construction de l'usage littéraire telle que :

Fût-il sincère, il a pu se tromper (usage courant : *même s'il est sincère*). *Eussiez-vous toutes les garanties de sa part qu'il faudrait encore compter avec l'imprévu* (usage courant : *même si vous aviez..., il faudrait...*). *Il n'y pouvait rien changer, l'eût-il voulu* (usage courant : *même s'il l'avait voulu*).

---

concevoir

Concevoir que (mode). Le verbe de la proposition dépendant de *concevoir* est le plus souvent au subjonctif :

Je conçois qu'on ait envie d'améliorer sa situation (= je me l'explique, j'en comprends les raisons).

● On peut cependant employer l'indicatif quand *concevoir* a le sens de « se rendre compte » (usage soutenu) :

Je conçois que c'était une décision difficile à prendre.

● Si *concevoir* est à la forme négative ou interrogative, seul le subjonctif est usuel dans la subordonnée :

C'est quelqu'un qui ne conçoit pas qu'on puisse agir de façon désintéressée. (Voir comprendre.)

---

concordance des temps

1. Présent ou imparfait de l'indicatif ? Si on transpose dans le passé une phrase telle que *Il prétend qu'il est malade,* on dit *Il prétendait* (ou *il a prétendu*) *qu'il était malade.* L'imparfait *(était)* exprime alors un fait ayant eu lieu en même temps que celui de la principale.

• L'imparfait dans la subordonnée peut aussi exprimer un fait antérieur à celui de la principale ; dans ce cas, un adverbe ou un complément de temps exprime cette antériorité :

Il prétendait qu'avant il était malade, ou *qu'il était malade la semaine précédente.*

• Quand le verbe de la subordonnée exprime une idée générale ou encore valable au moment où l'on parle, il peut être au présent, même si le verbe de la principale est au passé :

Il a dit que l'argent ne fait pas le bonheur. On m'a dit que vous êtes un spécialiste de la question.

Toutefois, il est fréquent que ce verbe soit à l'imparfait :

Il a dit que l'argent ne faisait pas le bonheur. On m'a dit que vous étiez un spécialiste de la question.

• Le passé composé de la subordonnée : *Il dit qu'il a compris* a pour correspondant le plus-que-parfait si la principale est au passé : *Il disait* (ou *il a dit*) *qu'il avait compris.*

2. « Futur dans le passé ». Si le verbe principal est à un temps du passé, le temps qui correspond au futur dans la subordonnée est le « futur dans le passé », qui se confond pour la forme avec le conditionnel :

Il m'annonce qu'il viendra, mais *Il m'annonçait* (ou *Il m'a annoncé*) *qu'il viendrait. Il a l'intention de vous voir quand il viendra,* mais *Il avait l'intention de vous voir quand il viendrait. Je ne sais pas s'il viendra,* mais *Je ne savais pas s'il viendrait.*

On a un vrai conditionnel dans :

Il m'annonce (ou *il m'annonçait*) *qu'il viendrait si les circonstances le permettaient.*

• De même, le futur antérieur *Il assure qu'il aura fini ce soir* a pour correspondant le « futur antérieur dans le passé » :

Il assurait qu'il aurait fini le soir même.

3. Subordonnée au subjonctif. Dans l'usage courant, on emploie soit le présent, soit le passé du subjonctif.

— Le présent exprime un fait qui a lieu en même temps que celui de la principale, ou après lui :

Je regrette (ou *j'ai regretté*) *qu'il soit absent. Je regrette que vous partiez demain.*

— Le passé dans la subordonnée exprime un fait antérieur à celui de la principale :

Je regrette (ou *j'ai regretté*) *que vous ayez été absent.*

• Dans l'usage soutenu, on peut employer aussi l'imparfait ou le plus-que-parfait du subjonctif dans la subordonnée quand le verbe principal est au passé.

— L'imparfait exprime un fait qui a lieu en même temps que celui de la principale, ou après lui :

Je regrettais qu'il fût absent. Je regrettais qu'il partît le lendemain.

— Le plus-que-parfait exprime une action antérieure à celle de la principale :

Je regrettais qu'on n'eût pas pris de précautions.

• Dans l'usage soutenu, l'imparfait ou le plus-que-parfait du subjonctif peuvent aussi correspondre à un verbe principal au conditionnel :

Je voudrais que ce fût vrai (usage courant : *que ce soit vrai*). *Je souhaiterais que cela ne fût pas arrivé* (usage courant : *que cela ne soit pas arrivé*).

• Dans l'usage littéraire, l'imparfait du subjonctif dans une subordonnée dont la principale est au présent ou au futur a la valeur d'un conditionnel :

On craint qu'il ne révélât des secrets importants s'il était mis en accusation (= il révélerait, on le craint, des secrets...).

Voir **subjonctif,** 3.

---

concourir à + infin./**à ce que** + subj.
→ **à,** 5
concret : *nom concret* → **nom,** 1
condescendre à + infin./**à ce que**
+ subj. → **à,** 5

---

condition

I. EXPRESSION DE LA CONDITION OU DE L'HYPOTHÈSE.
Elle peut se faire par des moyens très divers.

1. Subordination par des conjonctions ou des locutions conjonctives

• À l'indicatif : *si, suivant (selon) que... ou que...*

● À l'indicatif ou au subjonctif : *en supposant (admettant) que, à supposer que, si tant est que.*

● Au subjonctif : *pourvu que, pour peu que, soit que... soit que, que... ou que..., que... (et)..., à condition que/de* (voir plus loin, II), *à moins que/de* :

Qu'il essaie, et il aura affaire à moi ! À moins qu'on se soit trompé/à moins d'une erreur.

Quand *que* remplace *si* dans une subordonnée de condition coordonnée à une autre (voir **que**, 1), il est souvent suivi du subjonctif :

S'il pleut et qu'il fasse encore plus froid, il y aura du verglas. Mais l'indicatif s'emploie aussi dans ce cas.

Dans l'usage littéraire, le subjonctif plus-que-parfait en subordonnée de condition est un équivalent de l'indicatif plus-que-parfait : *Nous l'aurions* (ou *nous l'eussions*) *fait si c'eût été possible.* Voir **subjonctif**, 3.

● Au conditionnel : *au cas où/en cas de, dans l'hypothèse où, des fois que* (fam.), *une supposition que* (fam.) [subj. possible].

2. Prépositions : *avec, sans, faute de* :

Avec un peu de chance, ça peut réussir. Sans cette panne, nous arrivions à l'heure. Faute de vin blanc, prenez du vinaigre pour la sauce.

3. Juxtaposition, coordination, apposition, interrogation, gérondif, proposition relative, etc. :

Encore un mot, (et) j'appelle la police. Je le voudrais (que) je ne le pourrais pas. Fussiez-vous cent fois plus riche, cela ne changerait rien (valeur à la fois conditionnelle et concessive). *Prévenu à temps, j'aurais pu agir* (= si j'avais été prévenu). *Faut-il un volontaire ? C'est toujours lui le premier. En continuant ainsi, vous iriez à la catastrophe. Quelqu'un qui ne serait pas au courant pourrait s'y tromper.*

II. À CONDITION QUE, À CONDITION DE.

Le subjonctif est le mode le plus usuel après *à condition que* :

On peut modifier la date à condition que tout le monde soit d'accord. Je vous aiderai à condition que vous me préveniez assez tôt (= pourvu que).

● Le futur (ou le futur dans le passé [voir **concordance des temps**, 2]) s'emploie plus rarement dans le cas où la condition porte sur l'avenir ; le futur insiste un peu plus sur le caractère contractuel de la condition requise :

Vous serez payé comptant à condition que vous respecterez les délais (ou *que vous respectiez les délais). Il a accepté de s'occuper de l'affaire à condition qu'on lui laisserait* (ou *qu'on lui laisse) toute liberté d'action.*

● En cas d'identité de sujets entre la principale et la proposition de condition, on emploie souvent *à condition de* + infin.

Vous serez payé comptant à condition de respecter les délais. Il est possible de résilier la convention à condition d'envoyer une notification un mois avant l'échéance annuelle.

conditionnel

1. Le mode conditionnel peut indiquer :

— un fait soumis à une condition : *Je vous le dirais si je le savais.*

— un fait douteux : *Aux dernières nouvelles, l'accident n'aurait pas fait de victimes.*

— une exclamation ou une interrogation de surprise, d'indignation, etc. : *Moi, j'accepterais cela ?*

— une atténuation dans l'expression d'une volonté, d'une demande : *Voudriez-vous faire un peu de silence ? Je souhaiterais vous entretenir d'un projet. Il faudrait vous presser un peu.*

2. Le conditionnel est identique pour la forme au « futur dans le passé ». (Voir **concordance des temps**, 2.)

3. Le conditionnel se trouve dans la principale dont dépend une subordonnée de condition :

Je le ferais si je pouvais (et non **si je pourrais ;* voir **si** I, 2, et **imparfait**, 2). *Je l'aurais dit si je l'avais su.*

● Le conditionnel ne se trouve dans la subordonnée de condition que dans deux cas :

a) quand celle-ci est introduite par *au cas où* :

Au cas où un incident se produirait, prévenez le gardien.

b) quand il s'agit d'une « subordonnée inverse » (voir **subordination**, 2) :

Il me le jurerait (que) je ne le croirais pas (= même s'il me le jurait, je ne le croirais pas).

4. Le subjonctif plus-que-parfait, appelé aussi parfois « conditionnel passé 2ᵉ forme », est un équivalent littéraire du conditionnel passé :

Il eût fallu agir plus tôt (usage courant : *Il aurait fallu...*). *Si on eût pris les précautions nécessaires, cet accident ne se fût pas produit* (usage courant : *Si on avait pris..., ne se serait pas produit*).

---

conduire à + infin./ **à ce que** + subj. → **à,** 5
confesser + infin. → **infinitif,** II, 2
confiance : *avoir confiance en/dans* → **en,** II, 2
confrère, consœur → **genre,** 3
confronter avec/à → **avec,** 1
conjoint → **genre,** 6

---

conjonction

1. Une conjonction est un mot invariable qui établit entre des éléments de phrase une relation de coordination (voir ce mot) : *et, ou, ni, mais, or, car, donc,* ou de subordination (voir ce mot) : *si, comme, quand, que, lorsque, puisque, quoique.*

● Une locution conjonctive est une conjonction faite de plusieurs mots, le dernier étant ordinairement *que : dès que, pourvu que, parce que,* etc.

2. Mode. Certaines conjonctions ou locutions conjonctives de subordination sont toujours suivies de l'indicatif (ou du conditionnel), d'autres toujours du subjonctif. (Voir **but, cause, comparaison, concession, condition, conséquence, temps.** Voir aussi **si, après que, cas, façon.**)

● Sont notamment au subjonctif les verbes des propositions introduites par *afin que, à moins que, avant que, bien que* (voir cependant **quoique**), *de crainte* (ou *de peur*) *que, en attendant que, encore que* (voir cependant **encore,** 4), *jusqu'à ce que, loin que, malgré que* (voir cependant **malgré**), *pour que, pourvu que, quoique* (voir cependant ce mot), *sans que, soit que.*

conjugaison

La conjugaison des verbes, c'est-à-dire l'énumération systématique de toutes leurs formes selon les modes, les temps, les per-

sonnes, les voix et les classes de verbes n'est pas traitée ici : elle est l'objet spécial d'un autre livre de cette collection.
On trouve ici quelques remarques touchant à la conjugaison à propos des auxiliaires, des verbes impersonnels, des verbes pronominaux, etc.

connaissance

On dit *faire la connaissance de qqn* ou *faire connaissance avec qqn,* entrer en relation avec lui.
On dit aussi *faire connaissance avec qqch,* en acquérir l'expérience :

Il a fait connaissance avec la prison.

connaître

1. Connaître de qqch (= s'en occuper) est une construction appartenant à la langue du droit :

C'est un autre juge qui avait eu à connaître de cette affaire.

2. Connaître que, combien, etc. L'emploi d'une subordonnée conjonctive, ou interrogative, ou exclamative après *connaître* est de l'usage classique ou littéraire ; dans ce cas, *connaître* signifie « savoir, se rendre compte » :

On connut alors que ces prévisions étaient justes.

---

conseil : *sur le conseil de* → **sur,** 1

---

consentir

1. Consentir qqch, c'est accepter de le faire (usage soutenu) :

Nous devons consentir de nouveaux sacrifices. Consentir un effort. Consentir de gros investissements.

2. Consentir qqch à qqn, c'est le lui accorder (spécialement dans la langue des affaires) :

Consentir un rabais à un client. La banque lui a consenti un prêt. Il demande qu'on lui consente un nouveau délai.

3. Consentir à qqch, à ce que + subj. ; **consentir que** + subj. La construction *consentir à ce que* + subj., comportant la préposition *à* comme dans *consentir à qqch* (= l'admettre), est la plus courante :

> Les responsables consentent **à ce que** nous tentions l'expérience.

Consentir que est de l'usage soutenu :

> Je consens volontiers **que** vous fassiez état de ma lettre.

4. Consentir à + infin. Cette construction s'impose quand le verbe dépendant de *consentir* a le même sujet que *consentir* :

> Je consens **à** vous **écouter**. Je consens **à** être chargé de ce rôle.

La construction *consentir de* + infin. est archaïsante.

conséquence

La relation de conséquence peut s'exprimer de diverses façons :

1. Subordination, ordinairement à l'indicatif, parfois par la seule conjonction *que* (voir **que,** 2), le plus souvent par des locutions conjonctives : *de (telle) façon* (ou *manière,* ou *sorte) que, en sorte que, tant que, (tant et) si bien que, si... que, au point que, à ce* (ou *tel) point que, à un point que, tellement que, tel que.*

● Le subjonctif s'emploie aussi après ces locutions conjonctives quand l'idée de but prévaut sur celle de conséquence :

> Il faut faire vite **de manière que** tout **soit** terminé ce soir (conséquence recherchée = but).

● Le subjonctif est seul possible après *assez* (ou *suffisamment* ou *trop) pour que, de façon* (ou *manière) à ce que* :

> C'est **trop** compliqué **pour qu'il** comprenne ;

ou quand la principale est négative ou interrogative avec les locutions *au point que, si... que, tel* (ou *tellement) que* :

> Ce n'est **pas tellement** compliqué **qu'il soit** incapable de comprendre.

2. En cas d'identité de sujet entre la principale et la subordonnée, **infinitif** introduit par *de façon* (ou *manière) à, au point de, jusqu'à, à, en sorte de, assez* (ou *suffisamment,* ou *trop) pour.*

● *Ne pas si... que de* + infin., voir aussi, 9.

3. Emploi de **mots de liaison** à valeur conclusive : *donc, par conséquent, par suite, c'est pourquoi, ainsi, aussi.*

4. Simple **juxtaposition** (les deux termes étant en général séparés à l'écrit par deux points) :

> Un avion s'écrase : quarante-cinq morts.

considérer

Considérer qqn ou *qqch (comme)* + adj. ou n. L'omission de *comme* dans cette construction qui introduit un attribut du complément d'objet peut s'expliquer par l'analogie de verbes comme *croire, estimer, juger, trouver.* On dit parfois *On le considère responsable, On considère cette solution satisfaisante,* sur le modèle de *On le juge responsable, On juge cette solution satisfaisante.* Dans l'usage surveillé, on emploie *comme :*

> On le considère **comme** responsable. On considère cette solution **comme** satisfaisante. (Voir **tenir,** 2 et 3.)

consister

1. Consister à/dans/en. Le complément de *consister* est introduit par *à* si c'est un infinitif, par *dans* si c'est un nom déterminé par un article défini, par *en* dans les autres cas :

> En quoi consiste votre rôle ? Mon rôle consiste **à contrôler** les résultats, **en un contrôle** constant, **dans le contrôle** des résultats.

2. Consister en ce que + indic./ *Consister à ce que* + subj. On dit *La différence consiste **en ce que** cet article **est** plus robuste que l'autre. Le secret de la réussite consiste **en ce que** les détails **sont** toujours prévus* (= réside dans le fait que ; l'indicatif exprime une réalité actuelle : il y a une différence, la réussite a eu lieu), mais *Le secret de la réussite consiste **à ce que** les détails **soient** toujours prévus* (le subjonctif exprime ce qui est requis : si on veut réussir, il faut que...). Seule la construction *consister à ce que* + subj. correspond à la construction infinitive : *Le secret de la réussite consiste **à prévoir** tous les détails.*

constater que (mode) → *croire,* 6

constituer

*Être **constitué de/par.*** Quand le complément d'agent de ce verbe désigne les éléments composant un ensemble, il peut être introduit par les prépositions *de* ou *par* :

> *L'atome est constitué d'un noyau et d'électrons, ou par un noyau et des électrons.*

● Le complément d'agent introduit par la préposition *par* peut avoir une valeur proche de celle d'un attribut :

> *Le principal obstacle est constitué par le coût de l'opération* (= est le coût de l'opération, consiste dans le coût de l'opération).

---

se contenter de + infin. → *infinitif,* II, 2
contestable : *il n'est pas contestable que (ne)* → *ne,* II, 3
contester + infin. → *infinitif,* II, 2 ; *ne pas contester que (ne)* → *ne,* II, 3

---

continuer

Continuer à ou de + infin. Les deux constructions sont usuelles, sans différence de valeur :

> *Il continue à pleuvoir ou de pleuvoir.*

---

contraindre à/de + infin. → *obliger*

---

contre

1. Par contre. Cette expression, longtemps critiquée dans l'usage surveillé sous prétexte qu'elle provenait de la langue commerciale, est d'un emploi tout à fait courant pour exprimer une opposition :

> *Il n'a aucune compétence en électronique, par contre il connaît bien la mécanique. Les plats étaient excellents, par contre le vin était médiocre.*

Les expressions *en compensation, en revanche,* d'un usage plus soutenu, ne sont pas toujours substituables à *par contre,* compte tenu du sens des mots *compensation, revanche :* ainsi la médiocrité du vin ne pourrait pas être considérée comme une « compensation » ou une « revanche » par rapport à l'excellence des plats.

2. Là contre est usuel au sens de « contre cela » dans des contextes assez limités (phrase normalement négative ou interrogative) :

> *On ne peut pas aller là contre. On ne*

peut rien faire là contre. Qu'avez-vous à dire là contre ?*

3. Contre employé absolument. L'emploi de *contre* sans pronom complément (*lui, cela,* etc.) est de l'usage familier ou administratif :

> *L'idée est intéressante : je ne suis pas contre. Ce projet est irréaliste : je vote contre.*

---

contribuer à + infin./**à ce que** + subj. → *à,* 5

---

convenir

1. Convenir à qqn, à qqch, c'est lui aller, lui être approprié. Aux temps composés, l'auxiliaire est toujours *avoir* :

> *Est-ce que ces propositions vous ont convenu ?*

2. Convenir de qqch, de + infin., que + indic., c'est s'accorder sur cela ou l'admettre.

L'auxiliaire est soit *être,* dans l'usage soigné, soit, plus couramment, *avoir* :

> *Nous étions convenus (ou nous avions convenu) d'un sujet de discussion, de discuter de cette question, que la discussion devait être reprise. Convenez que c'est regrettable.*

● Bien que ce verbe soit normalement transitif indirect, on l'emploie parfois au passif :

> *Une date de réunion a été convenue.* (On peut aussi dire, impersonnellement : *Il a été convenu d'une date de réunion.*) *Je m'occupe de tout, comme convenu.*

On lui donne parfois aussi pour complément le pronom neutre *le* au lieu de *en,* quand l'auxiliaire est *avoir* :

> *Tout s'est passé comme nous en étions convenus (ou en avions convenu), ou comme nous l'avions convenu.*

3. Il convient que est suivi du subjonctif :

> *Il convient qu'on prenne des précautions.*

Il est souvent plus commode d'employer *il convient de* + infin. :

> *Il convient de prendre des précautions. Il ne lui convient guère de faire le difficile.*

4. Convenir que (mode), voir croire, 6 ; **ce qui convient/ce qu'il convient de** + infin., **ce qu'il convient que** + subj., voir **qui,** 8

coordination

Des propositions ou des termes de proposition sont coordonnés quand ils sont reliés entre eux par une conjonction de coordination : *et, ou, ni, mais, or, car, donc,* ou un adverbe de coordination (ou de liaison) : *puis, ensuite, ainsi, en effet, cependant, toutefois,* etc.

1. Les éléments coordonnés sont en principe de même nature grammaticale (par ex. nom + nom, adjectif + adjectif, proposition + proposition, etc.) et de même fonction :

Ils se chamaillent comme **chien** *et* **chat.** *Il est* **idiot** *ou* **inconscient.** *Je cherche, mais je ne trouve rien.*

2. Certaines équivalences de classes grammaticales autorisent cependant des dissymétries.

● Il n'est pas rare, par exemple, qu'une proposition relative ou un complément prépositionnel qui joue auprès du nom le même rôle qu'un adjectif épithète ou apposé soient coordonnés, surtout par *et, ou, mais,* à un adjectif :

Voilà un événement imprévu **et qui peut changer la situation.** *C'est un remède agréable,* **mais d'une efficacité douteuse.**

● La coordination entre un nom ou un pronom complément d'objet et une subordonnée conjonctive ou interrogative, ou un infinitif, est théoriquement possible, mais on préfère souvent l'éviter. Au lieu de

Je demande **du calme** *et* **qu'on me laisse le temps de réfléchir,** *ou Je demande* **du calme** *et* **à réfléchir** *un moment,*

on dira plutôt, par exemple :

Je demande **du calme** *et* **du temps** *pour réfléchir, ou Je désire réfléchir au calme,* etc.

3. On ne coordonne normalement par *et* que des phrases de même type (déclaratives, ou interrogatives, ou impératives, ou exclamatives [voir **phrase,** 2]) :

Je vous l'affirme et vous pouvez le vérifier (et non **Je vous l'affirme et vérifiez-le*). *Je vous écoute et je me demande ce que vous voulez dire* (et non **Je vous écoute et qu'est-ce que vous voulez dire ?*).

4. Deux verbes coordonnés ne peuvent recevoir un même complément que s'ils admettent la même construction. On dit

Ce projet **se rapproche** *et* **diffère** *tout à la fois* **du** *précédent,*

parce qu'on dit *se rapprocher* **de** *qqch* et *différer* **de** *qqch,* mais la phrase **Ce projet ressemble et diffère tout à la fois du précédent* est mal construite parce qu'on dit *ressembler* **à** *qqch* et *différer* **de** *qqch.* Ce genre de construction est un exemple d'anacoluthe, c'est-à-dire de manque de cohérence dans la structure de l'expression. La solution consiste ordinairement dans ce cas à reprendre le complément au moyen d'un pronom :

Ce projet ressemble **au** *précédent et il* **en** *diffère tout à la fois.*

● Le même principe s'applique au complément de deux adjectifs coordonnés. On dit

Ce projet est à la fois **semblable** *et* **opposé au** *précédent,*

mais non **Ce projet est à la fois semblable et différent du précédent (semblable* **à** *qqch, différent* **de** *qqch)* ; on peut dire : *semblable* **au** *précédent et différent* **de** *lui.*

5. Et/ou. On emploie parfois, surtout dans des textes scientifiques ou didactiques, le lien complexe *et/ou* pour exprimer une coordination qui peut marquer aussi bien l'association qu'une autre éventualité :

Si un verbe a plusieurs noms **et/ou** *pronoms comme sujets...*

6. *Car... et que...,* voir *car,* 4. **Sujets coordonnés,** voir accord, A, II. Voir aussi : pronom personnel, 1 ; préposition, 3 ; symétrie.

---

copule → **verbe,** 3
corail → **pluriel,** II, 3
côté : *du côté santé* → **de,** 12
couleur : adjectifs indiquant une couleur (place) → **adjectif,** 4, B

---

coup

1. *Tout à coup. Tout d'un coup.* Ces deux locutions s'emploient couramment au sens de « soudain » :

Tout à coup, il m'est venu une idée. Tout d'un coup, j'ai compris. (Dans l'usage soutenu, on préfère *tout à coup.*)

● *D'un seul coup* signifie couramment « en une seule fois » :

Il a cassé trois verres d'un seul coup.

Mais cette locution s'emploie en outre familièrement au sens de « soudain » :

Il avait l'air bien tranquille ; d'un seul coup il s'est mis à crier.

2. *Un coup que* est un équivalent très familier de « une fois que » : *Un coup qu'on a compris, c'est facile.*

courant

1. *Courant janvier.* Cet emploi du mot *courant* devant un nom de mois ou un millésime est de l'usage familier :

L'assemblée générale aura lieu courant janvier. Les deux derniers tomes sont parus courant 1995.

Dans un usage plus soutenu, on dit *dans le courant de janvier, de 1995.*

● Les mots *début* et *fin* s'emploient de la même façon :

Les vacances de Pâques commencent début avril. Les vendanges ont eu lieu fin octobre.

2. *Le 10 courant,* c'est le 10 du mois en cours, dans la langue des affaires :

En réponse à votre lettre du 10 courant...

courir + infin. → *infinitif,* II, 2 ; *courir après qqn, qqch* → *après,* 1
couru (accord) → *participe,* II, 1
coûté (accord) → *participe,* II, 1
craindre de + infin. → *infinitif,* II, 2 ; *craindre que (ne)* → *ne,* II, 1

crainte

1. Les locutions *crainte de* + n. ou infin., *crainte que (ne)* + subj. sont de l'usage littéraire :

Il se tut, crainte d'indiscrétion, crainte d'être indiscret. Il se cachait, crainte qu'on ne l'interrogeât.

Dans l'usage courant, on dit *de crainte de (que), par crainte de (que), dans la crainte de (que),* le *ne* explétif étant toujours facultatif.

Hâtons-nous, de crainte qu'il (ne) pleuve. (On dit plus couramment encore *de peur de, de peur que.*)

2. **Subordonnée dépendant de verbes de crainte,** voir subjonctif, 2.

crier : *crier après qqn, qqch* → *après,* 3
critiquer de, pour → *de,* 5

croire

1. *Croire qqn, croire qqch,* c'est ajouter foi aux paroles de qqn, à la véracité de qqch :

Sur ce point, je crois les historiens. On peut croire le récit du témoin.

2. *Croire à/croire en.* *Croire à qqch, à qqn,* c'est être convaincu de leur réalité, de leur existence :

Croyez-vous aux miracles ? Croire à une autre vie. Croire aux revenants. Croire au diable. (On ne dit pas **croire à Dieu,* mais *croire en Dieu.*)

● *Croire à qqch,* c'est aussi être convaincu de sa valeur ou de sa véracité :

Croire au progrès, à la science. Croire aux prédictions des astrologues. Croyez à l'assurance de mes meilleurs sentiments. Croyez à toute ma sympathie, à mon entier dévouement.

● *Croire en qqn,* c'est avoir foi dans ses capacités, lui faire confiance, miser sur sa réussite :

Sa brillante carrière ne me surprend pas, j'ai toujours cru en lui.

Toutefois, on évite ordinairement la séquence *en le, en les.* On dit *Je crois dans les hommes* ou *Je crois aux hommes* plutôt que *Je crois en les hommes.* Voir **en,** II, 2.

3. *(Ne pas) croire que* + **subj.** À la forme affirmative, *croire que* est suivi d'une subordonnée à l'indicatif. Le verbe de la subordonnée est souvent au subjonctif quand *croire* est à la forme négative ou interrogative, ou dans une proposition de condition introduite par *si,* ou dans un contexte qui indique négation ou atténuation :

Je ne crois pas que ce soit possible, qu'il y ait eu une erreur. Croyez-vous que ce soit nécessaire ? Si vous croyez qu'il faille le faire, nous le ferons. Gardez-vous de croire qu'on veuille vous duper. Loin de croire qu'on doive se résigner, je suis d'avis de contre-attaquer. Vous auriez tort de croire que l'affaire soit terminée. J'ai peine à croire qu'il l'ait fait exprès.

4. *(Ne pas) croire que* + **indic.** On peut aussi dans ce genre de phrases employer l'indicatif, soit sans grande différence de valeur, soit pour insister davantage sur la considération de la réalité de ce qui est nié ou mis en doute :

Je ne crois pas que c'est possible. Personne ne croyait que la situation était aussi grave. Croyez-vous que c'est nécessaire ? Si vous croyez qu'il est trop tard, annulez le projet.

● Le simple désir d'éviter une forme peu usuelle d'imparfait du subjonctif peut inciter à employer l'indicatif imparfait :

Je ne crois pas qu'ils envisageaient cela (plutôt que *qu'ils envisageassent*).

● Le futur de l'indicatif permet plus clairement que le subjonctif de situer l'action dans l'avenir :

Croyez-vous que ce sera nécessaire ? Je ne crois pas que ce sera possible. (*Croyez-vous que ce soit nécessaire ?* peut très normalement s'interpréter « Est-ce que c'est [maintenant] nécessaire selon vous ? »)

5. *(Ne pas) croire que* **+ condit.** Le conditionnel s'emploie aussi après *croire que* à la forme négative ou interrogative, pour exprimer une éventualité :

Je ne crois pas qu'on pourrait (ou *qu'on puisse*) *faire mieux. Croyez-vous que ça vaudrait* (ou *que ça vaille*) *la peine ?*

6. Les mêmes principes concernant le choix du mode ou du temps s'appliquent aux verbes des propositions conjonctives introduites par *que* dépendant de nombreux verbes autres que *croire ;* ce sont des verbes d'opinion, de déclaration, de perception, notamment :

affirmer, assurer, avouer, certifier, compter, constater, convenir, déclarer, dire, espérer, estimer, (s') imaginer, juger, jurer, penser, présumer, prétendre, promettre, reconnaître, remarquer, soutenir, se souvenir, supposer, trouver, voir.

7. *Croire que/croire* **+ infin.** Quand une proposition dépendant de *croire* a le même sujet que *croire*, la construction infinitive, sans être obligatoire, est souvent possible et plus légère que la subordination par *que :*

Je crois que je connais la raison de son silence, ou *Je crois connaître la raison de son silence. Je crois avoir été clair. Je ne crois pas que j'ai été trop obscur,* ou (plutôt) *Je ne crois pas avoir été trop obscur.*

● La construction infinitive n'est pas toujours possible, par exemple si le verbe de la proposition subordonnée est à l'imparfait ou au futur, *croire* étant au présent :

Je crois que j'avais dix ans à l'époque. Je crois que je viendrai demain (on peut dire : *Je pense venir demain*).

8. *Croire qqch à qqn, croire qqn* **+ adj.** On peut dire :

Je crois qu'il a de l'ambition ou *Je lui crois de l'ambition. Je crois qu'il est ambitieux* ou *Je le crois ambitieux.*

Même construction pour *reconnaître, supposer, trouver.*

daigner + infin. → *infinitif,* II, 2
dans → *en,* II ; *dans* (ou *sur*) *le journal*
→ *sur,* 2

davantage

1. Cet adverbe modifie un verbe. Il équivaut à *plus,* qui peut presque toujours lui être substitué. On le préfère parfois à *plus* pour le rythme ou la sonorité de la phrase, ou pour exprimer plus spécialement la durée (= plus longtemps) :

Si vous voulez en savoir davantage (ou *plus*), *adressez-vous à lui. Vous devriez vous interroger davantage sur les causes* (plutôt que *vous interroger plus*). *Son dernier roman m'a intéressé, mais le précédent m'avait davantage plu* (plutôt que *m'avait plus plu*). *Je ne m'attarderai pas davantage* (ou *pas plus*) *sur ce point.*

2. *Davantage* ne modifie pas un adverbe : on dit *plus souvent, plus facilement,* et non **davantage souvent, *davantage facilement.* Il ne peut guère modifier un adjectif que si cet adjectif est attribut et représenté par le pronom *le* :

Voilà un détail surprenant, mais celui-ci l'est davantage encore.

3. Comme *plus, davantage* peut être suivi d'un complément introduit par *de,* ainsi que d'un terme de comparaison introduit par *que* :

*Il nous faudrait davantage **de temps**. Cette séance a duré davantage **que la précédente.***

4. On dit *bien davantage,* mais *beaucoup davantage* est archaïsant, alors qu'on dit aussi bien *beaucoup plus* que *bien plus.*

de

1. La préposition *de* est de loin la plus usitée ; ses emplois sont extrêmement divers. On trouvera des remarques la concernant dans de nombreux articles, notamment :

à, 2 ; accoutumer, 2 ; affaire, 2 ; agent, 2 ; aimer, 1 ; alentour, 2 ; article, 5 et 6 ; attention, 4 ; auprès, 3 ; aussi, 9 ; autre, 9 ; avant, 1 ; avec, 3 ; beaucoup, 1 ; bénéficier ; cause, 2 ; celui, 1 ; certain, 2 ; c'est... qui, c'est... que, 2 ; collectif, 1 ; combien, 2 ; commencer, 1 et 3 ; connaissance ; constituer ; continuer ; convenir, 2 ; crainte ; davantage, 3 ; décider, 1, 3 et 4 ; demander, 3 ; désirer ; dessus ; détester ; dire, 3 ; dont, 1 ; douter, 1 ; s'efforcer ; empêcher, 1 et 2 ; en, 1 et 4 ; encontre ; entre, 1 ; espérer, 2 ; essayer ; être, 2 ; éviter ; s'excuser ; face ; faire, 1, 2 et 10 ; faute ; finir ; fournir, 1 ; garde, 2 et 6 ; goûter ; hasarder ; hériter ; infinitif, II ; informer ; jouer ; laisser, 1 ; manquer, 1 ; nier ; nombre ; nouveau, 2 ; obliger ; s'occuper, 1 ; outre, 1 ; participer ; peine, 2 et 3 ; personne, 3 ; persuader ; plus, 7 ; préférer, 2 ; préjuger ; prendre, 6 ; préposition ; prêt, près ; profiter ; quelque, 5 ; quelqu'un, 2 ; se rappeler ; résoudre, 1 ; rêver ; rien, 4, 5, 8 et 9 ; servir ; souhaiter ; sur, 4 ; tâcher, 1 ; tarder, 2 ; témoigner, 2 ; tenir, 1.

2. *De* **partitif.** La valeur partitive de *de* apparaît non seulement dans l'article dit « partitif » *(acheter **du** pain, **de la** viande)*, mais aussi devant d'autres déterminants du nom :

*Reprenez **de ce** plat. J'ai lu **de ses** livres. J'ai eu **de leurs** nouvelles.* Voir article, 5.

3. *De* **distributif.** On dit *Ça revient à cent francs de l'heure* ou, dans un usage un peu plus soutenu, *Cela revient à cent francs l'heure* (ou *par heure*), *Payer vingt centimes du kilomètre.*

4. *De, en.* Pour indiquer la matière de quelque chose, on emploie *de* ou *en* (*de* apparaît parfois d'un usage un peu plus soutenu) : *une maison de brique* ou *en brique, de la vaisselle de porcelaine* ou *en porcelaine.*

• *De plus, en plus ; de moins, en moins ; de trop, en trop :* voir **plus, moins, mieux,** 7.

5. De, pour. Pour indiquer la cause ou le motif de la gratitude, de l'approbation ou de la désapprobation, on emploie *de* ou *pour*. On dit *remercier* (ou *féliciter, louer, blâmer, critiquer,* etc.) *quelqu'un de quelque chose* ou *pour quelque chose :*

> On l'a félicité de ce succès ou pour ce succès, d'avoir dit cela ou pour avoir dit cela.

• *Le train de Marseille* est une expression ambiguë qui peut désigner le train venant de Marseille ou le train qui va à Marseille. Ce deuxième sens peut être exprimé sans ambiguïté sous la forme *le train pour Marseille.*

6. De, par, voir (complément d') **agent,** 1 et 2.

7. Ce vantard de Martin. Son idiot de frère. Dans ce type d'expression, *de* relie un nom ou un adjectif à un nom pour le qualifier, le plus souvent avec une valeur dépréciative, parfois aussi dans une intention plaisante :

> Mes amitiés à votre **tabellion de mari.**

• Le déterminant du nom qualifié est presque toujours un démonstratif ou un possessif. Seuls certains adjectifs pouvant être employés comme noms sont susceptibles d'être construits ainsi : on peut dire *Ce paresseux de Jacques* car on dit aussi *Jacques est un paresseux,* mais non **Cet aimable de Jacques,* car on ne dit pas **Jacques est un aimable.*

8. Rien de nouveau. Encore un carreau (de) cassé. *De* est nécessaire devant un adjectif ou un participe se rapportant comme épithète à un pronom indéfini comme *rien, tout, personne, quelqu'un, quelque chose, autre chose,* ou démonstratif comme *ceci, cela,* ou interrogatif comme *quoi, que :*

> Il n'y a **rien de** vrai dans cette histoire. **Quelque chose de** nouveau s'est produit. L'affaire a **cela de** curieux que... **Quoi de** plus simple que ce problème ? **Que** dit-il **d'**intéressant ?

De même après *il y a,* sans pronom exprimé :

> Il **n'y a de** changé que l'heure du rendez-vous.

• Avec un mot numéral ou un indéfini (article ou déterminant), on dit par exemple : *Il y a eu dix personnes blessées* ou *dix personnes de blessées,* mais *de* est nécessaire si la phrase contient le pronom *en* avant le verbe :

Il y en a eu dix de blessés. Il y a des questions simples, et il y en a de compliquées. J'en ai vu quelques-uns de surpris.

9. Tu en as une, de veine ! Ce genre de phrase segmentée est de l'usage familier. *De* introduit un nom annoncé par *en* dont le déterminant (article indéfini, mot numéral ou indéfini) est mis en relief en tête de phrase :

> Il **en** possède au moins cinq, **de** maisons. J'**en** ai connu bien d'autres, **d'**aventures.

10. (De ce) que + indic. Certains verbes qui reçoivent un nom complément introduit par *de* peuvent aussi être complétés par une subordonnée à l'indicatif introduite par *de ce que :*

> Il abuse **de** la situation. N'abusez pas **de ce que** votre adversaire est momentanément en difficulté.

Cette construction s'applique à des verbes tels que

> abuser, bénéficier, naître, se prévaloir, profiter, provenir, remercier qqn, résulter, savoir gré à qqn, se venger, venir, en vouloir à qqn.

• De nombreux verbes, en général pronominaux, exprimant un sentiment, peuvent être suivis d'une subordonnée ordinairement à l'indicatif introduite par *de ce que,* qui se transforme en infinitif en cas d'identité de sujet :

> Je me félicite **de ce que** tout s'est bien passé. Je me félicite **de** vous **avoir** écouté.

Cette construction peut s'appliquer notamment aux verbes suivants :

> s'affliger, s'applaudir, s'effrayer, s'émerveiller, s'enorgueillir, s'épouvanter, s'étonner, se féliciter, se formaliser, se froisser, se glorifier, s'impatienter, s'indigner, s'inquiéter, s'irriter, se lamenter, se louer, s'offenser, s'offusquer, se plaindre, se réjouir, souffrir, se vanter, se vexer.

On préfère souvent employer après ces verbes une subordonnée au subjonctif introduite simplement par *que ;* c'est même le cas le plus fréquent pour *s'étonner, se plaindre, se réjouir :*

> Je m'étonne qu'il n'ait rien dit. Félicitez-vous qu'on m'ait écouté.

11. On dirait d'un... Cette construction est de l'usage littéraire : *On dirait* (ou *on aurait dit*) *d'un fou* (usage courant : *On dirait, on aurait dit un fou*).

12. Omission de de : *la question financement.* Dans l'usage familier ou le langage des affaires, on juxtapose parfois un nom sans article à un mot tel que *question, point de vue, côté, facteur, air, aspect, allure, élément,* au lieu de faire de ce nom un complément qui serait le plus souvent introduit par *de* et serait précédé d'un article :

> *La question financement n'a pas été réglée* (usage plus soutenu : *la question du financement). Du point de vue qualité, ces deux articles se valent* (usage plus soutenu : *du point de vue de la qualité). Du côté santé, tout va bien. Il faut tenir compte du facteur temps. C'est l'élément rapidité qui a été déterminant.*

13. *De* + **infinitif,** voir infinitif, II, 1 et 2 ; *de dix à quinze* (approximation), voir numéraux, 6 ; *du, des/de,* voir article, 5 et 6.

début

1. *Au début que,* locution conjonctive de temps, appartient à l'usage oral : *Au début que j'habitais ici, je ne connaissais personne.*
On peut lui préférer une expression comme *dans les premiers temps où* (ou *que*) :

> *Dans les premiers temps où j'habitais ici, je ne connaissais personne.*

De même, on dit *dès le début que...,* mais on écrira plutôt : *dès les premiers moments où...*

2. Début janvier, voir courant ; **le tout début,** voir tout, 10.

débuter

L'emploi le plus indiscuté de ce verbe est l'emploi intransitif :

> *La séance débutera à 15 heures.*

L'analogie de *commencer,* qui a un emploi intransitif *(la séance commencera à 15 heures)* et un emploi transitif normalement admis *(on commencera la séance par des chants),* a développé un emploi transitif de *débuter :*

> *On débutera la séance par des chants. Débuter un élève en anglais* (= l'initier à l'anglais).

Cet emploi, qui donne au verbe *débuter* un statut analogue à celui de verbes comme *finir, cesser, entrer, sortir, monter, descendre,* étant parfois critiqué, on pourra préférer recourir à *commencer* dans sa construction transitive. Voir aussi *démarrer.*

décider

1. *Décider qqch/de qqch.* Au sens de « fixer, arrêter quelque chose », c'est normalement la construction directe *décider qqch* qu'on emploie :

> *Le conseil des ministres a décidé une augmentation de la taxe sur l'essence.*

● *Décider de qqch* s'emploie surtout au sens de « se prononcer sur quelque chose, faire un choix à ce propos » ou, avec un sujet nom de chose, « déterminer le sort de quelque chose » :

> *Il faut décider de la conduite à tenir. C'est ce point qui a décidé de la partie.*

2. *Décider que* + **indic. ou subj.** Selon que la valeur de « déclaration » ou la valeur de « volonté » prévaut dans le verbe *décider,* la subordonnée par *que* qui dépend de ce verbe est à l'indicatif (ou au « futur du style indirect » en *-rais*), ou au subjonctif :

> *L'arbitre décide que le point est valable. Le gouvernement a décidé qu'une aide d'urgence serait allouée aux sinistrés* (déclaration d'un fait à venir), ou *soit allouée aux sinistrés* (expression de la volonté du gouvernement).

3. *Décider de* + **infin./***décider qqn* **(ou** *se décider***)** *à* + **infin.** En cas d'identité de sujet entre *décider* et le verbe de la subordonnée qui en dépend, la construction infinitive avec *de* est possible, mais non obligatoire :

> *Je décide que je viendrai. Je décide de venir.*

● En cas de sujets différents pour les deux verbes et aux formes pronominale et passive *se décider, être décidé,* l'infinitif est normalement introduit par *à :*

> *Nous l'avons décidé à agir. Alors, tu te décides à venir ? Il était bien décidé à se défendre.*

● **Se décider à** + infin./**à ce que** + subj., voir *à,* 5.
La construction *se décider, être décidé de* + infin. s'écarte de l'usage courant : **Il s'est enfin décidé de parler.*

4. *Il a été décidé de* + **infin.** Dans l'emploi passif impersonnel, l'infinitif qui suit est sujet réel ; il est toujours introduit par *de :*

> *On a décidé d'entreprendre des travaux.*

5. *Décider si, où,* **etc.** On peut employer après *décider* une subordonnée interrogative indirecte introduite par *si, où, quand, comment, qui,* etc. :

> *On n'a pas encore décidé si la fête aurait lieu, où elle aurait lieu,* etc.

déclaratif → *phrase,* 2
déclaration : *verbes de déclaration*
→ *croire,* 6
déclarer + infin. → *infinitif,* II, 2 ; *décla-*
rer que (mode) → *croire,* 6
décombres → *genre,* 7
dédaigner de + infin. → *infinitif,* II, 2
défendeur, -eresse → *genre,* 2
défendre que → *ne,* II, 2
délibératif : *infinitif délibératif* → *infinitif,*
I, 3
délibérer de + infin. → *infinitif,* II, 2
délice → *genre,* 8

Mais, le plus souvent, du fait de la présence d'un premier complément introduit par *à* (ou de la forme *lui, leur* du pronom), l'infinitif est introduit par *de,* ce qui peut créer une ambiguïté avec le cas précédent.
J'ai demandé à M. Dupont de ne pas venir demain peut signifier, selon les situations : « J'ai demandé à M. Dupont qu'il ne vienne pas » (construction rare) ou « J'ai demandé à M. Dupont d'accepter que je ne vienne pas ».

4. *Demander après qqn,* voir après, 2.

demandeur, -eresse → *genre,* 2

demander

1. *Demander que* **+ subj./*demander à*** **+ infin.** Quand le sujet de la subordonnée est différent de celui de *demander,* le verbe de la subordonnée est au subjonctif :

Je demande qu'on me **fasse** *connaître les résultats.*

● Quand le sujet de la subordonnée est le même que celui de *demander,* la construction infinitive avec *à* (ou, plus rarement, *de*) est obligatoire :

Je demande à **connaître** *le résultat, à* (ou *d'*) **être informé** *du résultat* (et non **Je demande que je connaisse...*).

2. *Demander à ce que* **+ subj.** est une variante, parfois critiquée, de *demander que :*

Je demande à ce qu'on me fasse connaître les résultats.

Cette construction s'explique par l'influence de *demander à* + infin., sur le modèle analogique de verbes comme *arriver à* + infin./ *arriver à ce que* + subj., *consentir à* + infin./ *consentir à ce que* + subj., etc.

3. *Demander à qqn de* **+ infin.** Quand le destinataire de la demande est indiqué, il est introduit par *à,* et la complétive a la forme d'un infinitif introduit par *de :*

J'ai demandé à mon secrétaire de me tenir au courant.

Dans ce cas, le destinataire est généralement aussi le sujet de la complétive, donc différent du sujet de *demander* (= « Je lui ai demandé qu'il me tienne au courant », construction rare).

● Si le sujet de l'infinitif doit être le même que celui de *demander,* l'infinitif peut être introduit par *à* (voir n° 1) :

Je lui ai demandé à être informé du résultat.

démarrer

Étymologiquement, ce verbe signifie « larguer les amarres d'un bateau ». Il s'emploie usuellement en construction intransitive au sens de « commencer à partir », « débuter » :

La voiture démarre. La séance a démarré en retard.

L'emploi transitif *(démarrer une voiture, une séance)* est parfois critiqué mais courant. Voir **débuter.**

démêler d'avec/de → *avec,* 4

demeurer

Ce verbe est un équivalent un peu plus soutenu de *rester* ou de *habiter.*

● Au sens de « rester », l'auxiliaire est *être :*

Il est demeuré quelque temps perplexe.

● Au sens de « habiter, résider », l'auxiliaire est *avoir :*

Il a demeuré dix ans dans cette maison.

démonstratif → *déterminant,* I, 2 ; *pro-nom,* 1 ; *ça ; ce ; ceci ; celui*
dénommé : *un dénommé* → *certain,* 1
départements : noms de départements *(en, dans...)* → *en,* II, 3
se dépêcher de + infin. → *infinitif,* II, 2

dépit

1. En dépit de, voir concession, 3.

2. En dépit que j'en aie, qu'on en ait, etc., est une expression archaïsante de la concession. Elle appartient exclusivement à la langue littéraire, au sens de : « malgré moi », « même si cela vous déplaît », etc. Voir **malgré,** 2.

depuis

1. Depuis au sens spatial. Outre son emploi temporel, *depuis* est devenu usuel pour désigner, comme *de,* le point pris comme origine d'une distance, même si le point d'aboutissement n'est pas exprimé par *jusqu'à* :

> *Depuis nos fenêtres, on découvre la baie. Il m'a téléphoné depuis Stockholm.*

2. Depuis tout petit. Une phrase comme *Depuis tout petit* (*tout enfant*, etc.) *il voulait être marin* est très familière, au sens de « depuis qu'il était tout petit » ou « depuis sa toute petite enfance ». Il peut y avoir ambiguïté si on dit, par exemple : *Je le connais depuis tout petit* (= depuis que j'étais tout petit, ou qu'il était tout petit ?).

3. Depuis que (ne pas), voir négation, 5.

---

dernier → prochain ; *le dernier qui*
+ subj. → *relative,* 4, b
descendant → *genre,* 6
descendre → *auxiliaire,* 3 ; *dont,* 5 ;
descendre + infin. → *infinitif,* II, 2
désespérer (impliquant une négation)
→ *jamais,* 1 ; *désespérer de* + infin.
→ *infinitif,* II, 2
désir : subordonnées dépendant de verbes de désir → *subjonctif,* 2

---

désirer

Désirer que + subj./désirer (de) + infin.
Selon que le sujet du verbe de la proposition dépendant de *désirer* est différent ou non du sujet de *désirer,* cette proposition est une complétive par *que* au subjonctif ou prend la forme d'un infinitif :

> *Je désire qu'on le sache. Je désire le savoir.*

● L'emploi de *de* devant l'infinitif est un archaïsme littéraire :

> *Il désirait d'être informé de tout.*

dessus, dessous

Ces mots sont ordinairement employés comme adverbes au sens de « sur (sous) lui ou elle, ou cela » :

> *Prends une chaise et assieds-toi dessus.*

● Dans l'usage soutenu, on les emploie parfois comme prépositions après *de :*

> *Ôter un vase de dessus la table* (usage courant : *de sur la table*). *Retirer quelques objets de dessous les décombres* (usage courant : *de sous les décombres*).

---

détachement → *(mise en) relief*
détacher d'avec/de → *avec,* 4

---

déterminant

I. NATURE DES DÉTERMINANTS.

La classe des déterminants du nom est constituée par des mots de nature différente.

1. Les articles.

— Article défini *le (la, les)* : *Le mari et la femme sont les époux.*

— Article indéfini *un (une, des)* : *J'ai un frère, une sœur, des enfants.*

— Article partitif : *Il achète du pain, de la viande, des rillettes.*

L'article défini singulier est élidé en *l'* devant voyelle ou *h* muet : *l'arbre, l'union, l'hôpital,* mais *la harpe, le hérisson* (*h* aspiré). L'article défini peut être contracté en *au, aux, du, des* avec les prépositions *à* et *de* :

> *S'adresser au secrétariat du ministère des Finances.*

2. Le démonstratif *ce (cette, ces)* :

> *Ce mot, cette phrase conviennent mal à ces circonstances.*

Le masculin singulier a la forme *cet* devant voyelle ou *h* muet : *cet arbre, cet hôpital,* mais *ce hérisson* (*h* aspiré).

3. Les possessifs *mon (ma, mes), ton (ta, tes), son (sa, ses), notre (nos), votre (vos), leur (leurs)* :

> *Mon frère et ma sœur ont amené leurs enfants.*

4. L'interrogatif-exclamatif *quel (quelle, quels, quelles)* :

> *Quelle heure est-il ? Quel dommage !*

5. Les numéraux *un, deux, trois*, etc. :

*Il possède **deux** maisons.*

6. Les indéfinis *plusieurs, certains, quelques*, etc. :

*Il possède **plusieurs** maisons.*

7. Le relatif *lequel* :

*Il possède plusieurs maisons, **lesquelles** maisons lui sont échues par héritage.*

● Outre ces mots, certains éléments peuvent fonctionner comme des déterminants.
Voir **beaucoup**, 2 ; (la) **plupart** ; **collectif**.

II. OMISSION DES DÉTERMINANTS.

Un nom est en principe précédé d'un déterminant. Toutefois, dans un certain nombre de cas, ce déterminant est omis, en particulier dans les cas suivants.

1. Devant des compléments de noms ou des compléments circonstanciels de verbes, caractérisant ces mots à la façon d'adjectifs ou d'adverbes : *une feuille de papier, une table à dessin, un fauteuil pour malade, un voyage sans incident ; travailler avec ardeur, ralentir par réflexe.*

● Quand le complément circonstanciel d'un verbe est accompagné d'un adjectif ou d'un complément, il prend normalement un déterminant : *travailler avec **une** ardeur infatigable, ralentir par **un** réflexe de prudence.*

2. Devant des noms mis en apposition ou attributs, surtout quand ils caractérisent plutôt qu'ils n'identifient :

*Pierre, **lecteur** acharné, dévore trois romans par semaine. Son frère est **médecin** (mais : Son frère est **un** médecin célèbre).*

3. Dans de très nombreuses locutions, des phrases sentencieuses, des comparaisons figées, etc. : *avoir faim* (mais *avoir une faim de loup*), *imposer silence* (mais *imposer un silence total*), *garder rancune* (mais *garder une rancune tenace*), *pierre qui roule n'amasse pas mousse, être blanc comme neige*, etc.

4. Dans des énumérations, pour donner plus de vivacité à la phrase :

Vêtements, livres, bibelots étaient épars dans la pièce. Bêtes et gens s'entassaient sur le pont.

---

déterminative → *relative*, 2
se déterminer à + infin. → *infinitif*, II, 2

---

détester

Quand un infinitif est complément de ce verbe, il peut être construit directement ou avec la préposition *de* (en particulier quand *détester* est à la forme négative) :

*Il déteste **discuter** là-dessus, ou **de discuter** là-dessus. Il ne détestait pas **de passer** pour un original.*

---

deux

Nous deux mon cousin est un équivalent très familier de *mon cousin et moi*. On dit aussi très familièrement, par exemple :

Ils sont partis tous deux Albert (= Albert et lui).

---

deuxième → *numéraux*, 4

---

devoir

1. Devoir s'emploie devant un infinitif pour exprimer diverses valeurs, comme :

— l'obligation, la nécessité : *Vous devez déclarer vos revenus avant la fin du mois* ;

— la probabilité, la vraisemblance : *Vous devez être bien content d'avoir fini ! Il doit y avoir un moyen d'en sortir* ;

— le futur, la prévision : *La séance doit s'achever d'ici un quart d'heure. Si cela doit se reproduire, il faudra encore prendre des mesures. Le temps semble devoir s'améliorer.*

2. Quand *devoir*, employé comme verbe d'obligation, est à la forme négative, la négation porte en réalité sur l'infinitif qu'il introduit : *Vous ne devez pas vous absenter* signifie « vous devez ne pas vous absenter, vous devez rester là », et non « vous n'êtes pas obligé de vous absenter ».
Voir **négation**, 10.

3. On peut dire à peu près indifféremment :

Il a dû se tromper ou (plus rarement) *Il doit s'être trompé. J'avais dû confondre* ou (plus rarement) *Je devais avoir confondu.*

● Mais, tandis que *J'ai dû m'absenter* peut être ambigu (= « il a fallu que je m'absente », ou « je me suis probablement absenté »), *Je dois m'être absenté* n'exprime que la probabilité.

4. Dussé-je, dût-il, dussiez-vous, etc. + infin. sont des équivalents, dans un usage très soutenu, de : « même si je devais, s'il devait, si vous deviez... ».

diable, diablesse → *genre,* 2
Dieu sait que..., si..., etc. → *savoir,* 9

dire

1. Dire que + indic. ou condit./ne pas dire que + subj. ou indic. Quand *dire* signifie « déclarer, affirmer », le verbe de la subordonnée par *que* qui en dépend est soit à l'indicatif (ou au conditionnel), soit au subjonctif dans les mêmes conditions que pour *croire* (voir **croire,** 3, 4, 5) :

Je lui ai dit que tout allait bien. Je dis que ce serait une erreur. Je ne dis pas que vous ayez tort (ou *que vous avez tort*). *Ai-je dit que je ne veuille pas le faire ?* (ou *que je ne veux pas le faire ?*).

2. Dire + infin. Quand il y a identité de sujet entre *dire* et le verbe de sa subordonnée, on emploie parfois, dans l'usage soutenu, la construction infinitive au lieu de la subordination par *que,* toujours possible :

Il dit avoir des raisons de se plaindre (ou *qu'il a des raisons de se plaindre*). *Il m'a dit être prêt* (ou *qu'il était prêt*).

3. Dire que + subj./dire de + infin. Quand *dire* signifie « ordonner, commander », le verbe de la subordonnée par *que* qui en dépend est au subjonctif :

Dites-leur qu'ils fassent bien attention.

● L'usage le plus courant est toutefois d'employer la construction infinitive avec *de,* le sujet de l'infinitif étant le complément d'attribution de *dire :*

Dites-leur de faire bien attention. Il m'a dit d'être prêt.

4. Dire/demander. Dans le discours direct, on peut dire :

Il m'a dit : « Que faites-vous là ? Où allez-vous ? »

Si on adopte le discours indirect, le verbe introducteur est *demander :*

Il m'a demandé ce que je faisais là, où j'allais (et non **Il m'a dit qu'est-ce que je faisais là*).

direct : *complément d'objet direct* → *verbe,* 2

disconvenir : *ne pas disconvenir que (ne)* → *ne,* II, 3

discours indirect

1. Quand on rapporte les paroles ou la pensée de quelqu'un, on peut utiliser :

— le « discours direct » (ou « *style direct* ») : *Il m'a dit : « Vous avez raison »* ;

— le « discours indirect » (ou « *style indirect* ») : *Il m'a dit que j'avais raison.*

Le passage du discours direct au discours indirect se marque par la subordination *(que)* et par des modifications qui peuvent concerner la personne grammaticale (*je* au lieu de *vous*), le temps ou le mode des verbes (*avais,* imparfait, au lieu de *avez,* présent), dans certains cas enfin par le choix de mots différents (*alors* au lieu de *maintenant, là* au lieu de *ici, si* au lieu de *est-ce que,* etc.), ou d'un ordre différent des mots, notamment dans l'interrogation. (Voir **concordance des temps** et **interrogation.**)

● L'impératif est exclu du discours indirect ; il est remplacé par le subjonctif ou l'infinitif :

On lui a dit : « Ne te fais pas de souci »

devient

On lui a dit qu'il ne se fasse pas de souci, ou *On lui a dit de ne pas se faire de souci.* (Voir **dire,** 3.)

● On notera que les risques d'ambiguïté sont plus élevés dans le discours indirect que dans le discours direct. Une phrase telle que

Il lui a dit qu'il lui avait menti

peut correspondre à

Il lui a dit : « Je vous ai menti », ou *« Vous m'avez menti »,* ou *« Je lui ai menti »,* ou *« Il·m'a menti »,* ou *« Vous lui avez menti »,* ou *« Il vous a menti »,* ou encore à *« Je vous avais menti »,* ou *« Vous m'aviez menti »,* etc.

2. Discours indirect libre. Dans l'usage littéraire, on supprime parfois la subordination tout en conservant la plupart des particularités du discours indirect ; c'est ce qu'on appelle le « discours indirect libre » (ou « *style indirect libre* ») :

Il m'a rassuré : je n'avais pas à craindre ce genre d'accident. (Discours indirect : *Il m'a rassuré en disant que je n'avais pas à craindre ce genre d'accident.* Discours direct : *Il m'a rassuré en disant : « Vous n'avez pas à craindre ce genre d'accident ».*)

● Toutefois, l'interrogation a la même forme dans le discours indirect libre que dans le discours direct, mis à part les changements éventuels de personne et de temps du verbe :

Il la pressait de questions : se souvenait-elle de lui ? Que comptait-elle faire ? (Discours direct : *Il la pressait de questions : « Vous souvenez-vous de moi ? Que comptez-vous faire ? »*. Discours indirect : *Il la pressait de questions en lui demandant si elle se souvenait de lui, ce qu'elle comptait faire.*)

disjoindre d'avec/de → *avec,* 4
disparate → *genre,* 7
se dispenser de + infin. → *infinitif,* II, 2
se disposer à + infin. → *infinitif,* II, 2

disputer qqch/qqn

Disputer un prix, c'est être en compétition pour l'obtenir.
Disputer qqn est généralement évité dans l'usage surveillé. Il équivaut pour le sens à « attraper » (familier), « réprimander », « quereller » (soutenu), « gourmander » (archaïsant).

dissocier d'avec/de → *avec,* 4
distinguer d'avec/de → , *avec,* 4
divorcer d'avec/de → *avec,* 4
docteur, -oresse → *genre,* 2
donc : *qui donc ?* → *ça, cela,* 6

dont

1. Dont/de qui/duquel. *Dont* représente en principe un complément introduit par *de* :

Le garçon dont je parle s'appelle Pierre (je parle d'un garçon). *Il roule dans une voiture dont les pneus sont usés* (les pneus de cette voiture). *C'est un résultat dont il est fier* (il est fier de ce résultat).

● *De qui* peut s'employer au lieu de *dont* pour représenter des personnes : *le garçon de qui je parle.* (Voir **lequel,** 2.)

● C'est toujours *dont* qu'on emploie (et non *duquel* ou *de quoi*) pour représenter *ce, cela, quelque chose* :

C'est ce dont je voulais parler. Il y a quelque chose dont il faut parler.

● *Rien,* ordinairement représenté par *dont,* ne peut être représenté par *de quoi* que dans l'usage littéraire :

Il n'y a là rien dont je puisse avoir à rougir (ou, littérairement, *rien de quoi je puisse avoir à rougir*).

● *Dont* ne peut pas être, en règle générale, complément d'un nom introduit par une préposition. Alors qu'on dit *C'est une maison dont je connais l'histoire* (*dont* est complément du nom *histoire* non introduit par une préposition), on ne dit pas dans l'usage surveillé **C'est une maison dont je m'intéresse à l'histoire, dont je me souviens de l'histoire* (le mot *histoire,* complété par *dont,* est introduit par *à* ou *de*). Dans ce cas, on emploie *duquel (de laquelle, desquels)* ou, si le nom complété désigne une personne, *de qui* :

C'est une maison à l'histoire de laquelle je m'intéresse, de l'histoire de laquelle je me souviens. C'est un homme à la parole duquel (ou *de qui*) *on peut se fier* (et non **dont on peut se fier à la parole*).

On dit toutefois *C'est un homme dont j'apprécie la liberté de parole,* parce que *dont* est complément du groupe de mots *liberté de parole* (non introduit par une préposition), et non du seul complément *parole.*

2. *Dont + en. *Dont + son. *Dont* est incompatible avec le pronom ou adverbe *en* représentant par pléonasme le même mot que lui : **Le garçon dont j'en parle s'appelle Pierre* (*dont* et *en* représentent l'un et l'autre le mot *garçon*). **Il s'est produit un accident dont la cause en est inconnue* (*dont* et *en* représentent l'un et l'autre le mot *accident*) ; on peut supprimer soit *en,* soit la subordination par *dont* :

Il s'est produit un accident dont la cause est inconnue, ou *Il s'est produit un accident : la cause en est inconnue.*

● De même, *dont* est incompatible avec *son* (*sa, ses*) ou *leur(s)* renvoyant au même mot que lui. On dit : *C'est un garçon dont je connais les qualités* et non **C'est un garçon dont je connais ses qualités* (*dont* et *ses* renvoient au même mot, *garçon* : « les qualités de ce garçon »).

3. *Dont* s'emploie souvent, avec ou sans ellipse d'un verbe, comme complément partitif au sens de « *parmi lequel(le)s* » :

Il a six enfants, dont quatre filles (ou *dont quatre sont des filles*).

4. Dont... que... *Dont* signifie parfois « au sujet duquel (de laquelle, desquel[le]s) » dans une construction qui associe une subordonnée relative à une subordonnée conjonctive :

Voilà une promesse dont j'espère qu'elle sera tenue. C'est un exploit dont on peut penser qu'il est unique au monde.

Ce tour est un des moyens d'éviter la construction archaïque *que j'espère qui sera tenue, qu'on peut penser qui est unique au monde.*

5. Dont/d'où. On emploie parfois *dont* au lieu de *d'où* avec des verbes comme *sortir, venir, descendre,* pour indiquer le point de départ :

Je connais la région dont vous arrivez (usage plus courant : *d'où vous arrivez*).

En principe, *dont* s'emploie de préférence pour indiquer l'origine familiale, sociale, etc. :

La famille dont il est issu est très modeste (on dit aussi, plus rarement, *la famille d'où il est issu*).

d'où (= donc, en conséquence) → *où,* 4
doute : *sans doute* (en tête de proposition) → **inversion du sujet,** 1, b ; *sans doute (que)* → **que,** 4

---

douter, doute, douteux

1. Douter que + subj. ou *de* + nom ou + infin. On dit :

Je doute qu'il puisse le faire. Je doute de sa capacité.

● En cas d'identité de sujet entre *douter* et le verbe de la subordonnée, la construction infinitive avec *de* est de règle :

Je doute de pouvoir le faire (et non *que je puisse*).

● Après *ne pas douter que,* la subordonnée est ordinairement au subjonctif avec, facultativement, un *ne* explétif :

Personne ne doute qu'il (ne) l'ait fait exprès. (Voir *ne,* II, 3.)

L'indicatif se rencontre parfois, surtout dans l'usage littéraire :

Je ne doute pas qu'il fera tout son possible.

2. Douter si. L'interrogation indirecte après *douter* (= se demander) est de l'usage littéraire :

Il doutait s'il devait se lancer dans cette aventure. (Voir **hésiter**.)

3. *Il n'y a pas de doute* (ou *aucun doute*) *que, il ne fait pas de doute que, il n'est pas douteux que* sont suivis soit de l'indicatif ou du conditionnel, soit du subjonctif, avec facultativement, dans ce dernier cas, un *ne* explétif :

Il n'y a pas de doute que c'était la meilleure solution. Il n'y a aucun doute que ce serait préférable. Il n'est pas douteux qu'il est au courant, ou *qu'il ne soit au courant.*

● Après *nul doute que,* on emploie plutôt le subjonctif, mais parfois aussi l'indicatif ou le conditionnel :

Nul doute que vous (n')ayez raison, ou *que vous avez raison. Nul doute que cela pourrait se produire.*

● Après *il est hors de doute que,* on emploie ordinairement l'indicatif :

Il est hors de doute qu'il est sincère.

4. Se douter que. La subordonnée qui dépend de ce verbe est à l'indicatif ou au conditionnel :

Je me doute que vous allez protester. Il ne se doute pas qu'il pourrait être inculpé.

drôle, -esse → *genre,* 2
duc, duchesse → *genre,* 2
duquel → *lequel ; relatif ; dont,* 1

---

durant

1. Durant, pendant. Ces deux prépositions sont pratiquement équivalentes, mais *pendant* est plus fréquent :

Personne n'a téléphoné durant (ou *pendant*) *mon absence ?*

Durant peut être placé, avec une valeur insistante, après un complément de temps indiquant la durée, ce qui n'est pas le cas de *pendant* :

On a poursuivi les recherches des années durant (ou *durant des années, pendant des années*).

2. Durant que + indic. est archaïsant :

Le blessé est décédé durant qu'on le transportait à l'hôpital (usage courant : *pendant qu'on le transportait,* ou *durant son transport*).

dussé-je, dussiez-vous, dût-il
→ **devoir,** 4

E

échappatoire → *genre,* 7

échapper

1. Dans la plupart de ses emplois, ce verbe se conjugue avec l'auxiliaire *avoir* :

C'est un détail qui m'a échappé. Elle a échappé à un accident. Il ne vous a pas échappé que le pronostic s'est réalisé.

● L'auxiliaire est *avoir,* ou parfois *être,* quand ce verbe indique une action faite par mégarde :

*Un mot malheureux lui **avait** échappé ou lui **était** échappé.*

2. On dit *échapper à un danger, à un attentat, à la police, **aux** regards,* etc.
La construction avec *de* est surtout usuelle dans l'emploi pronominal :

*S'échapper **de** prison. Le gaz s'échappe **de** la bonbonne.*

3. L'emploi transitif direct (« échapper la mort ») est tout à fait archaïque.

● Une phrase comme « j'ai échappé la bouteille » au sens de *j'ai laissé échapper* (ou *tomber*) *la bouteille* est exclue du langage surveillé.

4. Dans l'expression *l'échapper belle,* le participe passé reste toujours invariable :

*Vous l'avez **échappé** belle.*

échouer → *auxiliaire,* 3
éclater → *auxiliaire,* 3
écritoire → *genre,* 7

effet

1. À cet effet équivaut, dans l'usage soutenu ou technique, à « dans cette intention, dans ce but, pour cela » :

Il faut éviter un excès de pression : une soupape est prévue à cet effet.

● **À l'effet de** + **infin.** est une expression juridique : *Promulguer un décret à l'effet de rendre une loi applicable.*

2. En effet, car en effet, voir car, 2 et 3. **Sous l'effet de,** voir sur, 1.

effluve → *genre,* 7

s'efforcer

1. S'efforcer de + **infin./à** + **infin.** Dans l'usage courant, on emploie *de* devant l'infinitif :

*Elle s'est efforcée **de rester** calme.*

La construction avec *à* a un caractère littéraire : *Elle s'efforçait **à sourire.***

2. S'efforcer à + **n.** Cet emploi est littéraire :

*Ils s'étaient longuement efforcés **à la patience.***

Dans l'usage courant on dirait plutôt : *Ils s'étaient longuement **exercés** (ou entraînés) **à la patience,** ou, par exemple, Ils s'étaient longuement **efforcés d'être patients.***

s'effrayer de ce que/de + infin. → *de,* 10

égal

1. N'avoir d'égal que. Dans cette expression qui marque une comparaison, *égal* est accordé indifféremment avec l'un ou l'autre des deux termes mis en rapport :

*Son courage n'a d'**égal** que sa modestie* ou *Son courage n'a d'**égale** que sa modestie.*

● *Égal* peut même rester invariable avec des termes pluriels ou tous deux féminins :

Sa sottise n'a d'égal que sa prétention.

2. D'égal à égal. *Égal* reste souvent invariable :

Les deux délégations discutaient d'égal à égal.

Parfois aussi on accorde l'un ou l'autre des adjectifs selon le sens du contexte :

Elle voulait être traitée d'égale à égal.
Nous traitions d'égaux à égaux.

3. Sans égal. On dit *des succès sans égal* ou *sans égaux.*

s'élancer après qqn → *après,* 1
élément : *l'élément rapidité* → *de,* 12
ellébore → *genre,* 7

ellipse

Il y a ellipse dans une phrase quand un ou plusieurs mots ne sont pas exprimés alors qu'ils pourraient l'être ; l'ellipse est fréquente dans des phrases ayant des membres symétriques :

Je suis plus âgé que vous [n'êtes âgé] (ellipse du verbe *être,* de l'adjectif *âgé* et de *ne* explétif). *Si vous êtes satisfait, moi aussi* [je suis satisfait]. *Ce produit est cher parce que* [il est] *rare.*

Une phrase qui contient une ellipse est une phrase elliptique.
On emploie tout naturellement un grand nombre de phrases elliptiques de tel ou tel membre ; sans ellipses, ces phrases seraient souvent très lourdes. Cette procédure grammaticale peut être exploitée à des fins stylistiques, dans une intention de concision ou d'originalité dans l'expression. Beaucoup de proverbes sont elliptiques :

À malin, malin et demi. Tel père, tel fils. À bon chat, bon rat, etc.

Le style télégraphique est elliptique par souci d'économie : *Affaire conclue. Lettre suit.*

(s')éloigner d'auprès de qqn
→ *auprès,* 3
élytre → *genre,* 7
émail → *pluriel,* II, 3
embellir → *auxiliaire,* 3
s'émerveiller de ce que/de + infin.
→ *de,* 10
s'emparer → *pronominal,* 2

empêcher

1. Empêcher que (ne) + subj./empêcher qqn ou qqch de + infin. La négation explétive *ne* est facultative dans la subordonnée dépendant de *empêcher.* (Voir *ne,* II, 2.)

● Le plus souvent, la subordonnée dépendant de *empêcher* est de la forme infinitive ; au lieu de *la brume empêche que nous (n')apercevions les montagnes,* on dit habituellement :

La brume nous empêche d'apercevoir les montagnes.

2. Empêcher à qqn ou à qqch de + infin. est une construction familière ; on la rencontre surtout avec les pronoms *lui, leur* :

Cette mise en garde leur a empêché de commettre une imprudence (usage courant : *les a empêchés...*).

3. (Il) n'empêche que + indic. ou condit. Cette expression, qui équivaut à « et pourtant », n'est pas suivie du subjonctif, ni de *ne* explétif :

Il a gagné son pari ; il n'empêche (soutenu) ou *n'empêche* (usage courant) *qu'il a risqué la catastrophe.*

● On peut employer l'indicatif (ou le conditionnel) après *cela n'empêche pas que, ce qui n'empêche pas que :*

Ce voyage était très agréable, mais cela n'empêche pas que nous étions bien contents de nous retrouver chez nous.

emphase → *(mise en) relief*
emphatique : *forme emphatique*
→ *phrase,* 2
empire : *sous l'empire de* → *sur,* 1
empirer → *auxiliaire,* 3
s'employer à + infin./à ce que + subj.
→ *infinitif,* II, 2 ; *à,* 5

en

I. *EN* PRONOM OU ADVERBE.

1. *En* représente en général un complément introduit par *de* :

Ce succès, il en parle peu, il en est fier, il en a tout le mérite (= *il parle peu de ce succès, il est fier de ce succès, il a tout le mérite de ce succès*).

2. En/son. *En* peut être complément d'un nom ; dans cet emploi, il peut souvent être remplacé par un possessif :

Cette méthode, j'en constate l'efficacité, ou *je constate son efficacité* (mais on ne pourrait pas dire, par exemple : **Ce succès, Pierre a tout son mérite*).

● Comme *dont,* il ne peut pas être complément d'un nom introduit par une préposition ; on emploie alors ordinairement le possessif.
On ne peut pas dire : **Cette méthode, j'en doute de l'efficacité* ; on dit : je doute de *son efficacité.*

● Quand *en* est complément d'un nom, ce nom est le plus souvent complément d'objet direct ou attribut. Il peut aussi être sujet :

Avez-vous lu ce livre ? L'auteur en est peu connu (= l'auteur de ce livre, son auteur).

3. Personne ou chose ? *En* peut toujours représenter des choses. Il représente aussi des personnes, mais dans ce cas on préfère souvent employer *de lui, d'eux,* etc. (sauf avec la valeur partitive) :

Ta tante, je m'en souviens très bien, ou *je me souviens très bien d'elle. Ces collègues, j'en connais le plus grand nombre* (ou *le plus grand nombre d'entre eux*).

● En principe, *en* ne représente pas des personnes dans la fonction complément de nom ; dans ce cas, le recours au possessif est l'usage normal :

Ce restaurant, j'en connais l'adresse, mais *Ce garçon, je connais son adresse. Qui est son père ?* (de ce garçon). *Qui en est le père ?* (de cette invention).

4. **En + son, *de... + en.* *En* est incompatible avec un possessif renvoyant par pléonasme au même nom ou au même pronom. On ne dit pas dans l'usage surveillé : **Cette méthode, j'en constate son efficacité* (voir ci-dessus, 2).

● Dans la phrase **De cette méthode, j'en constate l'efficacité, en* fait double emploi avec le complément *de cette méthode.* On peut soit supprimer *en : De cette méthode, je constate l'efficacité,* soit supprimer *de en* conservant la mise en relief du complément par anticipation (voir ci-dessus, 2, 1er exemple).

5. *Dont + en,* voir dont, 2.

6. *En* ne représentant rien de précis. *En* figure dans de nombreuses locutions où il serait vain de chercher un mot précis qu'il représenterait : *en imposer, en rester là, n'en faire qu'à sa tête, il s'en faut que,* etc.

7. *Il en va de,* voir aller, 11.

II. *EN* PRÉPOSITION : *EN/DANS/À.*

1. Dans un petit nombre de cas, il est possible d'employer *en* ou *dans* sans différence réelle de sens ; toutefois, le choix de *en* est en général la marque d'un usage plus soutenu : *en ce temps-là* ou *dans ce temps-là ; en* (ou *dans*) *de telles circonstances. Il vivait en* (ou *dans*) *une contrée lointaine.*

● Certaines formules de faire-part contiennent l'expression *en l'église, en la cathédrale de...* (ou, plus rarement, *en la mairie, en l'hôtel de...*) :

Les obsèques seront célébrées en l'église Notre-Dame.

Mais on dit :

Les mariés entrent dans l'église, dans la mairie, etc.

2. *En* apparaît le plus souvent devant un nom sans déterminant, alors que *dans* ne s'emploie que si le nom qu'il introduit est précédé d'un déterminant (article, démonstratif, possessif, etc.) :

Il est en colère, en forme ; mais *Il est dans une colère bleue, dans une forme extraordinaire.*

● L'emploi de *dans* + déterminant situe souvent de façon plus concrète ou plus précise dans l'espace ou dans le temps que l'emploi de *en* sans déterminant :

Il va dans la classe (= il se rend à l'intérieur de la salle de classe) / *Il va en classe* (= il fréquente un établissement scolaire). *Les travaux se feront dans l'été* (= à l'intérieur de cette période) / *Les travaux se feront en été* (= à la saison chaude).

● L'article défini *le, la, les* est le déterminant qui s'emploie le plus rarement après *en.* On dit ordinairement :

J'ai confiance en lui, en eux, en mes amis, en sa sagesse ; mais *J'ai confiance dans les amis de mon fils, dans le jugement, dans la sagesse de mes amis.*

Toutefois, l'article défini se trouve après *en* dans un certain nombre de locutions comme *en l'occurrence, en l'espèce, en la matière.*

3. Les noms géographiques. En règle générale, on emploie *en* sans article devant les noms de pays et d'îles qui prennent ordinairement les formes *la* ou *l'* d'article, ainsi que devant *Israël,* qui ne prend pas d'article :

> *Il habite en France* [la France], *en Espagne* [l'Espagne], *en Irak* [l'Irak], *en Israël, en Corse, en Nouvelle-Calédonie.*

● Quand ces noms sont accompagnés d'un adjectif ou d'un complément qui situe dans l'espace, on a généralement le choix entre *en* et *dans :*

> *On observait ces coutumes dans la* (ou *en*) *France méridionale ;* mais *dans la* (et non **en*) *France des rois.*

● Devant les noms de pays qui prennent ordinairement les formes *le* ou *les* d'article, on emploie *au(x),* ou *dans le(s)* s'il y a un adjectif ou un complément : *au Portugal, aux Pays-Bas, aux États-Unis, aux Nouvelles-Hébrides ;* mais *dans* le *Portugal du Moyen Âge.*

● Pour les noms de provinces ou de régions, on emploie ordinairement *en,* sauf devant certains noms masculins commençant par une consonne : *en Auvergne, en Bretagne, en Anjou, en Sologne, en* (ou *dans le*) *Limousin, en* (ou *dans le*) *Dauphiné, en* (ou *dans le*) *Poitou ;* mais *dans le Maine, dans le Vercors.*

● Devant les noms de départements, on emploie *dans* sauf s'ils sont composés par coordination au moyen de *et : dans le Cher, dans l'Aube, dans les Pyrénées-Orientales,* mais *en* (ou *dans l'*) *Ille-et-Vilaine, en* (ou *dans le*) *Loir-et-Cher.*

● Devant les noms de villes ou de villages, on emploie soit *dans,* soit *à,* mais non *en : Se promener dans Paris* ou *à Paris. En Avignon, en Arles* sont des constructions de l'usage soutenu, surtout dans l'annonce de fêtes, de cérémonies : *le festival qui se tient en Avignon.* Dans l'usage courant, on dit *à Avignon, à Arles.*

4. L'opposition de sens la plus nette entre *en* et *dans* apparaît dans des compléments de temps comportant un déterminant numéral ou indéfini, ou un adverbe de quantité :

> *Nous ferons le voyage en deux jours* (indication de la durée)/ *Nous ferons le voyage dans deux jours* (indication de la date, du moment à venir).

5. *Une maison en brique, de brique,* voir *de,* 4. *En riant, en marchant,* etc., voir gérondif, 1.

À l'encontre de qqch, de qqn signifie « en opposition à qqch » ou « contre qqch, qqn » :

> *Cette idée va à l'encontre de l'opinion générale. Intervenir à l'encontre d'un orateur. Une franche hostilité s'était manifestée à l'encontre de ce projet, de ce personnage.*

● On dit *à mon encontre, à ton encontre,* etc., et non **à l'encontre de moi, de toi,* etc. :

> *On lui a fait savoir que des sanctions avaient été prises à son encontre.*

● En fin de phrase, cette locution peut s'employer sans son complément, comme un adverbe :

> *Le règlement est formel sur ce point : on ne peut pas aller à l'encontre.*

1. *Encore* peut indiquer :
— la répétition (= à nouveau) : *Il a encore raté son train ;*
— la continuation (= toujours, jusqu'à ce moment) : *Est-ce qu'il dort encore ?*
— l'addition (= en outre) : *J'ai encore une déclaration à faire ;*
— le renforcement : *C'est encore plus beau que je ne pensais.*

2. *Ne... pas encore, ne... encore pas/ne... plus.* Les réponses négatives aux questions *Est-ce qu'il dort encore ? Avez-vous encore une déclaration à faire ?* sont :

> *Non, il ne dort plus* (= il a cessé de dormir). *Non, je n'ai plus de déclaration à faire.*

La phrase *Il ne dort pas encore* (ou, plus rarement, *Il ne dort encore pas*) signifie « il n'a pas commencé à dormir ». *Je n'ai pas encore de déclaration à faire* signifie : « le moment n'est pas venu pour moi de faire une déclaration ».

3. *Encore = cependant, toutefois.* En tête de proposition, *encore* peut avoir une valeur restrictive ; le verbe a alors un sujet pronominal inversé :

> *Cette accusation est capitale ; encore faut-il (encore doit-on) la prouver.*

On dit aussi, plus familièrement : *faudrait-il encore la prouver.* Dans l'usage oral, on évite souvent l'inversion : *...mais il faudrait (on doit) encore la prouver.*

4. *Encore que* est un équivalent un peu recherché de *bien que, quoique,* et exprime souvent plus particulièrement une réflexion accessoire en opposition avec le contenu de la proposition principale ; le verbe de la subordonnée qu'il introduit est ordinairement au subjonctif :

*C'est un document essentiel, encore que certains détails **soient** contestés.*

On emploie parfois le conditionnel, pour exprimer une hypothèse, une éventualité :

*Si vous changiez d'avis, il faudrait nous prévenir, encore qu'il **serait** bien tard.*

On peut employer *encore que* devant un adjectif ou une locution adjectivale ou circonstancielle, avec ellipse du verbe :

*Le conseil, **encore que** tardif, a été utile.*

---

enfance : *la toute enfance* → *tout,* 10
s'engager à + infin. → *infinitif,* II, 2

---

enjoindre

La construction normale de ce verbe est *enjoindre à qqn de* + infin. :

On lui a enjoint de regagner son poste.

La construction *enjoindre qqn à* (ou *de*) + infin., qu'on entend ou qu'on lit parfois (*on l'a enjoint à* [ou *de*] *regagner son poste*) est analogique de celle d'un verbe comme *obliger* ; elle est aberrante par rapport à l'usage traditionnel.

● Le complément de personne *(qqn)*, étant de construction indirecte, ne peut être pris comme sujet du passif, ce qui exclut des phrases comme **il fut enjoint à* (ou *de*) *regagner son poste.*

---

enlaidir → *auxiliaire,* 3
enlever d'avec/de → *avec,* 4
s'enorgueillir de ce que/de + infin.
→ *de,* 10

---

s'enquérir

Ce verbe transitif indirect *(s'enquérir de qqch)* peut introduire une subordonnée interrogative indirecte (usage littéraire) :

*Vous ne vous êtes pas enquis si tout était prêt, **pourquoi** vous n'aviez pas reçu de réponse,* etc.

Voir **informer,** 2.

---

enquêteur, -teuse ou **-trice** → *genre,* 2

---

s'ensuivre

Ce verbe ne s'emploie qu'à l'infinitif ou à la 3ᵉ personne du singulier ou du pluriel de chaque temps, et en particulier à la forme impersonnelle :

Des complications risquaient de s'ensuivre de cet incident. Il y a eu un procès, avec toutes les complications qui s'ensuivent, ou (plus rarement) *qui s'en ensuivent.*

● Aux formes composées, on dit : *les complications qui s'étaient ensuivies,* ou *qui s'en étaient suivies,* ou *qui s'en étaient ensuivies.*

---

entendre

1. *Entendre que* + indic. / *entendre* + prop. infin. Quand *entendre* indique une opération des sens (ouïe), le verbe de la proposition complétive qui dépend de lui est parfois à l'indicatif, mais la construction infinitive, sans être obligatoire, est habituelle :

*J'ai cru entendre **qu'on marchait** dans la pièce d'à côté* (ou *J'ai cru entendre **marcher**...*). *On entendait **que** l'orage **commençait** à gronder* (ou *On entendait l'orage **commencer** à gronder*).

2. *Entendre qqn dire qqch/entendre dire qqch à qqn, par qqn.* Dans la construction infinitive, l'agent de l'infinitif qui dépend de *entendre* peut se présenter sous les mêmes formes que l'agent d'un infinitif dépendant de *laisser* (voir [complément d'] **agent,** 3) :

J'ai entendu mon grand-père raconter cette histoire, ou *J'ai entendu raconter cette histoire **par** mon grand-père,* ou (plus rarement, en raison de l'ambiguïté) *J'ai entendu raconter cette histoire **à** mon grand-père.*

Mais, très couramment, avec un pronom :

*Je **lui** ai entendu raconter cette histoire,* ou *Je **l'**ai entendu raconter cette histoire,* ou *C'est **par lui** que j'ai entendu raconter cette histoire.*

3. *Entendre que* + subj./*entendre* + infin. Quand *entendre* indique une volonté, une intention (usage soigné), le verbe qui dépend de lui est au subjonctif, sauf s'il a le même sujet, auquel cas il se met à l'infinitif :

J'entends que chacun **puisse** donner son avis. J'entends bien **exposer** mon point de vue.

4. S'entendre + infin., voir passif, 5 et auxiliaire, 2.

entendu

Comme de bien entendu résulte d'un croisement entre bien entendu et comme de juste, ou comme il est naturel. Cette locution appartient à l'usage très familier ou s'emploie sur le mode plaisant.

en-tête → *genre,* 7

entre

1. D'entre/de. D'entre peut toujours être employé pour introduire un complément pluriel à valeur partitive.

● Devant un nom, on peut employer d'entre, parmi ou simplement de : une majorité **d'entre** les participants, ou **parmi** les participants, ou **des** participants ; combien **d'entre** nos amis, ou **parmi** nos amis, ou de nos amis ?

● Devant nous, vous, eux compléments partitifs, on ne peut employer en général que d'entre ou parmi : une majorité **d'entre** nous, d'entre vous, ou **parmi** nous, parmi vous, mais non *une majorité de nous, de vous. Ce principe s'applique à nous, vous, eux compléments d'un nom collectif (une multitude, la plupart, etc.), d'un mot numéral (trois, un millier, etc.), d'un adverbe de quantité (beaucoup, trop), d'un indéfini (certains, plusieurs, etc.), moins régulièrement à nous, vous, eux compléments d'un interrogatif : qui d'entre nous, d'entre vous ? ou qui de nous, de vous ? Mais qui d'entre eux ? et non *qui d'eux ? (Voir collectif, 1.)

● Quand le sujet est complété par d'entre nous, d'entre vous, le verbe se met soit à la 3e personne, soit, plus rarement, à la même personne que le pronom complément :

Certains d'entre nous le **savaient,** ou **le savions.**

Le même principe s'applique aux constructions du type ceux (ou plusieurs, ou certains, etc.) d'entre vous qui... : ceux d'entre vous qui le **savaient,** ou qui le **saviez.**

2. Entre autres, voir autre, 7. **Entre chacun, entre chaque,** voir chacun, chaque, 3.

entre-deux-guerres → *genre,* 7
envie : avoir aussi (ou autant) envie
→ **aussi, si,** 10 ; très envie → **très,** 2
envisager de + infin. → **infinitif,** II, 2
enzyme → *genre,* 7
épargner → *éviter,* 2
éphéméride, épiderme, épigramme, épigraphe, épithète → *genre,* 7
épithète → *adjectif,* 1
épître → *genre,* 7
s'épouvanter de ce que/de + infin. → **de,** 10
équerre, équivoque → *genre,* 7

ès

Ce mot ne s'emploie normalement que dans des locutions figées comme licencié ès lettres, docteur ès sciences sociales, agir ès qualités. Il résulte de la fusion de en et de l'article les, c'est-à-dire qu'il ne s'employait autrefois que devant un nom pluriel.

Il est parfois repris aujourd'hui avec plus ou moins de bonheur comme simple préposition dans des expressions de style plaisant ou archaïsant, aussi bien devant des mots singuliers que devant des mots pluriels :

Un expert ès questions financières ; un docteur ès gastronomie (usage courant : en questions financières, en gastronomie).

escarre, esclandre → *genre,* 7

espèce

1. Dans l'usage surveillé, on dit une espèce de, même si le nom complément est masculin :

Ce local est **une** espèce de débarras.

Dans l'usage familier, on dit souvent un espèce de devant un nom masculin, surtout quand cette expression a une valeur dépréciative :

C'est un espèce de grand escogriffe.

2. En l'espèce, voir en, II, 2.

espérer

1. (Ne pas) espérer que (mode). Le choix du mode du verbe d'une subordonnée dépendant de *espérer* obéit aux mêmes principes que dans le cas d'une subordonnée dépendant de *croire* (voir **croire**, 3 à 6). Quand *espérer* est à la forme négative ou interrogative, le verbe qui en dépend est ordinairement au subjonctif :

*Je ne peux pas espérer qu'il **soit** guéri la semaine prochaine.*

Toutefois, l'indicatif, surtout futur, est possible :

*Je ne peux pas espérer qu'il **sera** guéri.*

• À la forme affirmative de *espérer* correspond en général un verbe subordonné à l'indicatif (futur, présent, passé), ou au conditionnel. Cependant, le subjonctif peut se rencontrer dans l'usage littéraire :

*Chacun espère qu'un miracle **se produira*** (ou, littérairement : *se produise*).

2. Espérer (de) + infin. En cas d'identité de sujet entre *espérer* et le verbe qui en dépend, la construction infinitive est courante mais non obligatoire :

*J'espère **que** je **viendrai.** J'espère **venir.***

La construction *espérer de* + infin. est archaïsante :

Je n'espérais pas de vous convaincre en si peu de temps.

essayer

1. Essayer de + infin. est la construction courante :

*Je vais essayer **de** le **joindre** par téléphone.*

• **Essayer à** + infin. est un archaïsme littéraire : *Il n'essaya pas à le convaincre.*

2. Essayer (de) qqch, c'est s'en servir, y recourir pour en faire l'essai :

*Je vais essayer **(d')** un nouveau remède. J'ai essayé en vain **de** tous les moyens pour le persuader.*

3. On dit *s'essayer à* + infin., *s'essayer à qqch :*

*Il s'essayait **à** rester calme. Il s'est essayé quelque temps **à** la peinture.*

estafette → **genre,** 5, 7
est-ce que → **interrogation,** 1
estimer que (mode) → **croire,** 6 ; estimer + infin. → **infinitif,** II, 2
et, et/ou → **coordination ;** soixante (et) dix → **numéraux,** 2

s'étonner (de ce) que/de + infin. → **de,** 10

être

1. Il est, il était (toujours à la 3ᵉ personne) est un équivalent littéraire de « *il y a, il y avait* », etc. :

Il est des lieux chargés d'histoire. Il était un adolescent qui rêvait d'aventures.

2. Il n'est que de + **infin.** équivaut, dans l'usage littéraire, à « *il n'y a qu'à, il suffit de* » :

Pour se convaincre de la nécessité d'une réforme, il n'est que de comparer ces situations.

3. Si j'étais (que) [de] vous, de lui, etc. On dit couramment *si j'étais vous* ou, familièrement, *si j'étais de vous* ou, plus rarement, *si j'étais que de vous* (= à votre place) :

Si j'étais vous, je n'insisterais pas. Si j'étais de lui, je me méfierais. Si j'étais que de votre ami, je me renseignerais.

4. Serait-ce, fût-ce. Ces deux expressions invariables s'emploient à peu près indifféremment, dans l'usage soutenu, pour traduire la condition et l'opposition (= même si c'était) :

Il ne peut voir personne, serait-ce (ou fût-ce) ses propres parents.

5. N'était, n'eût été. Ces deux expressions de l'usage littéraire traduisent l'exception (= si ce n'est, sauf) ; en général, le verbe s'accorde en nombre avec le sujet :

N'était un aboiement lointain, le silence serait total. N'eussent été les moustiques, le séjour aurait été merveilleux.

6. Être = aller, voir aller, 2. **C'est,** voir ce, II, 1 et 3. **Être pour** + **infin.,** voir pour, 5. **Si ce n'est,** voir si, I, 4. **N'être pas sans** + **infin.,** voir sans, 4. **Auxiliaire être,** voir auxiliaire, 2.

s'évertuer à + infin. → **infinitif,** II, 2

éviter

1. Éviter que (ne) + subj./éviter de + infin. L'emploi de la négation explétive est facultatif dans une subordonnée dépendant de *éviter* :

La stérilisation évite que les fruits s'abîment, ou *ne s'abîment.* (Voir **ne,** II, 2.)

● En cas d'identité de sujet entre les deux propositions, la transformation infinitive est systématique :

Vous éviterez de faire du bruit.

2. *Éviter à qqn qqch,* ou *de* + infin.
L'emploi d'un complément introduit par *à* est très normal dans l'usage courant :

Vos renseignements ont évité aux enquêteurs une perte de temps. Qu'il emporte le paquet ; cela lui évitera de revenir.

L'emploi de *épargner* dans cette construction est d'un usage plus soutenu.

● La construction *éviter à qqn que (ne)* + subj. n'est pas exclue :

Cela lui évitera qu'on le dérange.

Mais on peut en général la remplacer par une construction infinitive :

Cela lui évitera d'être dérangé.

exceller à + infin. → *infinitif,* II, 2
exclamatif → *phrase,* 2 ; *déterminant,* I, 4 ; *infinitif exclamatif* → *infinitif,* I, 4

s'excuser

On dit *s'excuser de qqch, de* + infin., *de ce que* + indic. *(auprès de qqn) :*

Il s'est beaucoup excusé de cette erreur, d'avoir oublié le rendez-vous. Il s'excuse de ce que tout était en désordre.

On dit *Excusez-moi,* ou *Je m'excuse,* ou (plus déférent) *Veuillez m'excuser.*

expirer → *auxiliaire,* 3
explétif : *ne* explétif → *ne,* II
explicative → *relative,* 2
s'exposer à + infin. / *à ce que* + subj. → *à,* 5

F

1. Face à qqch ou qqn, en face (de) qqch ou qqn. On dit à peu près indifféremment *La poste est face à la mairie* ou *en face de la mairie* (= vis-à-vis de, à l'opposé de). On dit plutôt *La maison est face à la mer* (= orientée vers la mer), ou *Il s'est dressé face à la foule* (= tourné vers la foule) que *La maison est en face de la mer* ou *Il s'est dressé en face de la foule.*

● La construction *en face la mairie* est fréquente, surtout dans l'usage familier.

2. En face l'un de l'autre, ou *l'un en face de l'autre,* voir un, 6.

se fâcher avec/contre qqn → *avec,* 3

façon, manière

1. De façon (à ce) que + subj./de façon à + infin. *De façon à ce que* est d'usage courant ; on peut lui préférer *de façon que,* qui est plus classique :

> *Je lui ai fait signer sa déclaration, de façon à ce qu'aucune contestation ne soit possible. Arrangez-vous de façon que tout soit achevé demain.*

● Si le verbe de la principale et celui de la subordonnée de but ont le même sujet, on emploie ordinairement la construction infinitive dans la subordonnée de but :

> *Je suis parti bien en avance, de façon à éviter tout retard. Arrangez-vous de façon à avoir achevé demain.*

● On dit aussi *de telle façon que* + subj. ou indic., selon qu'on veut exprimer l'idée de but ou celle de conséquence :

> *Il faut agiter le flacon de telle façon que le mélange soit bien homogène* (intention). *La réparation a été faite de telle façon qu'il n'y a plus de trace des dégâts* (constatation).

Voir **conséquence,** 1.
Les constructions *de telle façon à ce que/à* + infin. sont exclues de l'usage surveillé.

● Les mêmes principes s'appliquent à la locution de *manière (à ce) que.*

2. De façon ou d'autre, de manière ou d'autre sont des constructions plus littéraires que *d'une façon (manière)* ou *d'une autre.*

facteur : *le facteur temps* → *de,* 12

faillir

1. Comme auxiliaire devant un infinitif pour exprimer ce qui a été sur le point de se réaliser, *faillir* ne s'emploie qu'au passé simple et aux formes composées avec le participe passé *failli :*

> *Quand il apprit la nouvelle, il **faillit** s'évanouir. Le coup a failli réussir.*

Aux autres temps, on emploie par exemple *manquer de, être près de, être sur le point de :*

> *À chaque tentative, il manquait de tomber, il était sur le point de tomber, il était près de tomber.*

On dit aussi, plus familièrement, *un peu plus, (et)... : Un peu plus, et tout était à refaire.*

2. Faillir à qqch. Cet emploi est de l'usage littéraire :

> *Vous ne sauriez faillir à vos engagements.*

On dit plus couramment, avec le même sens, *manquer à qqch.*

faim : *aussi (autant faim)* → **aussi,** 9 ; *très faim* → **très,** 2 ; *il fait faim* → **faire,** 11

65

faire

1. *Faire*, verbe substitut. Dans un système comparatif, on évite souvent de répéter un verbe, et éventuellement ses compléments, en leur substituant le verbe *faire*, précédé ou non (à volonté) du pronom neutre *le* :

> *Il ne mange plus autant qu'il faisait* (= qu'il mangeait). *Il faut pousser les recherches plus activement qu'on ne l'a fait jusqu'ici* (= qu'on n'a poussé les recherches). *Il a pris ses précautions, comme on fait en pareil cas.*

● Cette substitution ne se fait pas pour les verbes attributifs *être, paraître, sembler, devenir, rester, demeurer,* ni pour des verbes indiquant un état plutôt qu'une action :

> *Il est moins timide qu'il n'était autrefois* (et non *qu'il ne faisait*). *J'en sais plus que vous n'en saviez* (et non *que vous ne [le] faisiez*).

● On pouvait autrefois donner à *faire* employé comme substitut du seul verbe un complément d'objet direct différent de celui du verbe représenté :

> *On examina* [...] *mon amusement comme on aurait fait* [= examiné] *une tragédie* (Racine).

Cette construction ne peut plus se rencontrer que dans l'usage littéraire, et à condition qu'aucune ambiguïté ne puisse en résulter avec les sens ordinaires de *faire* = exécuter, réaliser, fabriquer. On recourt plus habituellement, dans l'usage soutenu, à une construction indirecte avec *de* :

> *Il a jeté cette lettre à la corbeille comme il l'aurait fait d'un banal prospectus.*

2. *Ne faire que/ne faire que de* + infin. La locution restrictive *ne... que* doit encadrer un verbe, mais la restriction qu'elle exprime s'applique au terme qui la suit :

> *Je ne pense qu'à cela* (= je pense à cela exclusivement).

Pour faire porter la restriction sur un verbe, il faut mettre ce verbe à l'infinitif et le faire représenter (par anticipation) par *faire*.

● *Ne faire que* + infin. indique le plus souvent que l'action du sujet se limite exclusivement à ce qu'exprime l'infinitif :

> *Je ne fais que répéter ce qu'on m'a dit* (= je m'en tiens à cela, sans plus).

Cette construction peut aussi insister sur la continuité de l'action exprimée :

> *Toute la matinée, il n'a fait que s'amuser* (= il s'est amusé sans cesse).

● *Ne faire que de* + infin. s'emploie fréquemment aussi, dans l'usage familier, avec les valeurs de *ne faire que* + infin., et surtout pour exprimer la continuité ou la répétition :

> *Pendant tout mon exposé, il n'a fait que de m'interrompre.*

Cette locution peut aussi, dans un usage un peu soutenu, exprimer un passé très récent :

> *Quand je l'ai rencontré, il ne faisait que d'arriver* (= il venait tout juste d'arriver).

3. *Faire, se faire*, verbe attributif. *Faire*, au sens de *avoir l'air, paraître*, peut être suivi d'un adjectif ou d'un nom en fonction d'attribut. L'adjectif peut s'accorder avec le sujet ou rester invariable :

> *Elle fait vieille*, ou (plus courant) *elle fait vieux. Ils font un peu originaux. Elle fait très directrice.*

● *Se faire* au sens de *devenir* introduit un attribut qui s'accorde :

> *Elle commence à se faire vieille.*

● *Faire* au sens de *devenir* (+ nom de profession) est d'un usage régional ou populaire : *Il étudie pour faire ingénieur.*

● Dans la langue sportive, on dit, d'un coureur par exemple : *Il a fait troisième* (= il a été classé troisième).

4. *Se faire* + infin. est proche d'une construction passive, en soulignant parfois le rôle joué par l'être que désigne le sujet dans l'action subie par lui ; aux formes composées, le participe *fait* reste invariable :

> *Il s'est fait inscrire sur la liste électorale* (= il a été inscrit à sa demande). *Elle s'est fait assassiner par un cambrioleur* (= elle a été assassinée).

5. *Faire* + infin. par..., à..., voir (complément d') agent, 3.

6. *Faire (se) souvenir*, etc., voir (verbe) pronominal, 2.

7. *Faire que* introduit une subordonnée à l'indicatif ou au subjonctif.

● L'indicatif dans la subordonnée indique un résultat acquis, une conséquence envisagée dans sa réalité :

> *Toutes ces raisons font que le projet a été abandonné. Ce travail imprévu fait que j'arriverai peut-être en retard.*

● Le subjonctif dans la subordonnée indique une action conçue comme hors de la réalité actuelle ; il correspond au verbe *faire* employé à l'impératif ou au subjonctif (vœu, souhait), ou précédé de *ne (pas) pouvoir* :

Faites (ou *fasse le ciel*) *que tout aille bien !* Je ne peux pas faire *que la situation soit différente.*

8. *Se faire que* (impersonnel) au sens de *arriver que* est suivi du subjonctif quand *se faire* est précédé de *il pourrait,* ou à la forme interrogative avec *comment :*

Il pourrait se faire que je doive m'absenter. Comment se fait-il qu'on ne m'ait pas prévenu ?

Toutefois, dans l'usage familier, on emploie aussi l'indicatif après *comment... :*

Comment ça se fait qu'on ne m'a pas prévenu ?

9. *C'en est fait de* (*nous,* etc.). Cette locution est couramment admise aujourd'hui, dans l'usage soutenu, bien que *en* ait été jugé pléonastique quand un complément (par ex. *de nous*) est exprimé. On ne dit plus *C'est fait de nous.*

10. *Il fait bon (de)* + infin. L'emploi de la préposition *de* est moins courant que la construction directe de l'infinitif :

Il fait bon vivre ici. Il ne fait pas bon (d') avoir affaire à lui.

11. *Il fait faim, soif* (= nous avons faim, soif) sont des constructions familières sur le modèle de *Il fait froid,* etc.

12. *Tant qu'à faire,* voir tant, 3. *Ce faisant,* voir ce, II, 2.

fait

1. *Le fait que* + indic. ou subj. Cette locution est un des moyens d'opérer une nominalisation (voir ce mot). Elle permet, comme la conjonction *que,* d'introduire une subordonnée sujet, attribut ou complément :

Le fait que la fièvre a baissé est un signe favorable. La raison de ce phénomène est le fait que la chaleur dilate inégalement les métaux. Il est sensible au fait qu'on ait pensé à le prévenir.

● On emploie, sans différence appréciable de valeur, l'indicatif ou le subjonctif dans la subordonnée introduite par *le fait que :*

Le fait que la fièvre ait baissé est un signe favorable. Le fait qu'on n'a (ou n'ait) pas relevé de preuves contre lui ne signifie pas qu'il soit innocent. J'ai été surpris par le fait qu'il n'a (ou n'ait) pas élevé d'objection.

2. *Le fait de* + infin. Cette construction, équivalant à l'infinitif simple, s'emploie souvent comme sujet ou complément, en particulier dans des cas où l'infinitif seul serait peu usuel ou exclu :

Le fait d'être étranger lui interdit de participer aux élections (= le fait qu'il est [ou soit] étranger, sa qualité d'étranger). *J'attache beaucoup d'importance au fait de pouvoir organiser mon travail comme je l'entends* (= au fait que je peux [ou puisse] organiser mon travail, à la possibilité que j'ai d'organiser mon travail).

3. *Du (seul) fait que* + indic., *du (seul) fait de* + nom ou infin. Ces locutions expriment la cause :

Du fait que les ventes ont augmenté, le chiffre d'affaires s'est élevé. Nul ne peut être sanctionné du fait de ses opinions politiques. Du seul fait de l'inflation, son capital s'est dévalorisé. Il s'est mis dans son tort du fait de n'avoir prévenu personne.

falloir

1. *Il faut que je* (*tu,* etc.) + subj. peut être exprimé aussi sous la forme, souvent plus légère, *il me* (*te,* etc.) *faut* + infin. :

Il faut que vous preniez cette route. Il vous faut prendre cette route.

D'autres tournures sont éventuellement possibles : *je dois* + infin., *j'ai à* + infin., etc.

2. *Il faut que* + subj. exprime parfois la conjecture (ce qui est logiquement nécessaire en guise d'explication) :

Il n'est pas encore là ? Il faut qu'il ait eu un empêchement grave.

3. *Faut-il que... ! Faut-il... !* souligne une exclamation :

Faut-il que vous soyez (ou *faut-il être*) *inconscient pour agir ainsi !*

4. **Il faut mieux* n'appartient pas à un usage normal : il y a confusion avec *il vaut mieux* (ou *il faut plutôt*).

5. *Il s'en faut, peu s'en faut que... (ne),* voir *ne,* II, 5, et *beaucoup,* 1.

6. *Loin s'en faut* s'emploie parfois par confusion, semble-t-il, entre les locutions de sens voisin *il* (ou *tant*) *s'en faut* et *loin de là.*

7. *Ce qu'il faut/*Ce qui faut. Falloir* étant un verbe uniquement impersonnel, ne peut pas avoir pour sujet le pronom relatif *qui.* La seule forme normale est *ce qu'il faut,* qui se confond dans la prononciation familière avec **ce qui faut.*

8. *Faudrait-il encore,* voir encore, 3.

9. *Il ne faut pas...* (portée de la négation), voir négation, 10.

> **fastes** → *genre,* 7
> **fatal** → *pluriel,* II, 2
> **se fatiguer à** + infin. → *infinitif,* II, 2

faute

1. *C'est (de) ta faute.* Cette locution s'emploie avec ou sans la préposition *de,* l'absence de préposition étant parfois jugée comme la marque d'un usage un peu plus soutenu.

● *C'est (de) la faute à Pierre* est plus familier que *C'est (de) la faute de Pierre.*

2. *Faute de* + n. ou infin. introduit un complément de cause (= par manque de, parce que... ne pas) ou de condition (= si... ne pas) :

> *On a relâché le suspect faute de preuves. On l'a relâché faute de pouvoir prouver sa culpabilité. Faute de payer dans les délais voulus, vous seriez pénalisé.* (On veillera à éviter l'emploi de la négation devant l'infinitif : **faute de ne pouvoir prouver..., *faute de ne pas payer...*)

> **feindre de** + infin. › *infinitif,* II, 2
> **féliciter de, pour** → *de,* 5 ; *se féliciter (de ce) que/de* + infin. → *de,* 10
> **femelle** → *genre,* 4
> **féminin :** *formation du féminin* → *genre*

feu

Au sens de « défunt », *feu* est invariable devant un nom (emploi archaïsant) : *Feu mon père, feu ma mère.* Placé entre l'article et un nom en principe au singulier, il s'accorde en genre (emploi très archaïque) : *Ma feue mère.*

> **se figurer** + infin. → *infinitif,* II, 2
> **fin :** *fin janvier* → *courant,* 1
> **finale** → *but*

finir

1. *Finir de/par* + infin. *Finir de faire qqch,* c'est le faire entièrement, l'achever, ou cesser de le faire :

> *J'ai fini de repeindre la pièce. La pluie a fini de tomber.*

● *Finir par faire qqch,* c'est en venir à le faire en fin de compte :

> *Le suspect a fini par avouer.*

2. *Être fini* (ou *achevé*) *de* + infin. Avec les verbes perfectifs (voir verbe, 4), cette construction exprime l'achèvement de l'action :

> *La maison sera bientôt finie de bâtir* (et non **finira bientôt d'être bâtie*). *Les arbres sont achevés de planter.* (Voir commencer, 3.)

> **flambant :** *flambant neuf* → *participe,* I, 4
> **se flatter de** + infin. → *infinitif,* II, 2
> **foi :** *de la meilleure foi du monde* → *meilleur,* 3

fois

1. *(À) chaque fois que. (À) la troisième fois (que).* Dans l'emploi adverbial ou comme locution conjonctive, on dit à peu près indifféremment *chaque fois que* ou *à chaque fois que,* la première construction étant semble-t-il plus usuelle :

> *C'est chaque fois la même chose* ou *À chaque fois, c'est la même chose. (À) chaque fois que je le vois, il me demande de vos nouvelles.*

2. *Deux fois par an, deux fois l'an.* La première construction est la plus habituelle. La construction sans *par* est archaïsante ou littéraire et ne s'applique qu'aux noms désignant des mesures du temps *(an, mois, semaine, jour...).* On dit toujours, par exemple : *deux fois par séance, par voyage.*

3. *(Par) trois fois.* L'emploi de *par,* facultatif, insiste sur l'importance de la répétition :

> *J'ai essayé par trois fois de le joindre.*

4. *Une fois que..., une fois* + participe ou adj. *Une fois que* est une locution conjonctive équivalant dans la plupart de ses emplois à *après que* ; le verbe de la proposition qu'elle introduit est à l'indicatif passé composé ou surcomposé, passé antérieur ou futur antérieur, plus rarement imparfait (verbes d'état) :

> *Une fois qu'on a compris, tout est simple. Une fois que tu étais là, tu aurais pu t'occuper de l'affaire* (= dès l'instant que).

À la différence de ce qui a lieu pour *après que,* on n'a pas tendance à employer le subjonctif avec *une fois que.*

● On peut souvent alléger la phrase en réduisant la subordonnée de temps introduite par *une fois que* à *une fois* suivi soit d'un participe ou d'un adjectif se rapportant au sujet du verbe principal, soit d'un participe absolu :

> *Une fois (que vous serez) arrivé, prévenez-moi. Une fois l'affaire terminée* (ou *l'affaire une fois terminée*), *passez me voir.*

5. La fois où, la fois que, voir que, 5.

6. Des fois que + condit. est un équivalent très familier de *au cas où, pour le cas où* :

> *Je te le rappelle, des fois que tu l'aurais oublié.*

7. Des fois. Cette expression est très courante dans la langue familière au sens de « parfois, quelquefois » :

> *Je me dis des fois que tout ça n'a pas grande importance.*

● *Des fois* est familier au sens de « par hasard » dans une proposition de condition ou une interrogation :

> *Si des fois j'étais absent, laissez-moi un mot. Vous ne pourriez pas des fois me renseigner ?*

8. À la fois... mais aussi, voir symétrie.

force

1. Dans l'usage littéraire, le mot *force,* invariable, s'emploie devant un nom singulier ou pluriel au sens de « une grande quantité de, un grand nombre de, beaucoup de » :

> *On buvait force champagne. Il s'expliquait avec force gestes.*

2. À force (de). On dit : *Réussir à force de travail. À force de le lui répéter, on a fini par le convaincre.*
À force s'emploie parfois adverbialement, dans l'usage familier :

> *À force, on finit par s'en lasser* (= à la longue).

forcer à/de + infin. → **obliger**
forficule → **genre,** 7
se formaliser de ce que/de + infin. → **de,** 10
forme : adjectifs indiquant une forme (place) → **adjectif,** 4, B

fort

Se faire fort de. Dans cette expression, *fort* reste en principe invariable :

> *Elle se fait fort de déjouer tous les pièges. Ils se font fort d'exécuter les travaux en deux jours.*

foudre → **genre,** 8
foule : *une foule de* → **collectif,** 1

fournir

1. On dit *fournir qqch à qqn : On vous fournira les pièces nécessaires,* ou (surtout au passif) *fournir qqn en qqch : Ce commerçant est bien fourni en articles ménagers,* et, dans un usage plus soutenu, *fournir qqn de qqch :*

> *Ils ont été fournis de tout le nécessaire.*

2. Fournir à qqch, c'est y subvenir ou l'assurer :

> *Fournir aux besoins de quelqu'un. Il n'arrive pas à fournir à la tâche.*

3. Intransitivement, *fournir* signifie « faire du profit, avoir du rendement » : *du blé qui fournit bien.*

frais : *fleurs fraîches écloses* → **adverbe,** 3
se froisser de ce que/de + infin. → **de,** 10
furieux : *être furieux après (contre) qqn, qqch* → **après,** 3
fût-ce → **être,** 4

futur

1. L'indicatif a des formes spécifiques pour exprimer l'avenir : le futur simple *(je chanterai)* et le futur antérieur *(j'aurai chanté),* qui marque l'aspect accompli par rapport au futur.

2. Futur proche, voir aller, 4 ; aspect, 4.
Futur dans le passé, voir concordance des temps, 2 ; si, I, 2. **Futur après si,** voir si, I, 3.

3. L'impératif, le conditionnel et le subjonctif, employés dans des contextes indiquant l'avenir, peuvent exprimer une action ou un état situés dans l'avenir :

> *Venez me voir demain. En cas de difficultés, nous vous **préviendrions**. J'ai peur que la semaine prochaine il **soit** trop tard.*

4. Le futur et le futur antérieur peuvent aussi exprimer diverses valeurs :

— atténuation, politesse : *Je vous **demanderai** de ne pas faire de bruit ;*

— ordre : voir **impératif,** 3 ;

— hypothèse probable : *On sonne : ce **sera** le facteur. Il n'est pas encore là ? Il **aura été** retardé par le mauvais temps ;*

— émotion, indignation : *Nous **devrons** tout supporter en silence ! Rien ne m'**aura été** épargné !*

5. Autres moyens d'exprimer l'avenir :

— le présent de l'indicatif : *Je **suis** à vous dans cinq minutes. L'an prochain, nous **partons** en Italie ;*

— l'emploi d'un adjectif approprié en cas de nominalisation :

> *Je vous informe de ma **prochaine** arrivée* (= que j'arriverai bientôt).

gagner à +infin./ **à ce que** +subj. → *à,* 5

garde

1. Prendre garde. Cette locution tend à être remplacée dans la plupart de ses emplois par *faire attention. Prendre garde à qqch* signifie le plus couramment « en éviter les dangers, s'en méfier » :

> *Prenez garde à la peinture. Prenez garde à la marche. Si vous n'y prenez garde, vous allez être envahi de paperasse.*

● Cette locution peut aussi signifier « veiller à ne pas mettre à mal quelque chose » :

> *Prends garde au vase, à ces fleurs.*

2. Prendre garde de (ou à) ne pas + infin. Prendre garde de + infin. Ces constructions peuvent s'employer avec le même sens de « veiller à ne pas... » :

> *Prenez garde de ne pas vous salir.*
> *Prenez garde à ne pas vous salir.*
> *Prenez garde de vous salir.*

La première de ces constructions est la plus usuelle, mais on dit encore plus couramment : *Faites attention à* (ou *de) ne pas vous salir.*

3. Prendre garde (à ce) que + subj. signifie « veiller à ce que... » et s'emploie surtout avec une subordonnée négative :

> *Prenez garde à ce que ça ne vous salisse pas, à ce que personne ne vous voie,* ou (plus légèrement) *Prenez garde que cela ne vous salisse pas, que personne ne vous voie.* (Voir *à,* 5.)

Cette expression avec une subordonnée affirmative est plus archaïsante :

> *Prenez bien garde (à ce) que toutes les précautions soient prises.*

Dans tous les cas, on dit plus habituellement *faire attention (à ce) que* + subj.

● Après *prendre garde que* + subj., on peut aussi avoir, dans l'usage littéraire, la simple négation *ne* et, dans ce cas, *prendre garde que* s'interprète « veiller à éviter que » :

> *Prends garde que cela ne te salisse, que quelqu'un ne te voie.* (Voir *ne,* II, 2.)

4. Prendre garde à + infin. Cet emploi avec un infinitif affirmatif est archaïsant :

> *Prenez garde à bien suivre toutes les recommandations.*

On dit plutôt *veiller à, avoir soin de, faire attention à.*

5. Prendre garde que + indic. ou condit. signifie « observer, remarquer que » (usage soutenu) :

> *Nous n'avions pas pris garde que l'orage approchait. Prenez garde que ce détail pourrait tout changer.*

6. N'avoir garde de + infin. signifie « éviter soigneusement de » (usage soutenu) :

> *Je n'aurai garde de commettre la même erreur.* On dit plus couramment en ce sens *se garder de* + infin.

se garder de + infin. → *infinitif,* II, 2
gemme → *genre,* 7
genou → *pluriel,* II, 1

genre

1. C'est seulement pour un certain nombre de noms animés, et principalement de noms humains (voir **nom,** 1), que l'opposition du masculin et du féminin correspond à la différence des sexes : *le lion, la lionne ; un candidat, une candidate.*

2. Formations particulières du féminin.

● **Féminin en -trice.** Il existe de nombreux noms ou adjectifs terminés en *-teur* au masculin ; leur féminin est le plus souvent en *-teuse* si le *t* apparaît à l'infinitif d'un verbe correspondant *(menteur, menteuse,* de *mentir ; porteur, porteuse,* de *porter),* et en *-trice* dans le cas contraire *(animateur, animatrice,* de *animer ; auditeur, auditrice).*

Exceptions : *persécuteur, persécutrice,* de *persécuter ; inspecteur, inspectrice,* de *inspecter ; inventeur, inventrice,* de *inventer* (au sens juridique de « découvrir » : *l'inventrice d'un trésor).* Enquêteur a pour féminin *enquêteuse* ou *enquêtrice.*

● **Féminin en -eresse, -oresse.** Dans la langue juridique, *bailleur, défendeur,* *demandeur, vendeur* ont pour féminins *bailleresse, défenderesse, demanderesse, venderesse*.

Chasseresse est un féminin poétique de *chasseur*, ordinairement appliqué à Diane.

Enchanteur fait *enchanteresse, pécheur* fait *pécheresse, vengeur* fait *vengeresse*.

Docteur (= médecin) fait *doctoresse* : *Consulter une doctoresse.* On n'emploie pas ce féminin pour indiquer un titre, soit devant un nom propre, soit pour s'adresser à une femme médecin. On dit : *Madame le docteur Solange Martin. Docteur, vous avez été clairvoyante.* Comme titre universitaire, *docteur* n'a pas de forme particulière de féminin : *Elle est docteur en mathématiques. C'est une femme docteur.*

● **Féminin en *-esse*.** Parmi les noms les plus connus formant leur féminin en *-esse*, on peut citer :

abbé, abbesse ; âne, ânesse ;
chanoine, chanoinesse ; comte, comtesse ;
diable, diablesse ; drôle, drôlesse ;
duc, duchesse ;
hôte, hôtesse (= la personne qui reçoit) ;
ivrogne, ivrognesse ;
maître, maîtresse ; mulâtre, mulâtresse ;
nègre, négresse ;
ogre, ogresse ;
patron, patronnesse (dans l'expression *dame patronnesse*) ; *pauvre, pauvresse ;*
poète, poétesse ; prêtre, prêtresse ;
prince, princesse ; prophète, prophétesse ;
Suisse, Suissesse (seulement comme nom ; on dit aussi : *une Suisse*) ;
tigre, tigresse ; traître, traîtresse ;
vicomte, vicomtesse.

3. Certains noms ont pour féminin un nom de forme entièrement différente :

un bélier, une brebis ; un bouc, une chèvre ; un cerf, une biche ; un confrère, une consœur ; un coq, une poule ; etc.

4. De nombreux noms d'êtres humains terminés par *-e* ont une forme commune pour le masculin et le féminin : *artiste, concierge, esclave,* etc.
La distinction du genre s'opère par le choix de l'article et par les accords.

● Les noms *homme, femme, mâle, femelle* sont employés pour préciser, en cas de besoin, le sexe de personnes ou d'animaux dont les noms n'ont pas de féminin :

un professeur femme, une girafe mâle.

5. Certains noms féminins désignent des hommes :

une vigie, une estafette, une sentinelle, une ordonnance (parfois masculin), *une recrue : La sentinelle s'était endormie.*

Inversement, quelques noms masculins désignent des femmes :

un laideron, un souillon (parfois *une souillon*), *un soprano.*

6. *Ascendant, descendant, conjoint,* mots masculins, peuvent désigner soit un homme, soit une femme :

Sa grand-mère maternelle est son seul ascendant survivant.

7. Pour la grande majorité des noms, le genre est sans rapport avec la notion de sexe (c'est le genre dit « arbitraire », ou « grammatical »).
Voici quelques-uns des cas sur lesquels les hésitations ou les erreurs sont plus ou moins fréquentes.

● Sont masculins :

abaque, acrostiche, adage, agrumes, albâtre, amalgame, ambre, amiante, anathème, anévrisme, antidote, antre, apogée, armistice, aromate, arpège, asphalte, astérisque, augure, auspice, autographe, automne ;
camée, campanile, chromo, chrysanthème, colchique ;
décombres ;
effluve, ellébore, élytre, en-tête, épiderme, esclandre ;
fastes ;
globule ;
haltère, hémisphère, hémistiche, hiéroglyphe, holocauste, hyménée, hypogée ;
interclasse ;
jade ;
lignite ;
mânes ;
obélisque, orbe ;
pétale, planisphère, poulpe ;
sépale ;
tentacule, termite, tubercule ;
viscère, etc.

● Sont féminins :

abside, algèbre, alluvion, alvéole (autrefois masc.), *anagramme, anicroche, arabesque, argile, arrhes, autoroute, avant-scène, azalée ;*
campanule, câpre, chausse-trape, clovisse ;
disparate ;
échappatoire, écritoire, encaustique, enclume, enzyme, éphéméride, épigramme, épigraphe, épithète, épître ;
équerre, équivoque, escarre, estafette ;
forficule ;
gemme, glaire ;
hécatombe, hypallage ;
immondices (plur.), *interview ;*
oasis, octave, orbite, oriflamme ;

patenôtre, phalène ;
réglisse ;
scolopendre, sépia, spore, stalactite,
stalagmite ;
topaze ;
vicomté, etc.

● Sont d'un genre indécis :

après-midi, avant-guerre, après-guerre ;
entre-deux-guerres ;
H.L.M. ;
météorite ;
palabre (ordinairement fém.), *pample-mousse* (ordinairement masc.), *perce-neige* (ordinairement masc.).

8. Mots à double genre selon les emplois.

● *Aigle,* ordinairement masculin, est féminin s'il désigne spécialement la femelle de l'oiseau, et au sens de « étendard, armoiries ».

● *Amour* est parfois féminin au pluriel : *de belles amours* ou *de beaux amours.*

● *Délice* est féminin au pluriel : *Quelles délices !*

● *Foudre* est masculin dans l'expression littéraire *un foudre de guerre* (ou *d'éloquence,* etc.).

● *Gens* est féminin pour un adjectif qui le précède et masculin pour un adjectif qualificatif qui le suit ou qui est attribut ou en apposition : *de vieilles gens ; les petites gens. Toutes ces bonnes gens étaient admiratifs. Tous ces gens sont pressés. Des gens heureux. Les gens sont méchants. Curieux, les gens s'attroupaient.*

● *Hymne* est ordinairement masculin ; il est parfois féminin quand il désigne un cantique latin chanté à l'église : *une hymne d'action de grâces.*

● *Merci* est féminin dans l'expression *être à la merci de qqn* ou *de qqch.*

● *Œuvre* est masculin dans les expressions *le gros œuvre, le grand œuvre* (littéraire) [= l'entreprise à laquelle on consacre toute son activité], ou quand il désigne l'ensemble des ouvrages d'un artiste : *l'œuvre entier de Callot, de Mozart.*

● *Orge* est féminin, sauf dans les expressions *orge perlé, orge mondé.*

● *Orgue* est masculin au singulier et féminin quand on l'emploie au pluriel avec une valeur emphatique pour désigner un seul instrument : *Jouer une fugue sur les grandes orgues de Notre-Dame de Paris.*

● *Pâque* est féminin quand il désigne la fête juive ; *Pâques,* désignant la fête chrétienne, est masculin : *Pâques est tardif cette année.* Il est féminin dans quelques locutions : *Joyeuses Pâques ! Bonnes Pâques !*

● *Période* n'est masculin que dans les expressions littéraires *le plus haut période, le dernier période* (= le point culminant).

● *Personne* n'est masculin que dans son emploi pronominal : *personne n'a été surpris.*

9. Noms de villes.
L'usage courant est indécis quant à leur genre : *Venise est belle,* ou *Venise est beau.* Cependant, le masculin est le plus fréquent : *Paris est beau. En plein Marseille.*

10. Noms de bateaux.
La tendance est à l'emploi du masculin, mais on note la même indécision que pour les noms de ville lorsque le nom dont le bateau est baptisé est normalement féminin : *le Liberté* ou *la Liberté ; le Belle Hélène* ou *la Belle Hélène.*

11. Quelques principes permettant de prévoir le genre.

● Sont masculins :

— les mots terminés par les suffixes *-age, -ment, -eur* (noms d'agent), *-ier, -is, -isme, -on, -oir : le bavardage, un campement, un campeur, un pommier, un cailloutis, le socialisme, un brouillon, un entonnoir ;*

— les noms d'arbres, sauf *une aubépine, la vigne, une yeuse ;*

— les noms de métaux et de corps chimiques : *le cuivre, le soufre ;*

— les noms désignant les langues : *le français, l'italien ;*

— les noms de jours, de mois, de saisons : *le mardi matin, en mai dernier, le printemps prochain.*

● Sont féminins :

— les noms terminés par les suffixes *-ade, -aie, -aille, -aine, -aison, -ison, -ée, -ence, -esse, -ie* (noms abstraits), *-ie, -ise, -sion, -tion, -té, -(i)tude, -ure : une promenade, une cerisaie, la pierraille, une quinzaine, la pendaison, la trahison, une cuillerée, la semence, la gentillesse, la douceur, la courtoisie, la gourmandise, la cohésion, la répartition, la gaieté, la servitude, l'inquiétude, une écriture ;*

— les noms de sciences, de disciplines : *la physique, la linguistique, la littérature* (sauf *le droit*).

gens → **genre,** 8

gérondif

1. Le gérondif, forme complémentaire de l'infinitif. On appelle le « gérondif » l'ensemble formé par la préposition en et une forme verbale en -ant : *en riant, en marchant*, etc. Le gérondif s'emploie comme complément circonstanciel de la même manière que l'infinitif précédé d'une préposition autre que *en* :

Il a dit cela sans rire, pour rire, en riant.

● De même que l'infinitif complément circonstanciel peut être à la forme composée (infinitif passé), le gérondif peut apparaître (assez rarement toutefois) à la forme composée exprimant l'« accompli » :

Il est reparti en ayant donné ses instructions (comme *après avoir donné, sans avoir donné ses instructions*).

2. Aller (en) s'améliorant, (en) s'aggravant, etc. Dans ce tour, qui marque l'aspect progressif ou duratif, l'omission de *en* appartient aujourd'hui à l'usage soutenu : *Le mal va en empirant* est plus usuel que *Le mal va empirant* ; cependant on dit plutôt *aller croissant* que *aller en croissant*. De toute façon, la forme en -ant reste invariable : *les difficultés vont croissant* (= s'accroissent continuellement).

3. Le « sujet » du gérondif. Comme dans le cas de l'infinitif précédé d'une préposition (voir **infinitif**, II, 3) ou du participe (voir **participe**, III), une règle de principe veut qu'on n'emploie le gérondif que s'il y a identité entre le sujet du verbe de la proposition et le « sujet » du gérondif, c'est-à-dire le nom ou le pronom auquel il se rapporte : *Je l'ai informé en arrivant* signifie « quand je suis arrivé » et non « quand il est arrivé ».

● C'est surtout quand le gérondif est en tête de phrase qu'on s'expose à manquer à cette règle en risquant de ce fait soit une ambiguïté, soit une maladresse. *En attendant une confirmation, veuillez agréer...* doit normalement s'interpréter : « tandis que vous [sujet implicite de *veuillez*] attendez une confirmation », même si l'auteur de la lettre a voulu signifier « tandis que j'attends une confirmation » — dans ce cas, il aurait dû écrire, par exemple :

En attendant une confirmation, je vous prie d'agréer...

● Toutefois, dans de nombreux cas, le manquement à cette règle n'entraîne aucune hésitation réelle sur le sens, par exemple dans une phrase comme :

En regardant plus attentivement, un détail m'est apparu.

L'application de la règle donne, par exemple :

En regardant plus attentivement, j'ai remarqué un détail, ou Quand j'ai regardé plus attentivement, un détail m'est apparu.

● Souvent le gérondif se rapporte en fait à un *on* qui n'apparaît dans la phrase ni comme sujet, ni sous la forme d'un pronom complément ou d'un possessif :

En réfléchissant bien, tout cela est très logique (= si on réfléchit bien). *L'appétit vient en mangeant* (= quand on mange).

glacial → *pluriel,* II, 2
glaire, globule → *genre,* 7
se glorifier de ce que/de + infin.
→ *de,* 10

goûter

Goûter qqch, à qqch, de qqch. Ces trois constructions sont usuelles, sans véritable différence de sens ; la construction avec *de* semble cependant plus rare, sauf dans les phrases négatives :

J'aimerais goûter ce vin ou à ce vin (ou de ce vin). Je n'ai jamais goûté ce vin, ou à ce vin, ou de ce vin.

● On dit toujours *Goûtez-moi ça, Goûtez-moi ce vin,* etc.

● Au sens de « apprécier, jouir de », on n'emploie pas de préposition : *Goûter le calme de la campagne.*

grâce

Avoir mauvaise grâce à (de) + **infin.** Les deux constructions (*à* et *de*) sont possibles, mais celle avec la préposition *à* est aujourd'hui plus usuelle :

C'est si gentiment demandé que j'aurais mauvaise grâce à refuser.

grand : *fenêtre grande ouverte*
→ *adverbe,* 3
grandir → *auxiliaire,* 3
grave : *blessé grave* → *adjectif,* 5
grossir → *auxiliaire,* 3
groupe : *groupe du nom* → *nom,* 2
guère : *ne... guère* → *négation,* 3
guerroyer avec/contre → *avec,* 3

H

habiter

Ce verbe s'emploie transitivement ou intransitivement sans différence appréciable de sens :

*Habiter **Paris**, habiter **la province**. Habiter à Paris, habiter **en** province. Il habite **(au)** trois avenue de la Liberté. Il habite **rue** de la Gare, **dans la rue** de la Gare* (simple indication d'une adresse). *Il habite **la rue** de la Gare depuis dix ans* (= il en est un des habitants). *Habiter **sur** une place, **sur** un boulevard. Habiter **sur** (ou **dans**) une avenue. Habiter **dans** une impasse.*

habituel → *aspect*, 2
s'habituer à + infin./ **à ce que** + subj.
    → *à*, 5
haltère → *genre*, 7
handicapé mental → *adjectif*, 5

hasarder

Ce mot est un équivalent soutenu de *risquer*, et il admet les mêmes constructions que ce verbe :

Hasarder une réponse. Hasarder sa vie. Hasarder de s'égarer. Se hasarder à une critique, à critiquer un auteur.

hâte : *aussi (autant) hâte* → *aussi*, 10
se hâter de + infin. → *infinitif*, II, 2
haut employé adverbialement
    → *adverbe*, 3
hautement → *adverbe*, 3
hécatombe, hémisphère, hémistiche
    → *genre*, 7

hériter

1. Hériter (de qqn). On peut dire, sans préciser le complément de chose :

Il a hérité, ou *Il a hérité de son oncle.*

Il s'agit alors de biens matériels.

2. Hériter de qqch. Pour des biens matériels ou immatériels, on dit, sans complément de personne :

*Il a hérité **d'**une maison. Il a hérité **d'**un heureux caractère.*

3. Hériter qqch de qqn. Avec un complément de personne et un complément de chose, on dit :

*Il a hérité **de** son oncle une maison. Il a hérité **de** sa mère un sens artistique raffiné.*

On n'emploie pas la préposition *de* à la fois pour le complément de personne et le complément de chose.

hésiter

On dit *hésiter sur qqch, au sujet de qqch, entre plusieurs choses,* ou *hésiter à* + infin. :

*Il hésitait **sur le parti** à prendre. J'hésite **à** accepter.*

● La construction interrogative indirecte après *hésiter* est de l'usage littéraire :

*Il hésitait **s'il** dirait toute la vérité, **comment** il expliquerait la chose* (usage courant : *Il se demandait si..., comment...,* ou *Il hésitait à dire toute la vérité, il hésitait sur la manière d'expliquer la chose*).

heure : *de bonne heure* → *bon*, 2
heureusement (que) → *que*, 4
hibou → *pluriel*, II, 1
hiéroglyphe → *genre*, 7

histoire

Histoire de + infin. est une locution familière signifiant « simplement pour » :

Je feuilletais des vieux catalogues, histoire de passer le temps.

hors, hormis

1. *Hors et hormis* sont de l'usage littéraire ou administratif au sens de « excepté » :

> *Il avait tout prévu, hors une telle éventualité. Hormis ce cas, la garantie couvre tous les risques.*

On dit, dans l'usage soutenu, *être hors pair* ou *être hors de pair* (= être incomparable).

2. *Hors,* au sens général de « à l'extérieur de, en dehors de », est très usuel dans certaines locutions figées, comme *hors concours, hors jeu, hors-texte, hors-la-loi,* etc.

● *Hors de* s'emploie très couramment avec le même sens :

> *Il a longtemps habité hors de France. Cette question est hors de ma compétence. Son intervention est hors de propos.*

● *Hors que, hormis que* (= excepté que, sauf que) sont de l'usage littéraire. Après ces locutions conjonctives, on emploie soit l'indicatif ou le conditionnel, soit le subjonctif si le verbe principal le demande :

> *On avait tout prévu, hormis que* (ou *hors que* [plus rare]) *l'orage pouvait gâcher la fête. Grand-mère ne nous défendait rien, hormis qu'on endommageât la pelouse.*

1. D'ici (à) demain, d'ici (à) Marseille. Dans ce genre d'expression, la préposition à est tantôt employée, tantôt omise, la tendance générale étant à l'omission de la préposition :

D'ici quelques jours, nous serons fixés.

● On dit toujours *d'ici là* au sens de « jusqu'à ce moment-là ».

2. D'ici (à ce) que + subj. exprime un intervalle de temps jusqu'à un moment à venir :

D'ici à ce qu'on s'en aperçoive, nous serons loin. D'ici qu'il pleuve, il n'y a pas longtemps.

---

ignorer : *vous n'êtes pas sans ignorer* → **sans,** 4
île : nom d'îles *(en, dans, à...)* → **en,** II, 3
il est pour *il y a* → **être,** 1
il n'est que de + infin. → **être,** 2
il fait bon (de) + infin. → **faire,** 10 ; *il fait faim, soif* → **faire,** 11
il y a → **être,** 1 et 2 ; *(tel temps) que (ne pas)* → **négation,** 5
imaginer de + infin. → **infinitif,** II, 2 ; *(s') imaginer que* (mode) → **croire,** 6
immédiat → **aspect,** 4
immondices → **genre,** 7

---

1. Imparfait et passé simple. En règle générale, l'imparfait exprime la durée ou la répétition dans le passé :

La semaine dernière, j'étais en vacances. Il se levait chaque jour à 6 heures.

Le passé simple, qui n'est usuel que dans les récits écrits et dans quelques parlers régionaux, exprime une action passée dont le déroulement n'est pas pris en considération, qui est en quelque sorte réduite par la pensée à un point :

Christophe Colomb découvrit l'Amérique en 1492.

● Toutefois, l'imparfait est parfois employé à la place du passé simple (ou du passé composé) avec un complément de temps, pour indiquer une situation nouvelle (imparfait dit « de rupture » ou « de narration ») :

En 1492, Christophe Colomb découvrait l'Amérique. L'incendie a éclaté à dix heures ; cinq minutes après, les pompiers arrivaient.

2. Imparfait et conditionnel. On emploie l'imparfait de l'indicatif dans une proposition subordonnée de condition introduite par *si,* dont la principale est au conditionnel :

Si je le savais, je te le dirais. (Voir **condition** et **si,** I, 2.)

● L'imparfait de l'indicatif équivaut à un conditionnel passé, avec un complément exprimant une idée de condition :

Il était temps que tu arrives, cinq minutes plus tard je partais (= je serais parti).

3. Imparfait d'atténuation. Avec quelques verbes introduisant un infinitif, l'imparfait ajoute une nuance de discrétion :

Je voulais vous faire part d'un projet. Je venais vous solliciter.

4. Présent ou imparfait ? Voir concordance des temps, 1.

---

s'impatienter de ce que/de + infin. → **de,** 10

---

1. Valeurs. L'impératif peut exprimer :

— un ordre ou une défense : *Sortez ! Ne recommencez pas !*

— une prière : *Ne m'abandonnez pas !*

— une exhortation : *Restons calmes !*

— un souhait : *Soyez heureux !*

— une supposition : *Continuez ainsi, et vous allez à la catastrophe ;*

— une concession : *Criez tant que vous voudrez, cela ne changera rien.*

2. Autres moyens d'exprimer ces valeurs.

● Le subjonctif présent ou passé à la 3ᵉ personne :

Que chacun se prépare à partir. Que les observateurs aient remis leur rapport dans huit jours.

● Le futur ou le futur antérieur de l'indicatif (en particulier dans les textes administratifs) :

Les personnes concernées se présenteront au secrétariat. Vous aurez terminé dans une heure.

● L'infinitif (en particulier dans les consignes générales, les modes d'emploi, etc.) :

S'adresser au concierge. Refermer le tube après usage.

● L'interrogation et le conditionnel (en particulier dans une intention d'atténuation) :

Pouvez-vous (ou *pourriez-vous*) *faire un peu moins de bruit ? Tu ne vas pas te taire ?*

3. Place des pronoms personnels compléments de l'impératif, voir pronom personnel, 2.

---

impersonnel

1. Des verbes comme *pleuvoir, neiger, venter* ne s'emploient qu'à l'infinitif ou à la 3ᵉ personne du singulier avec le pronom *il,* qui ne représente personne ni aucune chose : *Il pleut, il neigeait, il commençait à bruiner.* Ce sont des verbes impersonnels (appelés aussi parfois « unipersonnels »).

2. De nombreux verbes intransitifs peuvent être construits impersonnellement avec un pronom *(il, ce, cela, ça)* dit « sujet apparent » et un nom, un pronom, un infinitif ou une proposition ayant le rôle de sujet réel. Cette construction, à la 3ᵉ personne du singulier, est une mise en relief (emphase) du verbe, ou du groupe verbal comprenant l'attribut :

Il manque un détail de la plus grande importance. Il est venu de nombreux visiteurs. Il est indispensable d'agir vite.

Elle permet souvent d'éviter qu'un groupe sujet d'une assez grande ampleur soit suivi

d'un verbe bref, ou qu'un infinitif soit employé comme sujet avant le verbe, constructions peu fréquentes en français :

Un détail de la plus grande importance manque. Agir vite est indispensable.

3. Cette construction s'applique aussi au verbe passif ou pronominal et a pour effet de laisser dans l'ombre ou au second plan l'auteur de l'action :

Il a été procédé à des arrestations (= on a procédé, ou la police a procédé). *Il a été trouvé un portefeuille. Il a été décidé par l'assemblée de renvoyer le débat. Il se racontait d'étranges histoires.*

Quand le sujet réel, postposé au verbe, est un nom, il n'est généralement pas déterminé par l'article défini ; on ne dit pas : **Il a été trouvé le portefeuille du directeur. *Il se racontait l'histoire du revenant.*

> **important :** *ce qu'il est important de* + infin./*que* + subj. → *qui,* 8
> **importer :** *ce qui importe/ce qu'il importe de* + infin., *que* + subj. → *qui,* 8 ; *que vous importe ?* → *que,* 11
> **impulsion :** *sous l'impulsion de* → *sur,* 1
> **incessamment** → *adverbe,* 2
> **inchoatif** → *aspect,* 3 ; *partir,* 2 ; *prendre,* 4

---

incise

1. Une proposition incise, comme *dit-il, pensais-je,* se réduit souvent à un verbe et à son sujet. Dans l'usage soutenu, le sujet est alors inversé (voir **inversion du sujet**) mais, dans l'usage familier ou populaire, on conserve le sujet avant le verbe :

Tu as raison, il a dit, ou *qu'il a dit.*

● À la 1ʳᵉ personne surtout, l'inversion est très marquée littérairement :

C'est faux, fis-je, repris-je, répliquai-je, ai-je déclaré.

● On emploie très normalement en incise sans inversion, même dans l'usage soutenu, *je crois, je pense, j'imagine, j'espère,* etc. :

Vous n'allez pas, je suppose, nier l'évidence (et non *supposé-je*).

2. Le verbe d'une proposition incise est en principe un verbe de déclaration (du type *dire*) ou d'opinion (du type *penser*). Dans l'usage littéraire, le sens de « dire » est parfois seulement implicite dans le verbe employé :

Tiens, s'étonna-t-il, tu es encore là ? (= dit-il d'un air étonné). *Veuillez vous asseoir, s'empressa-t-elle* (= dit-elle avec empressement).

De même : *gémit-il, ricana-t-il, explosa-t-il, sursauta-t-il, etc.*

---

indéfini → **déterminant,** I, 6 ; **pronom,** 1

---

indépendante

Une proposition indépendante est celle qui n'appartient pas à un système de subordination. Elle constitue une phrase à elle seule, mais elle peut être coordonnée ou juxtaposée à d'autres propositions dans une phrase plus longue :

Le ciel est bleu. Il a compris et je crois qu'il n'oubliera pas.

Dans un texte écrit, les propositions indépendantes sont généralement moins abondantes que dans l'expression orale : on tend en effet, à l'écrit, à expliciter par des liens de subordination des relations logiques entre les phrases. Voir **subordination.**

---

indicatif

L'indicatif est par excellence le mode de l'énonciation des faits considérés dans leur réalité. C'est par rapport à lui qu'on caractérise les valeurs des autres modes ; il n'exprime pas par lui-même de valeurs affectives (volonté, désir, crainte, etc.).
Avec ses huit temps, simples ou composés, auxquels on peut ajouter les temps surcomposés (*j'ai eu fini,* etc.), il est le mode le plus riche en formes permettant de situer l'action ou l'état dans le temps. Voir **mode.**

---

s'indigner de ce que/de + infin. → **de,** 10
indirect : *discours* (ou *style*) *indirect* → **discours ;** *interrogation indirecte* → **interrogation,** 4 ; *complément d'objet indirect* → **verbe,** 1

---

infinitif

I. Dans un nombre limité de cas, l'infinitif peut jouer le rôle de verbe principal d'une phrase.

1. Infinitif de narration. Dans une phrase telle que *Il annonça la nouvelle, et tous d'applaudir,* la proposition *et tous d'applaudir* équivaut à « et aussitôt, tous applaudirent ». Dans un récit, cet emploi de l'infinitif précédé de *de,* et généralement dans un membre de phrase coordonné par *et,* avec la valeur d'un passé simple, est de l'usage littéraire.

2. Infinitif délibératif. Dans une phrase interrogative, l'infinitif peut traduire la perplexité de celui qui se pose la question :

Que penser de tout cela ? (= que dois-je, que peut-on penser de tout cela ?). *Où aller ?* (= où faut-il aller ? où puis-je aller ?, etc.). *Qui croire ?*

3. Infinitif impératif. L'infinitif équivaut à l'impératif dans l'expression de consignes générales :

Agiter le flacon avant l'usage.

4. Infinitif exclamatif. Cet emploi est souvent un procédé littéraire pour traduire la surprise, l'indignation, le regret, etc. :

Lui, m'avoir ainsi trompé !

II. Le plus souvent, l'infinitif a dans une phrase une fonction de sujet, d'attribut ou de complément, à la manière d'un nom ou d'une subordonnée introduite par *que* (voir **nominalisation**).

1. De + infin. sujet. Une construction comme *D'en savoir plus ne vous avancerait à rien* appartient à l'usage littéraire. Dans l'usage courant, on peut employer l'infinitif sans préposition comme sujet en tête de phrase :

En savoir plus ne vous avancerait à rien.

La préposition *de* n'est usuelle devant un infinitif sujet que dans le cas d'une construction mettant en relief un autre terme de la phrase, et particulièrement dans une construction impersonnelle :

Cela ne vous avancerait à rien d'en savoir plus. Il est prudent de s'informer.

2. Infinitif complément. Il peut être construit sans préposition :

J'espère réussir.

C'est le cas après des verbes ou des locutions verbales d'opinion, de volonté, de mouvement, en particulier :

accourir, affirmer, aimer, aller, assurer, avoir beau, avouer, compter, confesser, contester, courir, croire, daigner, déclarer, descendre, désirer, détester, devoir, dire, espérer, estimer, faillir, falloir, se figurer, s'imaginer, monter, nier, oser, partir, penser, pouvoir, préférer, prétendre, se rappeler, reconnaître, rentrer, retourner, revenir, savoir, souhaiter, supposer, venir, vouloir, etc. (Voir cependant **aimer, désirer, détester, espérer, prier, rappeler, souhaiter**.)

● Il peut être introduit par de :

On a convenu **de** se réunir.

C'est le cas après de nombreux verbes, notamment :

s'abstenir, accepter, achever, affecter, ambitionner, appréhender, (s')arrêter, attendre, s'aviser, brûler, cesser, se charger, choisir, se contenter, convenir, craindre, décider, dédaigner, délibérer, se dépêcher, désespérer, se dispenser, douter, envisager, essayer, s'étonner, s'excuser, feindre, finir, se flatter, se garder, se glorifier, se hâter, imaginer, s'indigner, jurer, méditer, se mêler, menacer, mériter, négliger, obtenir, offrir, omettre, oublier, parier, parler, se permettre, se plaindre, prévoir, projeter, promettre, se proposer, redouter, refuser, regretter, se réjouir, se repentir, se reprocher, se réserver, se retenir, risquer, rougir, se soucier, se souvenir, supporter, tenter, se vanter...

● Il peut être introduit par à :

Qu'est-ce que cela tend à prouver ?

C'est le cas après de nombreux verbes dont beaucoup expriment une tendance, un effort vers un but, une occupation, par exemple :

s'abaisser, aboutir, s'acharner, s'adonner, s'amuser, s'appliquer, apprendre, s'apprêter, arriver, aspirer, s'astreindre, s'attacher, s'attendre, avoir, se borner, chercher, se complaire, concourir, consentir, contribuer, se décider, se déterminer, se disposer, s'employer, s'engager, s'essayer, s'évertuer, exceller, s'exposer, se fatiguer, s'habituer, se hasarder, hésiter, s'ingénier, se mettre, s'obstiner, s'offrir, parvenir, persister, se plaire, se préparer, prêter, se refuser, renoncer, répugner, se résigner, se résoudre, réussir, songer, tendre, tenir, travailler, veiller, viser...

● L'infinitif précédé de à équivaut à peu près, dans certains emplois, à un gérondif complément de manière, de cause, etc. :

À vouloir trop prouver, on ne prouve rien (= en voulant trop prouver, du fait qu'on veut trop prouver).

● Après certains verbes, l'infinitif peut être introduit soit sans préposition, soit par de,

soit par à. (Voir en particulier, à leur ordre : aimer, commencer, décider, demander, obliger, occuper, souhaiter, tarder.)

● **À + infin./à ce que,** voir à. **De + infin./de ce que,** voir de. **Si... que de + infin.**, voir aussi, 9.

3. Le sujet de l'infinitif. Si on appelle « sujet de l'infinitif » le terme qui serait sujet du verbe employé à un autre mode, on peut observer que, dans les cas précédents, l'infinitif a le même sujet (non exprimé) que le verbe dont il dépend :

J'espère réussir = J'espère que je réussirai. On a convenu de se réunir = On a convenu qu'on se réunirait.

● Après un certain nombre de verbes, l'infinitif construit sans préposition ou avec les prépositions de ou à peut avoir un sujet exprimé qui est aussi complément du verbe :

Je vois (ou j'entends, ou je sens) la **pluie tomber** (ou **tomber la pluie**) [la pluie tombe]. Je prie **mes amis** de m'**écouter**. J'invite **mes amis** à m'**écouter** [que mes amis m'écoutent].

On appelle cette construction une « proposition infinitive ». (Voir **nominalisation** et [complément d'] **agent**.)

● Avec d'autres prépositions (pour, sans, avant de, etc.), l'infinitif peut s'employer comme complément circonstanciel d'un verbe, mais en principe à condition d'avoir comme sujet (non exprimé) celui du verbe complété.

Une phrase telle que Après avoir avalé notre petit déjeuner, notre guide nous a emmenés en promenade ne respecte pas ce principe (car il est clair qu'on ne veut pas dire que le guide a avalé notre petit déjeuner). On peut adopter la construction conjonctive avec après que :

Après que nous avons (eu) avalé notre petit déjeuner, notre guide nous a emmenés en promenade,

ou encore changer le sujet du verbe principal :

Après avoir avalé notre petit déjeuner, nous sommes partis en promenade avec notre guide.

Toutefois, quand aucune ambiguïté ni aucune cocasserie n'est à craindre, l'emploi de l'infinitif avec un sujet implicite autre que celui du verbe ne choque pas :

Je vous ai appelés pour m'aider. Les bottes sont faites pour marcher.

---

influence : sous l'influence de → **sur,** 1

informer

1. On dit *informer qqn de qqch*, ou *que* + indic. :

*Je vous informe **de mon départ** prochain, ou **que je pars** prochainement* (et non *de ce que je pars*).

2. On dit *s'informer de qqch*, ou *sur, au sujet de qqch* :

*Informez-vous **des horaires**. Je m'informerai **sur cette affaire**.*

● La construction interrogative indirecte après *s'informer* est de l'usage littéraire :

Ils s'informèrent si tout était prêt, combien de temps il restait.

Dans l'usage courant, on emploie *demander* devant une interrogation indirecte.

---

s'ingénier à + infin. → *infinitif,* II, 2
initiative : *sur l'initiative* ou *à l'initiative de* → *sur,* 3
inspecteur, -trice → *genre,* 2
s'inquiéter de ce que/de + infin. → *de,* 10 ; *s'inquiéter comment* → *interrogation,* 6
insistance : *sur l'insistance de* → *sur,* 1
instances : *sur les instances de* → *sur,* 1
interclasse → *genre,* 7
interdire (impliquant une négation)
→ *jamais,* 1 ; *interdire que (ne)* → *ne,* II, 2 ; *ce qu'il est interdit de* + infin./*que* + subj. → *qui,* 8
s'intéresser à + infin./**à ce que** + subj. → *à,* 5

---

interjection

Oh ! Attention ! Chut ! Hélas ! Ma foi ! Bien sûr ! etc., sont des interjections. Il en existe un très grand nombre.
Assimilables à des cris et propres à l'expression orale, elles sont une manifestation de la personnalité de celui qui parle, c'est pourquoi elles sont en principe exclues du discours indirect.
En effet, celui qui rapporte les propos d'un autre n'assume pas pour son compte la personnalité de l'autre :

— discours direct : *Il lui a répondu : « **Bravo**, vous avez bien fait ! »* ;
— discours indirect : *Il lui a répondu qu'elle avait bien fait.* Pour transposer *bravo*, on peut dire : *Il lui a répondu, en la félicitant, qu'elle avait bien fait.*

interrogatif → *déterminant,* I, 4 ; *pronom,* 1 ; *type interrogatif* → *phrase,* 2

---

interrogation

1. Dans l'usage courant, on peut toujours interroger au moyen de *est-ce que, est-ce qui,* sans modifier l'ordre sujet-verbe :

Est-ce que vous êtes prêt ? Où est-ce que vous allez ? Qui est-ce qui vient ? Lequel est-ce qui a dit cela ?

● Il est tout à fait usuel, dans l'usage oral, de marquer par la seule intonation une interrogation « totale » (celle à laquelle on répond par oui ou non) :

Vous êtes prêt ? Le déjeuner est prêt ? Il fait beau ?

● Dans l'usage littéraire, une deuxième interrogation est parfois coordonnée à la précédente par *ou si* :

*Est-ce que c'est une plaisanterie, **ou si** c'est sérieux ?* (usage courant : *ou est-ce que c'est sérieux ?*).

2. Le rejet du sujet après le verbe (inversion du sujet) appartient à l'usage soutenu :

Êtes-vous prêt ? Le déjeuner est-il prêt ? Quand commencera la séance ? Quand la séance commencera-t-elle ? Où allez-vous ?

Une phrase comme *Les copains t'ont-ils embêté ?* serait insolite en raison de la combinaison de mots familiers (*copains, embêter*) et d'une construction grammaticale soutenue.

3. *Vous allez où ? Où vous allez ? Tu fais quoi ? Le déjeuner sera prêt quand ? Comment (que) ça se fait ? Pourquoi (qu') il (n') a rien dit ? *Quand le déjeuner sera prêt ? Comment les autres font ?* Ces formes d'interrogation sont familières à des degrés divers.
Elles s'écartent de l'usage courant ou soutenu en ce que le mot interrogatif n'est pas en tête, ou que, s'il y est, il n'y a ni emploi de *est-ce que,* ni inversion.

● **Est-ce que quelqu'un a-t-il des questions à poser ?* Cette phrase est étrangère à tout usage en ce qu'elle combine deux procédés incompatibles, l'emploi de *est-ce que* et l'inversion du sujet. Il y a « hypercorrection ».

4. Interrogation indirecte. Quand une phrase interrogative est subordonnée, la marque de l'interrogation totale est *si* qui s'élide en *s'* devant *il* et *ils* :

> *Est-ce qu'il est prêt ? Est-ce que vous êtes prêt ?* (interrogation directe). *Je vous demande si vous êtes prêt, s'il est prêt* (interrogation indirecte).

● *Ce qui, ce que* sont les marques de l'interrogation indirecte correspondant à *qu'est-ce qui (que) ?* de l'interrogation directe :

> *Je ne sais pas ce qui se passe, ce que vous avez fait.*

La construction **Je ne sais pas qu'est-ce qui se passe, qu'est-ce que vous avez fait* est étrangère à l'usage surveillé.

5. Dans l'interrogation indirecte, l'inversion du sujet n'est possible que si ce sujet n'est pas un pronom personnel et si le mot interrogatif n'est pas *pourquoi* :

> *Je ne sais pas où sont allés les enfants, où les enfants sont allés. Je vous demande où vous allez, pourquoi les enfants sont partis* (et non **Je vous demande où allez-vous, *Je vous demande pourquoi sont partis les enfants*).

6. On n'emploie pas une subordonnée interrogative après une préposition :

> **Ne t'inquiète pas de comment ça se passera. *On l'a interrogé sur pourquoi il n'avait rien dit.*

On peut, par exemple, remplacer le mot interrogatif par un nom :

> *Ne t'inquiète pas de la manière (la façon) dont ça se passera. On l'a interrogé sur les raisons (les causes, les motifs, ou le but) de son silence.*

On peut ainsi substituer à *où* les mots *lieu, endroit,* etc., à *quand* les mots *date, moment, jour, occasion, circonstance,* etc., à *combien* les mots *nombre, quantité, prix, durée, poids, longueur,* etc., à *qui, qu'est-ce que* les mots *personne, ce qui, ce que,* etc.

● Des constructions comme *s'inquiéter comment, interroger quelqu'un pourquoi* peuvent se rencontrer parfois dans l'usage littéraire.

7. Qui fait quoi ? Cette forme d'interrogation qui pose une double question s'est largement répandue. L'interrogation porte sur l'attribution de tels ou tels actes à telle ou telle personne :

> *Dans cette affaire, qui s'occupe de quoi ?* (= quelle est la répartition des tâches ?).

8. L'interrogation est souvent utilisée pour exprimer un doute à valeur nettement négative :

> *Est-ce qu'on aurait cru ça de lui ?* (= on n'aurait pas cru). *Qui a dit le contraire ?* (= personne n'a dit).

Il n'est pas surprenant que les phrases interrogatives régissent souvent l'indicatif ou le subjonctif, dans les subordonnées qui dépendent d'elles, dans les mêmes conditions que les phrases négatives. (Voir **subjonctif,** 1 ; **croire,** 3 à 6 ; **dire,** 1.)

● La combinaison d'une interrogation et d'une négation dans une même phrase (phrase interro-négative) équivaut souvent à une affirmation renforcée :

> *Ne vous l'avais-je pas dit ? Qui ne sait que tout cela est faux ?* (= c'est bien connu).

---

intervenir auprès de qqn *(*près de qqn)*
→ **auprès,** 2
interview → **genre,** 7
intransitif → **verbe,** 2

---

investiver

On disait couramment autrefois *investiver contre qqn.* La construction la plus usuelle aujourd'hui est *investiver qqn* :

> *Il investivait tous ses voisins.*

---

inventeur, -trice → **genre,** 2
inverse : subordination inverse → **subordination,** 2

---

inversion du sujet

Dans une phrase déclarative, sans mise en relief, le sujet précède le verbe.
Le sujet peut être placé après le verbe (sujet inversé) dans un certain nombre de cas.

1. Dans des phrases dont un terme est mis en relief en tête (inversion toujours facultative).

a) Complément circonstanciel ou adverbe en tête (surtout de lieu ou de temps), en principe avec un verbe intransitif :

> *De tous côtés arrivaient des curieux. Bientôt commenceront les vraies difficultés.*

Cette inversion n'a pas lieu quand le sujet est un pronom personnel, ou *ce : *Bientôt commenceront-elles.*

b) Adverbe ou locution en tête exprimant un jugement, une restriction, en particulier *ainsi, aussi (bien), au moins, du moins, tout au plus, à peine (... que), peut-être, sans doute, probablement, (et) encore, à plus forte raison.* On ne peut placer après le verbe, comme sujet, qu'un pronom personnel ou *ce :*

> *C'était inacceptable, **aussi** avons-nous refusé* (ou *aussi, nous avons refusé*). *Du moins, est-ce la rumeur générale* (ou *du moins, c'est...*). ***Peut-être** viendra-t-il* (ou *peut-être* [*qu'*] *il viendra*). ***Sans doute** avez-vous raison* (ou *sans doute* [*que*] *vous avez raison*). ***Tout au plus** peut-on l'espérer* (ou *tout au plus on peut l'espérer*). ***Encore** faut-il le prouver* (on dit aussi, dans un usage moins surveillé : *faut-il encore le prouver,* ou dans l'usage courant : *et encore il faut le prouver*).

Si le sujet est un nom, on peut pratiquer l'inversion « complexe » :

> *Aussi **les délégués** ont-ils refusé. Peut-être **Pierre** viendra-t-il,* etc.

L'inversion, simple ou complexe, est toujours une marque de l'usage soutenu.

c) Adjectif attribut en tête (avec le verbe *être*) :

> *Rares sont les exceptions. Tel est mon avis.*

Cette construction expressive n'est usuelle qu'avec un petit nombre d'adjectifs, en particulier *rare, nombreux, tel, grand.* Une phrase comme *Longue est la route* est nettement marquée littérairement. Une phrase comme *Inattendue a été sa réaction* est en principe évitée. Quand l'attribut est précédé d'un adverbe de quantité, la phrase est d'un usage plus courant : *Plus inattendue a été sa réaction.*

d) Verbe en tête. On peut mettre en tête un verbe, en particulier sous la forme impersonnelle :

> *Il arrive parfois des accidents. Il se produit une réaction. Il a été perdu un porte-feuille.*

Le nom qui suit est sujet inversé. Un petit nombre de verbes, spécialement *suivre, rester, venir,* peuvent être placés avant leur sujet à la forme non impersonnelle :

Reste un point à examiner. Viendra le jour où la vérité sera connue.

● Un verbe est parfois en tête dans des formules de caractère administratif ou didactique quand le sujet a un volume assez important (liste énumérative, définition, etc.) :

> *Sont admis MM. Durand, Dupont, Duval, Martin. Est aboli le décret instituant un prélèvement sur certains revenus non professionnels.*

2. Dans des propositions incises (usage soutenu) :

> *Vous avez raison, dit-il, dit son interlocuteur.* (Voir incise.)

3. Dans certaines subordonnées circonstancielles (inversion facultative) :

> *Lorsque fut annoncée la nouvelle. Comme font tous les autres. Afin que règne la paix. Pourvu que soit remplie cette condition. Si grand que soit son désir. Dût cette explication vous surprendre* (ou *Cette explication dût-elle...*).

En principe, le pronom personnel (ou *ce*) sujet n'est pas inversé, sauf dans quelques cas où la conjonction *que* n'intervient pas :

> *Si grand soit-il. Dût-il être puni.*

4. Dans des subordonnées relatives (inversion facultative) :

> *L'histoire que raconte ce roman est banale* (ou *que ce roman raconte*).

5. Dans des phrases interrogatives : voir interrogation, quel, combien.

6. Dans des phrases exclamatives :

> *Est-il naïf !* (usage plus courant : *Qu'il est naïf !* ou *Comme il est naïf !* ou, très familier : *Qu'est-ce qu'il est naïf !*).

7. Dans des phrases au subjonctif exprimant un souhait ou une supposition :

> *Fasse le ciel que... ! Viennent les beaux jours, nous partirons à la campagne. Soit un cercle de centre O.*

J

jamais

1. Jamais s'emploie le plus souvent dans une phrase contenant l'adverbe négatif *ne* ou exprimant l'idée négative par d'autres moyens grammaticaux ou par le vocabulaire :

> Je *n'ai* jamais dit cela ou Jamais je *n'ai* dit cela. Il a tout accepté *sans* jamais protester. On lui a *interdit* de jamais se représenter. Je *désespère* de jamais trouver la solution.

Dans ces derniers exemples, on n'exprime pas *ne*, qui ferait double emploi avec le signe négatif contenu dans *sans, interdire, désespérer.*

2. Il s'emploie aussi dans des phrases interrogatives ou introduites par la conjonction de condition *si* :

> Avez-vous jamais pensé à cela ? (= déjà). Si jamais il s'en aperçoit, c'est la catastrophe ! (= si par hasard).

Dans ces phrases, l'addition de *ne* introduit un sens négatif (*si jamais il ne s'en aperçoit* signifie « s'il ne s'en aperçoit à aucun moment »).

3. Il s'emploie sans *ne* dans des propositions relatives au subjonctif :

> C'est la seule explication *qui ait* jamais *été donnée* (= on a toujours donné cette seule explication).

L'addition de *ne* rend cette phrase négative (*C'est la seule explication qui n'ait jamais été donnée* signifie « seule, cette explication n'a jamais été donnée »). On dit : *C'est l'homme le plus extraordinaire que j'aie jamais vu* (et non *que je n'aie jamais vu*).

4. Plus jamais/jamais plus. La première construction est la plus courante ; *jamais plus* a un caractère plus littéraire.

5. À (tout) jamais. Pour (tout) jamais.

Ces locutions signifiant « pour toujours » sont de l'usage soutenu :

> Les manuscrits de cet auteur sont à tout jamais perdus.

jouer

Ce verbe a des constructions multiples correspondant à des sens différents. Outre l'emploi intransitif, on dit :

> jouer à la belote, aux échecs ; jouer une carte, jouer une partie ; jouer au brave, jouer les braves ; jouer une comédie, un rôle ; jouer de la guitare, du piano, jouer un air ; jouer sur les mots, jouer sur la qualité pour abaisser les prix ; jouer avec ses doigts, jouer avec sa vie ; se jouer des difficultés ; se jouer de quelqu'un (= se moquer de lui) ou jouer quelqu'un (littér., même sens) ; faire jouer une clause d'un contrat.

jusque

1. Jusque (ou sous la forme élidée **jusqu'**) est toujours suivi dans l'usage surveillé d'une préposition (*sur, vers,* etc., mais principalement *à*) ou d'un adverbe (*où, ici, là, alors,* etc.). *Accompagner quelqu'un jusque dans le jardin. Veiller jusque tard dans la nuit. Rester jusqu'à la fin.*

2. *Jusqu'à aujourd'hui* est une construction usuelle. Du fait que *aujourd'hui* (étymologiquement *au jour d'hui*) contient déjà la préposition *à*, on a préconisé la construction *jusqu'aujourd'hui,* mais celle-ci est moins courante.

3. *Jusques à (au, aux)* au lieu de *jusqu'à (au, aux)* est un archaïsme :

> *Jusques à quand faudra-t-il le répéter ?*

● *Jusques et y compris* est une formule administrative (dans ce cas, il peut ne pas y avoir de préposition ou d'adverbe après *jusque*) :

> *Depuis tel article du Code jusques et y compris tel autre* (Académie).

4. *Jusqu'à = même* (marquant le point extrême). *Jusqu'à* peut se trouver devant un complément d'objet direct, ou même un sujet (usage littéraire) :

> *Ils ont visité la maison du grenier à la cave, la grange, le débarras et jusqu'à la niche du chien. Jusqu'à une virgule mal placée le scandalisait* (usage courant : *même une virgule...*). *Jusqu'à ses amis qui l'abandonnaient* (usage courant : *même ses amis l'abandonnaient*).

● *Il n'est pas jusqu'à... qui* (*dont,* etc.) *ne* + subj. Ce tour est une variante très littéraire de l'emploi précédent :

> *Il n'était pas jusqu'au plus obscur empereur byzantin dont le nom ne lui fût connu* (= même le nom du plus obscur empereur byzantin lui était connu).

5. *Jusqu'à tant que* + subj., d'un usage courant autrefois, est aujourd'hui familier ou régional, insistant sur l'aboutissement :

> *Il faut insister jusqu'à tant qu'il vienne.*

6. *Jusqu'à ce que* + subj./*jusqu'au moment où* + indic./*jusqu'à* + infin.

● Après *jusqu'à ce que,* l'indicatif futur, passé simple ou passé composé, courant autrefois, est actuellement d'un emploi littéraire ; le seul mode usuel aujourd'hui est le subjonctif :

> *Attends-moi ici jusqu'à ce que je revienne.*

● *Jusqu'au moment où* + indic. insiste sur la réalité du terme atteint :

> *J'ai attendu jusqu'au moment où il m'a téléphoné de partir.*

● *Jusqu'à* + infin. peut s'employer quand le verbe de la subordonnée aurait le même sujet que celui de la principale, pour exprimer une conséquence réelle ou envisagée :

> *Il a mangé des gâteaux jusqu'à en avoir une indigestion.*

juxtaposition

On dit que des termes sont juxtaposés quand ils sont placés côte à côte sans que soit exprimé un lien de coordination ou de subordination qui pourrait être formulé. Ces éléments peuvent être des mots, des groupes de mots ou des propositions :

> *On voit le ciel, la mer, les bateaux* [= *et*]. *Il pose son sac, s'assoit, contemple le paysage* [= *puis,* ou *et*]. *Il est arrivé en retard : sa voiture était tombée en panne* [= *car,* ou *parce que*].

Une pause (le plus souvent, une virgule) sépare les éléments juxtaposés.

● **L'asyndète.** L'omission d'une liaison exprimant un rapport logique normalement attendu est un procédé de style (asyndète) qui donne à la phrase un tour plus original.

L

laisser

1. Ne pas laisser de + infin. est une expression de l'usage littéraire qui exprime la concession, l'opposition, ou le caractère non négligeable de quelque chose :

C'est un point de détail, qui ne laisse pas d'avoir des conséquences importantes (= qui a cependant des conséquences importantes). *Cette question ne laissait pas de le préoccuper* (= n'était pas sans le préoccuper).

La variante *ne pas laisser que de* + infin. a un caractère littéraire encore plus marqué :

Cette question toute naturelle ne laissa pas que de surprendre.

2. Laisser + infin. *par/à,* voir (complément d') agent, 3. *Se laisser + infin.,* voir passif, 5.

le

I. LE (LA, LES), PRONOM PERSONNEL.

1. Le (la, les) attribut. Un adjectif masculin ou féminin, singulier ou pluriel, peut être repris comme attribut par le pronom *le,* alors invariable :

Si vous êtes pressés, nous le sommes aussi. Cette actrice est célèbre et sa sœur est en passe de le devenir.

● Un nom peut aussi être repris par un pronom personnel attribut :

C'est encore lui le directeur, mais bientôt il ne le sera plus.

Dans ce cas, une règle traditionnelle demande l'accord du pronom avec le nom représenté si celui-ci est déterminé par un article défini, un possessif ou bien encore un démonstratif :

C'est elle la présidente, mais bientôt elle ne la sera plus.

En réalité, ce genre d'accord est peu usuel ; ou bien on conserve la forme *le* pour le pronom *(elle ne le sera plus),* ou bien on formule la phrase autrement *(bientôt ça ne sera plus elle).*

2. Le représentant un participe non exprimé. Une phrase comme *Tâchons de sauver ce qui peut l'être* est courante et de sens clair, mais peu rigoureuse grammaticalement : le pronom *l'* y représente en fait un participe *sauvé* qu'il faut déduire de l'infinitif *sauver.* Si on ne craint pas — ou si on recherche — une répétition insistante d'un même verbe à des formes différentes, on peut dire, plus régulièrement :

Tâchons de sauver ce qui peut être sauvé.

3. Le facultatif dans les comparaisons. Le pronom attribut *le* est facultatif dans des propositions de comparaison amenées par *aussi, autant, autre(ment), plus, moins, mieux, comme,* etc. :

C'est moins compliqué que je ne l'aurais cru (ou *que je n'aurais cru). Si tout se passe comme je (le) prévois...*

4. Le (la) omis devant lui, leur. On omet parfois, dans la langue familière, *le* ou *la* compléments d'objet direct devant *lui, leur* :

Dis-lui, toi, si tu oses. Je n'ai pas besoin de ma voiture aujourd'hui, je peux leur prêter.

Dans l'usage soigné, on dit plutôt :

Dis-le lui. Je peux la leur prêter.

II. LE (LA, LES), ARTICLE DÉFINI, voir article.

légitime : *ce qu'il est légitime de* + infin./ *que* + subj. → **qui,** 8
le lendemain → **matin, soir, midi,** 1

lequel

1. Lequel/qui. Lequel employé comme sujet à la place de *qui* (uniquement après une pause) donne une certaine solennité à la phrase (usage littéraire ou administratif) :

> *Il eut trois enfants, lesquels devinrent tous célèbres. On a interrogé un témoin, lequel a confirmé les faits.*

● L'emploi de *lequel,* qui permet de distinguer singulier et pluriel, masculin et féminin au singulier, évite parfois une ambiguïté ou une cocasserie :

> *Les enquêteurs ont entendu la secrétaire du patron, laquelle a affirmé ne pas disposer de la clé du coffre (qui, dans ce cas, pourrait représenter le patron aussi bien que la secrétaire).*

2. Personnes/choses. Si le relatif est précédé d'une préposition, il peut toujours être de la forme *lequel (auquel, duquel),* mais on emploie souvent *qui* pour représenter des personnes :

> *Je remercie mes amis, grâce auxquels (ou grâce à qui) tout s'est bien passé. Je ne veux emmener que des gens avec lesquels (ou avec qui) je m'entends bien.*

Mais au sens partitif on dit : *les gens parmi lesquels, au nombre desquels,* etc., et non **parmi qui, *au nombre de qui.*

● Pour représenter des choses ou des animaux, on emploie *lequel (auquel, duquel),* et non *qui* :

> *Voici le projet auquel je songe. Il habite*

encore la maison dans laquelle il est né. Il a deux chiens avec lesquels il chasse.

L'emploi de *quoi* pour représenter des choses est archaïsant, mais *quoi* ou *dont* se substituent régulièrement à *lequel, auquel, duquel,* pour représenter un pronom « neutre » comme *ce, rien, quelque chose :*

> *C'est quelque chose à quoi je n'avais pas pensé* (et non **auquel je n'avais pas pensé). C'est ce dont je voulais parler* (et non **ce duquel je voulais parler*). [Voir **quoi, dont.**]

3. Duquel/de qui/dont, voir dont et relatif.

4. Lequel déterminant relatif. Dans l'usage administratif ou littéraire, on emploie parfois *lequel* en fonction d'adjectif (déterminant) devant un nom qu'on répète :

> *Il a invoqué une loi datant du premier Empire, laquelle loi stipule que...*

Il est plus usuel d'employer simplement *lequel* comme pronom, sans répéter le nom : *...une loi datant du premier Empire, laquelle stipule...* (voir plus haut, n° 1), ou d'utiliser le pronom *qui,* au besoin en répétant avant lui son antécédent : *...une loi datant du premier Empire, loi qui stipule que...*

● *Auquel cas* est une locution d'un emploi assez courant :

> *Une gelée tardive est toujours à craindre, auquel cas la récolte est perdue* (= et dans ce cas).

leur adj. possessif → **mien ;** **dont* + *leur* → **dont,** 2
lignite → **genre,** 7
loin : *loin s'en faut que* → **falloir,** 6 ; *loin que* (mode) → **concession,** 1
louer de, pour → **de,** 5 ; *se louer de ce que/de* + infin. → **de,** 10
lutter avec/contre → **avec,** 3

maigrir → **auxiliaire**, 3

main

À main droite, à main gauche. Ces expressions sont vieillies ; on dit ordinairement : *à droite, à gauche.*

maint

Ce mot subsiste, au sens de « plus d'un », dans quelques locutions de l'usage soutenu, tantôt au singulier, tantôt au pluriel : *à mainte(s) reprise(s), en mainte(s) circonstance(s), maintes fois, maintes et maintes fois.* En dehors de ces cas, il est nettement littéraire :

Maint passage de ce livre est obscur.

maintenant → **alors**, 1

mais

1. *Mais* relie (coordonne) en les opposant deux propositions, deux adjectifs (ou groupes prépositionnels) :

C'est possible, mais c'est difficile. C'est possible, mais difficile. C'est possible, mais sans intérêt.

● Si les propositions coordonnées par *mais* ont le même sujet, celui-ci peut ne pas être répété :

Il ne dit rien, mais n'en pense pas moins.

● *Non seulement..., mais (encore),* voir **symétrie.**

2. *Mais* sert à renforcer une réponse, une exclamation :

Vous êtes d'accord ? — Mais bien sûr ! Mais quelle drôle d'idée !

● *Mais* souligne, surtout dans l'usage oral, la valeur insistante de la répétition d'un mot dans une phrase exclamative :

Il y a longtemps, mais longtemps ! (= il y a très longtemps). *Il riait, mais il riait !* (= il riait énormément).

3. *N'en pouvoir mais* est une locution littéraire archaïsante signifiant « n'y pouvoir rien, ne rien pouvoir y changer » :

Il s'en prenait à la malheureuse secrétaire, qui n'en pouvait mais.

maître, -esse → **genre**, 2
majesté : *nous de majesté* → **nous**, 2
majorité : *une majorité de* → **collectif**, 1
mâle → **genre**, 4

malgré

1. *Malgré que* + subj. Cet emploi, longtemps critiqué, s'est banalisé dans l'usage. On admet volontiers aujourd'hui une phrase telle que :

Il a été condamné malgré qu'il soit innocent.

Il est cependant plus courant dans l'usage surveillé d'employer *bien que* ou *quoique* (ou de dire *malgré son innocence*).

2. *Malgré qu'il en ait.* Cette locution signifiant « bien que cela lui soit désagréable, bon gré, mal gré » est archaïque et appartient exclusivement à l'usage littéraire :

Il fallut bien se rendre à l'évidence, malgré qu'on en eût.

3. *Malgré que* + indic. ou condit., voir **quoique**, 1.

mânes → **genre**, 7
manière → **façon** ; *de manière à ce que* → **conséquence**, 1

manquer

1. Manquer de qqch/manquer à qqn. On dit, sans différence appréciable de sens :

Je manque de temps pour faire cela ou *Le temps me manque pour faire cela.*

2. Manquer (de) + infin. est un équivalent de « faillir, être sur le point de, courir le risque de » :

Nous avons manqué d'être en retard. À chaque tentative, il manquait de tomber.

On omet parfois la préposition *de* :

Nous avons manqué mourir de rire. (Voir **faillir,** 1.)

3. Manquer à + infin. est un archaïsme littéraire signifiant « omettre de » :

S'il manquait à saluer quelqu'un, cela ferait jaser.

4. Ne pas manquer de + infin. exprime l'assurance qu'on donne ou qu'on a de la réalisation de quelque chose :

Je ne manquerai pas de vous tenir au courant. Avec ce vieux matériel, des pannes ne pouvaient manquer de se produire.

Dans l'usage littéraire, on emploie parfois *ne pas* (*ne jamais*, etc.) *manquer à* :

Il ne manquait jamais à nous adresser ses vœux de nouvel an.

Je n'y manquerai pas est une formule par laquelle on répond ordinairement à une formule telle que *Veuillez faire part de mon bon souvenir à...*

5. Manquer à qqn est archaïsant ou régional au sens de « manquer de respect à quelqu'un ».

6. Il ne manquerait plus que + subj. Avec cette formule de l'usage familier, on fait l'économie d'une conjonction *que* :

Il ne manquerait plus qu'il se casse une jambe, maintenant ! (Négation restrictive *ne... que* portant sur la proposition *qu'il se casse une jambe.*)

7. Ce qui manque/ce qu'il manque, voir **qui,** 8.

masculin → *genre*
matière : *en la matière* → *en,* II, 2
matière : *complément de matière (de/en)* → *de,* 4

matin, soir, midi

1. Hier (au) matin, (au) soir, (à) midi. *Hier matin* (*hier soir, hier midi*) est une construction bien plus habituelle que *hier au matin,* etc. De même pour *demain, avant-hier, après-demain* et les noms de tous les jours de la semaine : *après-demain (au) soir, (le) mardi (à) midi.*

● On dit normalement : *le lendemain, le surlendemain matin (soir, midi),* mais *la veille, l'avant-veille au matin, au soir, à midi.*

● On dit : *Ce matin, ce soir.* On peut dire : *Ce midi,* ou *aujourd'hui à midi, aujourd'hui midi.*

● On écrit : *tous les dimanches matin* (ou *matins*), *soir(s), midi(s).*

2. Se lever matin. Le mot *matin* s'emploie parfois adverbialement au sens de « tôt, de bonne heure », qui sont bien plus usuels :

Elles s'étaient levées très matin ce jour-là.

méconnaître : *ne pas méconnaître que (ne)* → *ne,* II, 3
méditer de + infin. → *infinitif,* II, 2

meilleur

1. *Meilleur* est le comparatif de *bon,* et *le meilleur* son superlatif. (Voir **bon,** 1.)

2. Sentir meilleur. Cette expression est couramment utilisée comme comparatif de *sentir bon,* quoique *bon* soit employé là adverbialement :

Ces fleurs sentent meilleur que les autres.

3. On dit couramment : *de la meilleure foi du monde, avec la meilleure volonté (du monde)* [superlatifs *de bonne foi, avec bonne volonté*] ou, plus familièrement, avec un pléonasme : *de la meilleure bonne foi du monde, avec la meilleure bonne volonté (du monde).*

4. *Meilleur* peut être renforcé par *bien,* ou par *un peu, passablement, sensiblement,* etc., mais non par *très, fort, tout à fait, extrêmement,* ni par *plus, moins :*

C'est bien meilleur cuit au four.

Beaucoup meilleur ne se dit guère plus que dans l'usage littéraire.

5. Meilleur que (ne), voir **ne,** II, 4.

se mêler de + infin. → *infinitif,* II, 2

même

1. Placé avant le nom, *même* peut parfois s'employer sans autre déterminant, non seulement après une préposition, comme certains adjectifs qualificatifs *(deux barres de même longueur, d'égale longueur),* mais en particulier après le verbe *avoir :*

Ces deux phénomènes ont (la) même origine.

2. Placé immédiatement après un nom, il équivaut en général à *lui-même* et s'accorde avec ce nom :

Nous sommes sur les lieux mêmes où s'est livrée cette bataille.

Lorsqu'il exprime un degré extrême (= jusqu'à), on veut parfois établir une distinction entre son emploi adjectival et son emploi adverbial (alors invariable) ; cette distinction est de peu d'intérêt, la différence de sens étant mince :

Ses terres, ses maisons et ses meubles même(s) ont été vendus aux enchères.

On fait de *même* un adverbe sans équivoque en le plaçant devant le nom et son déterminant : *ses maisons et même ses meubles.*

3. Même pas, pas même. Les deux constructions sont usuelles, la première étant un peu plus courante et pouvant seule se trouver en fin de phrase :

Il ne s'est même pas excusé. Il ne s'est pas même excusé. Il ne s'excuse même pas. (*Il ne s'excuse pas même* ne se dit pas.)

4. Sans même/même sans. *Sans même* indique un minimum qui n'est pas réalisé :

Il est reparti sans même s'excuser, sans même un mot d'excuse.

● *Même sans* exprime l'opposition, la concession :

Même sans connaissances spécialisées (ou *même sans avoir fait des études spécialisées), on peut comprendre ces explications.*

5. Quand même, quand bien même, alors même que + condit. exprime la concession et l'hypothèse (= même si) :

Quand (bien) même il me le jurerait, je ne le croirais pas. Voir **alors,** 4.

6. Même que + indic., dans l'usage oral familier, introduit une remarque accessoire sur laquelle on attire l'attention :

C'était un dimanche après-midi, même que tous les magasins étaient fermés.

Dans l'usage surveillé, on dira par exemple :

Je me rappelle même que, etc.

● *Même que* + condit. est un équivalent très familier de *même si* + indic. imparfait, ou de *quand bien même* (voir n° 5) :

Même qu'il me le jurerait, je ne le croirais pas.

7. Le même qui (que, dont, etc.**), le même que celui qui (que, dont,** etc.**).** Ces deux constructions sont usuelles, mais la première, plus simple, est moins lourde :

Il a employé les mêmes arguments auxquels il avait souvent recouru (ou *que ceux auxquels...*).

8. De même que reliant deux sujets, voir **accord,** A, I, 5.

menacer de + infin. → *infinitif,* II, 2
mener à + infin./**à ce que** + subj. → *à,* 5
merci → *genre,* 8
mériter de + infin. → *infinitif,* II, 2
météorite → *genre,* 7

mettre

1. Mettre (à) + infin. Un infinitif dépendant de *mettre* est tantôt construit directement, tantôt précédé de *à :*

Mettez (à) tiédir votre plat au bain-marie.

La tendance dominante est d'employer *à* quand le complément d'objet de *mettre* précède l'infinitif :

*Mettez votre plat à tiédir au bain-marie.
On a mis le vin à rafraîchir.*

2. Se mettre à + infin., voir infinitif, II, 2 et aspect, 3.

midi → *matin, soir, midi*

mien, tien, etc., adjectifs

Quand *mien, tien, sien, nôtre, vôtre, leur* ne sont pas précédés de l'article défini, ce sont des adjectifs possessifs. Leur emploi est limité.

1. Ces adjectifs peuvent être attributs d'un complément d'objet :

Nous faisons *nôtres ces critiques* (= nous nous y associons). *Il considère tout l'héritage comme sien* (= comme à lui).

Ils peuvent être parfois attributs d'un sujet :

Cette idée est mienne (on dit plus couramment : *Cette idée est de moi*).

2. *Mien, tien, sien* s'emploient parfois entre un déterminant (autre que l'article défini) et le nom, avec une nuance d'affectation plaisante :

Un mien cousin vient de débarquer (usage courant : *un de mes cousins* ou *un cousin à moi*). *Il fait grand état de cette sienne invention.*

> **mieux** → *plus ; mieux que (ne)* → **ne,** II, 4 ; *on ne peut mieux* → **pouvoir,** 6
> **mille :** *mille fois, mille et un* → **numéraux,** 9
> **minorité :** *une minorité de* → **collectif,** 1
> **modalité** → **phrase,** 2

mode

Les modes du verbe sont des séries de formes par lesquelles on exprime l'action ou l'état selon la manière dont on les considère : comme un fait ou un état réel ou simplement envisagé, un fait ou un état voulu, ou souhaité, ou hypothétique, etc.
On distingue :

— les modes personnels, dont les formes varient avec la personne grammaticale du sujet : indicatif, subjonctif, impératif, conditionnel (voir ces mots) ;

— les modes impersonnels, dont les formes ne sont pas en relation avec la 1re, la 2e ou la 3e personne : infinitif, participe, gérondif (voir ces mots).

> **modestie :** nous de modestie → **nous,** 1
> **moi :** regarde-moi ça → **pronom personnel,** 4

moindre

1. *Moindre* équivaut, dans un usage un peu plus soutenu, à *moins important, plus petit* (en importance, en valeur, non en dimensions) :

On peut arriver au même résultat avec un travail *moindre* (ou un *moindre travail*). Il n'y a pas la *moindre trace* d'usure. Mais *Cette chambre est plus petite que l'autre* et non *Cette chambre est moindre que l'autre.*

2. *Moindre* peut être renforcé par *bien, beaucoup*, ou par *un peu, passablement, sensiblement*, etc., mais non par *très, fort, tout à fait, extrêmement* :

C'est un roman d'un *bien moindre* intérêt que le précédent.

3. *Le moindre petit...* Cette expression, qui fait pléonasme, est assez courante et ne choque guère :

On n'a pas découvert le moindre petit indice.

On peut cependant dire, plus régulièrement, *le moindre indice*, ou *le plus petit indice*.

4. *Moindre que (ne),* voir ne, II, 4.

moins

1. Voir plus.

2. *Au moins/du moins. Au moins* indique un minimum :

Il y avait *au moins* cent personnes dans la salle.

On emploie aussi en ce sens les locutions *pour le moins, à tout le moins* (usage plus soutenu).

● *Du moins* indique une contrepartie ou une réserve par rapport à ce qui a été dit :

Si ça ne le guérit pas, *du moins* ça ne peut pas lui faire de mal (= en tout cas). Il a été malade — *du moins*, c'est ce qu'il prétend.

On peut souvent employer aussi *au moins* ou *tout au moins* avec cette valeur :

Si ça ne le guérit pas, *au moins* ça ne peut pas lui faire de mal. Il a été malade — *tout au moins*, c'est ce qu'il prétend.

● Le pronom personnel sujet est souvent inversé si *du moins, au moins* sont en tête de proposition :

Cela devrait réussir, *du moins peut-on* l'espérer.

3. *À moins que de* + infin. est archaïque :

On ne saurait le prévoir à moins que d'être devin (usage courant : *à moins d'être devin.* Voir condition, I, 1.)

4. *À moins de/que,* voir condition, I, 1. *À moins que (ne),* voir ne, II, 5. *Moins... moins,* voir comparaison, I, 2. *Rien (de) moins que,* voir rien, 5.

mois : *deux fois le mois* → **fois,** 2
mois : noms désignant des mois → **genre,** 11
monter → **auxiliaire,** 3 ; **monter** + infin. → **infinitif,** II, 2

(se) moquer

On dit normalement *se moquer de qqn, de qqch.* La construction non pronominale *moquer qqn* est archaïque ; on la rencontre surtout au passif, suivie de la préposition *de,* dans l'usage littéraire :

> *Il craignait d'être moqué de ses camarades.*

La construction normale pour exprimer ce sens est *se faire moquer de soi,* suivi ou non de la préposition *par :*

> *Il avait peur de se faire moquer de lui.* (On peut aussi dire, naturellement : *Il avait peur qu'on se moque de lui.*)

moto : *en moto, à moto* → **à,** 3
mulâtre, -esse → **genre,** 2
multitude : *une multitude de* → **collectif,** 1

N

ne

I. VOIR NÉGATION.

II. *NE* EXPLÉTIF.

Dans certaines propositions subordonnées, *ne* s'emploie facultativement sans valeur proprement négative : on dit qu'il est « explétif ». En règle générale, l'emploi de *ne* dans de tels cas caractérise l'usage plus ou moins soutenu ; dans l'usage courant ou familier, on n'exprime pas ce *ne*. Ces cas sont les suivants.

1. Après des termes exprimant la crainte : *craindre que, redouter que, appréhender que, trembler que ; avoir peur que, la crainte que, la peur que ; de crainte que, de peur que,* etc.

Je crains qu'il ne soit malade ou *qu'il soit malade* (= il est malade, je le crains). *Je tremble qu'il ne soit trop tard. On redoutait que des troubles ne se produisent. J'ai peur qu'il soit trop tard* (ou *qu'il ne soit trop tard.*). *Il est paralysé par la peur qu'on (ne) l'interroge. De crainte qu'une erreur n'ait été commise...*

● Quand le terme qui exprime la crainte est placé dans une phrase négative ou interrogative, *ne* est en principe omis dans la subordonnée :

Je ne crains pas qu'on me démente. Je n'ai pas peur qu'il soit trop tard.

● Pour exprimer la négation véritable dans la subordonnée, on emploie *ne... pas, ne... plus, ne... jamais,* etc. :

Je crains qu'il ne soit pas bien portant (= il n'est pas bien portant, je le crains). *Je tremble qu'il ne soit plus temps d'agir. On redoute qu'il ne récupère jamais l'usage de son bras.*

2. Après *empêcher que, éviter que* :

La brume empêche qu'on (ne) voie la côte. Il faut éviter que ces incidents (ne) se reproduisent.

Noter que *défendre que, interdire que* se construisent d'ordinaire sans *ne.* Pour *prendre garde que,* voir **garde,** 3.

● Quand *empêcher que, éviter que* appartiennent à une phrase négative, *ne* explétif est le plus souvent omis dans la subordonnée :

On ne peut pas empêcher que cela se produise.

3. Après *ne pas* (ou *ne plus, ne jamais,* etc.) *douter que,* ou d'autres verbes ou locutions de sens voisin, aux formes négative ou interrogative : *nier, disconvenir, contester, méconnaître que ; nul doute que ; il n'est pas douteux, niable, contestable que :*

Je ne doute pas qu'il (ne) soit sincère. Il n'est plus douteux qu'il (n') ait été trahi. Nierez-vous que ce (ne) soit une erreur ?

● Quand ces verbes ou expressions sont à la forme affirmative, on n'emploie pas *ne :*

Je doute qu'il soit sincère.

● On peut exprimer une négation véritable dans la subordonnée :

Nul ne conteste que les prix n'aient pas baissé (= il est incontestable que les prix n'ont pas baissé).

4. Après *plus que, moins que, mieux que, autre(ment) que, meilleur que, pire que, moindre que, plutôt que* exprimant

une relation d'inégalité, de différence :

C'est plus difficile que je (ne) croyais. Cela s'est passé mieux qu'on (n') avait espéré. Je m'y résigne plutôt que je (ne) l'accepte.

● Quand la proposition principale est négative ou interrogative, *ne* est souvent omis :

La situation n'est pas pire qu'elle était (ou *qu'elle n'était*).

● *Ne... pas* est exclu dans la subordonnée :

*C'est plus difficile que je ne croyais pas.

5. Après *avant que, à moins que, il s'en faut que, peu s'en faut que* :

Il faut agir avant qu'il (ne) soit trop tard. J'ai l'intention de m'absenter, à moins que vous (n') ayez besoin de moi. Il s'en faut de beaucoup que tout (ne) soit réglé. Peu s'en est fallu qu'il n'arrivât trop tard.

● On peut exprimer une négation véritable dans la subordonnée :

*Il faut agir avant qu'il **ne** soit **plus** temps.*

6. Après *sans que,* on évite *ne* dans l'usage surveillé :

La décision a été prise sans que j'en sois informé. La manifestation s'est terminée sans qu'aucun incident ait été signalé.

Il n'est pas rare, cependant, qu'on emploie un *ne* explétif après *sans que,* surtout quand la proposition principale est négative, ou quand la subordonnée contient un mot comme *personne, rien, aucun, jamais* :

*Aucune décision **ne** peut être prise **sans que** je n'en sois informé. Il a agi **sans que** personne **ne** le sache.*

III. *NE... QUE.*

1. Cette expression, qui encadre un verbe ou un auxiliaire, exprime une restriction portant sur le terme qui suit *que,* et équivaut à « seulement, uniquement » :

*Il **ne** lit **que** des romans policiers. Il n'est heureusement **que** blessé. Je n'ai **que** suggéré d'agir ainsi.*

2. *Ne... rien que, ne... seulement que.* Dans ces expressions, *rien, seulement* sont des renforcements, souvent jugés superflus, de *ne... que* :

Ça ne sert à rien qu'à faire perdre du temps. Il n'y a rien qu'un arbre dans la cour. Il n'y avait seulement que trois personnes au courant.

3. *Ne... pas que* s'emploie au sens de

« ne... pas seulement » (*ne... pas* est une vraie négation, et *que* a un sens restrictif) :

Cela n'a pas que des avantages.

4. *Ne faire que (de)* + infin., voir faire, 2.

nécessaire : *ce qu'il est nécessaire de* + infin./*que* + subj. → ***qui,*** 8
négatif : *forme négative* → ***phrase,*** 2

négation

1. Négation totale : *ne... pas (ne... point).* La phrase

Je n'ai pas de chance, je n'ai pas réussi

est l'affirmation contraire, c'est-à-dire la négation, de

J'ai de la chance, j'ai réussi.

Dans l'usage littéraire ou dans certaines régions, on emploie parfois *ne... point* au lieu de *ne... pas* :

Je n'ai point de chance, je n'ai point réussi.

2. *Ne pas* et l'infinitif. *Ne pas* précède ordinairement le verbe (ou l'auxiliaire) à l'infinitif au lieu de l'encadrer comme aux autres modes :

*Je crains de **ne pas** réussir.*

● Toutefois, l'infinitif de *avoir* et de *être* peut être encadré de *ne... pas,* dans un usage plus soutenu :

*Je crains de **n'avoir pas** le temps, de **n'être pas** compris* (ou, plus couramment, *de ne pas avoir le temps, de ne pas être compris*).

Cette construction en encadrement peut s'appliquer aussi à quelques auxiliaires d'infinitif comme *devoir* et *pouvoir,* avec un effet littéraire encore plus sensible :

*Il semblait **ne pouvoir pas** s'exprimer.*

L'encadrement des autres infinitifs par *ne... pas* ou *ne... point,* qu'on observe dans des textes littéraires, a un caractère nettement archaïque :

*Il feignait de **n'y penser point.***

3. Négation partielle. La négation peut être fixée sur un terme particulier de la phrase par les expressions *ne... plus, ne... guère, ne... jamais, ne... personne, ne... rien, ne... aucun,* etc. (négation dite «partielle») :

*Je **ne** veux voir **personne**. Cela n'est **guère** prudent.*

Le mot *pas* (ou *point*) est exclu de ce système dans l'usage surveillé : on ne dit pas *Je ne veux pas voir personne*. *Il n'y en a pas guère*. *Il n'y a pas aucun inconvénient*. Toutefois, on dit Ce *n'est pas rien*, au sens de « ce n'est pas négligeable, c'est quelque chose ». (Voir **rien**, 2.)

Les termes complémentaires de *ne* qui expriment la négation partielle peuvent être combinés entre eux :

> *Je ne vois plus jamais personne. Aucun d'eux ne s'est jamais plaint.*

4. Ni. On peut relier par *ni* des termes d'une phrase négative :

> *Il n'a pas de frère ni de sœur. Il n'a ni frère ni sœur.*

Quand *ni* est répété, *pas* est exclu : on ne dit pas, dans l'usage surveillé, *Il n'a pas ni frère ni sœur*.

5. Ne seul. *Ne* peut s'employer sans deuxième élément dans plusieurs cas qui appartiennent à l'usage soutenu.

- Avant les verbes *cesser, oser, pouvoir, savoir* :

> *Il ne cesse de se plaindre. Je n'ose y croire. Je ne puis accepter. On ne saurait mieux dire* (usage courant : *Il ne cesse pas* [ou *n'arrête pas*] *de se plaindre. Je n'ose pas y croire. Je ne peux pas accepter. On ne peut pas mieux dire.*)

- Après *que* signifiant « pourquoi » :

> *Que ne le disiez-vous plus tôt ?* (usage courant : *Pourquoi ne le disiez-vous pas plus tôt ?*)

- Après *que* + subj. signifiant « sans que » ou « avant que », dans une phrase à double négation :

> *Il ne peut pas faire trois pas que les journalistes ne l'assaillent. Je ne renoncerai pas, que toutes les solutions n'aient été tentées.*

- Après un *si* de condition (emploi limité) :

> *Si je ne m'abuse* (usage courant : *Si je ne me trompe pas*).

- Dans une proposition relative dont la principale est négative :

> *Je n'ai rien fait qui ne soit légal* (usage courant : *...qui ne soit pas légal*).

- Après *depuis que, il y a (tel temps) que, voilà (tel temps) que* :

> *Depuis que je ne l'avais vu, il a bien changé* (usage courant : *Depuis que je ne l'avais pas vu...*).

On peut d'ailleurs exprimer le même sens en ôtant la négation :

> *Depuis que je l'avais vu, il a bien changé. Il y a bien dix ans que je l'ai vu*, ou *que je ne l'ai (pas) vu.*

6. *Ne... que, ne* **explétif,** voir ne, II.

7. Omission de *ne*. L'omission de *ne* en phrase négative, fréquente dans l'usage oral familier, apparaît comme une négligence grave dans l'écriture, du moins si elle n'est pas une marque intentionnelle de cet usage oral :

> *C'est pas possible ! T'as rien à faire ?*

- *Ne* est souvent omis dans une phrase elliptique qui ne conserve que *pas, jamais, rien, personne*, etc. :

> *Tu es content ? — Moi pas. Quand te décideras-tu ? — Jamais.*

Dans l'usage soutenu, on emploie plutôt *non* que *pas* en pareil cas : *Moi, non.*

8. Autres expressions de la négation. La négation d'une phrase affirmative peut se réaliser par d'autres moyens que *ne... pas*, etc., comme le recours à *sans* ou *sans que*, ou l'emploi de mots de sens contraire, notamment formés avec les préfixes négatifs ou privatifs *in-, dé-, a-, non-*, etc. :

> *Il ne se lasse pas de répéter cela. Il répète cela sans se lasser. Il répète cela inlassablement.*

9. Combinaison de négations. La combinaison de plusieurs négations peut traduire certaines nuances (insistance ou atténuation) :

> *Vous ne pouvez pas ne pas le savoir* (= vous le savez certainement).
> *Je ne prétends pas que cette démarche ne soit pas utile* (= c'est sans doute utile).

Si on juge cette accumulation d'adverbes négatifs inutilement lourde, on peut recourir à un autre procédé négatif, par exemple employer un mot de sens contraire :

> *Vous ne pouvez pas l'ignorer. Je ne prétends pas que ce soit inutile.*

10. Portée de la négation. Quand on dit *Cette personne n'est pas née en France*, on ne nie pas qu'elle soit née, mais on dit que ce n'est pas en France. Quoique *ne... pas* accompagne nécessairement le verbe, sa valeur négative peut porter sur un autre terme de la phrase.

Avec *vouloir, devoir, falloir*, la négation porte sur l'infinitif ou la subordonnée dépendant de ces verbes :

> *Je ne veux pas répondre à cette question* signifie, en fait, « je veux ne pas répondre » (tour peu usuel). *Il ne faut pas*

qu'on le sache signifie « il faut qu'on le sache pas ».

● Une phrase comme *On n'a pas adopté cette solution par souci d'économie* est ambiguë. L'ambiguïté cesse si on met l'élément circonstanciel en relief, en tête de phrase :

(C'est) par souci d'économie (qu') on n'a pas adopté cette solution, ou *Ce n'est pas par souci d'économie qu'on a adopté cette solution.*

● Avec *tout, tout le monde, toujours, chacun, chaque, beaucoup de* et les mots numéraux, *ne... pas* indique seulement une restriction et non une absence totale :

Tout n'est pas clair dans cette affaire (= certains points ne sont pas clairs). *Cela ne réussit pas toujours* (= cela réussit quelquefois seulement). *Chacun ne peut pas en faire autant* (= il y a des gens qui ne peuvent pas...).

Si on veut exprimer la quantité nulle, le degré nul, on peut employer par exemple un mot de sens contraire à celui de *tout, toujours*, etc., ou à celui d'un autre mot de la phrase :

Rien n'est clair dans cette affaire. Cela ne réussit jamais. Tout est obscur dans cette affaire. Cela échoue (ou fam. *ça rate*) *toujours.*

négliger de + infin. → *infinitif,* II, 2
nègre, négresse → *genre,* 2
n'empêche que → *empêcher,* 3
n'était, n'eût été → *être,* 5
ni → *coordination* et *négation,* 4 ; *ni* reliant deux sujets → *accord,* A, II, 6
nlable : *il n'est pas niable que (ne)* → *ne,* II, 3

Nier que + subj./**nier (de)** + infin. La subordonnée complétive dépendant de *nier* est au subjonctif :

Je nie que les choses se soient passées ainsi.

● *Ne pas nier que (ne)*, voir ne, II, 3.

● Quand il y a identité de sujet entre *nier* et le verbe de la proposition qui en dépend, on emploie la construction infinitive soit sans préposition, soit, dans l'usage soutenu, avec la préposition *de* :

Il nie énergiquement avoir dit cela. Il commença par nier d'être au courant.

nom

1. Un nom (ou substantif) désigne un être ou une chose. Parmi les noms, on distingue :

● les noms propres (employés le plus souvent sans déterminant, mais voir **article,** 3) : *Catherine, Paris, la Loire, la Suisse* et les noms communs : *table, idée, rivière, métal, amour ;*

● les noms concrets, *table, maison, eau, acier,* et les noms abstraits, qui sont le plus souvent en relation de forme et de sens avec un verbe ou un adjectif : *désir, facilité, idée ;*

● les noms comptables, désignant des êtres ou des choses qu'on peut dénombrer : *arbre, maison, idée,* et les noms non comptables, qui ne s'emploient pas au pluriel à moins d'être employés dans un sens comptable [voir **nombre (notion),** 3] : *verdure, solidité, compréhension, eau ;*

● les noms collectifs : *foule, tas, ribambelle,* et les noms individuels ;

● les noms animés : *cheval, maçon* (et spécialement les noms humains : *informaticienne, fermier*), et les noms non animés : *maison, largeur, avion.*

2. On peut employer comme nom un mot appartenant à une autre classe grammaticale, en le faisant précéder d'un déterminant :

— adjectif : *Ce vert est reposant pour les yeux ;*

— adverbe ou locution adverbiale : *L'affaire se présente sous des dehors engageants ; Je n'ai pas d'a priori ;*

— préposition : *Votre « malgré » est surprenant ;*

— infinitif : *Un coucher de soleil ;* etc. (voir **nominalisation**).

3. Groupe du nom. Dans une phrase, le groupe du nom est constitué par le nom et les mots qui se rattachent à lui, en particulier le déterminant (voir ce mot) et éventuellement des adjectifs épithètes ou apposés, des compléments du nom, des propositions relatives.
Dans les phrases :

Le chien aboie. Le chien noir aboie. Le chien du voisin aboie. Le chien, qui a aperçu le facteur, aboie,

les divers groupes de mots, plus ou moins étendus, qui précèdent le verbe *aboie* constituent chaque fois le groupe du nom sujet.

nombre

1. Un certain (grand, etc.) nombre de, voir collectif.

2. Nombre de, au sens de « beaucoup de, de nombreux », est de l'usage strictement littéraire. Quand cette expression sert de déterminant à un sujet, le verbe est toujours au pluriel :

Nombre d'autres questions sont posées.

3. Un grand (petit, certain) nombre de, voir collectif, 1.

nombre (notion)

1. Le nombre est la catégorie grammaticale qui permet d'opposer le singulier au pluriel, c'est-à-dire en principe l'unité à la pluralité. Il se manifeste dans les noms, les pronoms, les adjectifs et les verbes. La plupart des noms peuvent s'employer au singulier ou au pluriel : *Une maison/des maisons.*

2. Il y a cependant des noms qui ne s'emploient qu'au pluriel. On peut parfois — mais pas toujours — y trouver une idée de pluralité : *des archives, des décombres, des alentours, des environs, des frais, des fiançailles, des obsèques, des funérailles* (mais *un enterrement*), *des arrhes* (mais *un acompte*), *des ténèbres* (mais *l'obscurité*), etc.

3. Il y a des noms qui ne s'emploient pas normalement au pluriel (noms non comptables) ; ce sont généralement des noms abstraits désignant une qualité, une manière d'être : *le courage, la blancheur, le vrai, le faux,* etc.
Cependant, les noms non comptables peuvent souvent s'employer comme noms comptables pour désigner une manifestation particulière d'une qualité :

Faire preuve de prévenance/Avoir des prévenances pour quelqu'un.

4. Certains noms ont un sens différent au singulier et au pluriel : *une lunette astronomique/des lunettes. Un ciseau de sculpteur/des ciseaux de couturière.* On dit aussi *une paire de lunettes, de ciseaux* pour désigner un seul objet à deux éléments ; la pluralité peut s'exprimer par le pluriel du mot *paire : J'ai trois paires de lunettes, de ciseaux.*

nominalisation

1. On a parfois le choix entre plusieurs formes pour exprimer un membre de phrase : nom abstrait, ou infinitif, ou subordonnée introduite par une conjonction :

*Les **protestations** ne suffisent pas,* ou ***Protester** ne suffit pas,* ou *(Le fait) que vous protestiez ne suffit pas* (ou *Il ne suffit pas que vous protestiez*).

Dans ces exemples, c'est le sujet qui est exprimé sous ces différentes formes, mais la procédure s'applique à des termes ayant d'autres fonctions, par exemple

— complément d'objet : *J'attends le départ,* ou *J'attends de partir,* ou *J'attends qu'on parte ;*

— complément circonstanciel : *Il a été condamné pour fraude fiscale,* ou *pour avoir fraudé le fisc,* ou *parce qu'il avait fraudé le fisc.*

Le nom abstrait, l'infinitif, la subordonnée sont trois formes d'une même opération, la nominalisation, qui permet de faire d'une phrase (ex. *On part*) un membre d'une phrase plus importante.

2. La nominalisation fait disparaître les marques de temps et de personne du verbe. Ces informations peuvent parfois être fournies par d'autres moyens, notamment par des adjectifs et des déterminants possessifs :

Je vous informe que je vais partir → *Je vous informe de mon départ prochain.*

3. En cas de nominalisation, un adverbe est souvent remplacé par un adjectif :

Après qu'on eut discuté longuement, on finit par se mettre d'accord → *Après de longues discussions...*

4. La nominalisation est un moyen de donner au style de la concision. L'abus du procédé peut aboutir à des phrases trop plates et imprécises par absence de verbes, et disgracieuses par l'accumulation des mots abstraits, notamment en -ion. C'est assez souvent le cas dans des textes administratifs ou techniques :

L'augmentation de la production est fonction de la rationalisation des procédés de fabrication.

---

nombreux en tête de phrase → **inversion du sujet,** 1, c

nommé : un nommé → **certain,** 1

non

1. Non pas est un renforcement de *non,* qui apparaît en particulier dans une opposition :

La séance a duré non (pas) une heure, comme prévu, mais trois heures.

2. Non/pas. Dans de nombreux emplois elliptiques, on utilise soit *non,* dans un usage soutenu, soit *pas,* dans l'usage courant ou familier :

Vous en êtes sûr ? Moi non (usage courant : *moi pas,* ou *pas moi*). *Pourquoi non ?* (usage courant : *pourquoi pas ?*). *Content ou non, il faut accepter* (usage courant : *content ou pas*). *Il est vétérinaire, non médecin* (usage courant : *pas médecin*). *La rencontre a eu lieu, mais non à l'endroit prévu* (usage courant : *mais pas à l'endroit prévu*).

3. Non plus, voir aussi, 2.

4. Non plus que au sens de « ni non plus » est de l'usage littéraire :

Il n'y avait pas de moyen de transport, non plus que de téléphone.

5. Que non pas dans une comparaison est aujourd'hui d'un emploi régional :

J'aimerais mieux payer mille francs que non pas de recommencer (= que de recommencer).

6. Que non (pas) ! exprime avec force une réponse négative dans un usage soutenu :

Vous êtes satisfait ? — Oh ! que non ! Que non pas !

7. Non que + subj., voir cause, 1.

8. Non sans + infin. ou n. a une valeur affirmative indiquant une certaine importance, une certaine quantité.

Il a finalement accepté, non sans hésiter, non sans hésitation.

9. Non ! Non ? Ce mot s'emploie familièrement comme interjection exprimant la surprise, l'incrédulité, le reproche, ou pour solliciter l'accord de l'interlocuteur, etc. :

Il paraît qu'il a gagné un gros lot. — Non ! C'est vrai ? Tu ne pourrais pas faire attention, non ? Vous êtes comblé, non ?

non accompli → *aspect,* 1
non animé : *nom non-animé* → **nom,** 1
non comptable : *nom non-comptable* → *nom,* 1

nôtre adjectif possessif → *mien*

nous

1. Nous « de modestie ». Selon un usage assez général, l'auteur d'un livre ou d'un rapport, parlant de son rôle d'auteur, de son activité, se désigne par *nous (notre)* et non par *je, me, moi (mon),* l'accord au pluriel n'ayant lieu que pour le verbe — ou pour l'auxiliaire aux formes composées, mais l'accord en genre se faisant normalement pour les adjectifs et les participes :

Nous sommes persuadé(e) que... Nous avons mis tous nos soins à...

● Parfois, c'est le pronom *on* qui se substitue à *je* : *On a jugé inutile de...*
Mais ce procédé n'est guère employé si un possessif doit être exprimé : il n'est pas usuel, dans cet emploi, d'écrire **On a mis tous ses soins à..*:

● Le passif, personnel ou impersonnel, est un autre moyen de ne pas exprimer le sujet *je.* (Voir **passif** et **impersonnel.**)

2. Nous « de majesté ». Dans les actes officiels, une personne investie d'une autorité emploie parfois le *nous* au lieu du *je : Nous, président du tribunal, déclarons...*
Le *nous* « de majesté » suit exactement les mêmes règles d'accord que le *nous* « de modestie ».

nouveau

1. Nouveau/nouvel. Devant un nom masculin commençant par une voyelle ou par un *h* « muet », cet adjectif a la forme *nouvel : un nouvel état, un nouvel hôtel.*

● Quand un autre adjectif coordonné par *et, ou,* s'intercale entre cet adjectif et le nom, on emploie tantôt la forme *nouvel,* tantôt la forme *nouveau : un nouvel et important avis,* ou *un nouveau et important avis.*

2. De nouveau/à nouveau. La distinction qu'on a voulu voir entre *de nouveau,* qui signifierait « une nouvelle fois », et *à nouveau,* qui signifierait « de façon complètement différente », n'est guère observée dans l'usage courant, où ces deux locutions expriment simplement la répétition, le retour de quelque chose :

Le téléviseur est de nouveau (ou *à nouveau) tombé en panne.*

numéraux (déterminants ou adjectifs)

1. Douze cents, mille deux cents, etc. Les centaines comprises entre *onze* et *dix-neuf* se disent couramment et s'écrivent souvent *onze cents, douze cents,* etc., surtout si elles ne sont pas suivies d'unités inférieures. On dit et on écrit aussi *mille deux cents, mille trois cents,* etc. (plus rarement *mille cent*), principalement pour indiquer des mesures précises :

> *Nager un quinze cents mètres. Un détachement de douze cents hommes* (ou *de mille deux cents hommes*). *Henri IV mourut en seize cent dix* (ou *en mil[le] six cent dix*). *Le mille marin vaut mille huit cent cinquante-deux mètres* (ou *dix huit cent cinquante-deux mètres*). *Payez contre ce chèque mille cent quarante-sept francs* (ou *onze cent quarante-sept francs*).

2. Soixante-dix, soixante et dix. L'usage le plus courant est de n'employer *et* dans les numéraux composés que pour ajouter *un* à une dizaine : *vingt et un, soixante et un,* etc., ou dans *soixante et onze.* Les formes *soixante et dix, soixante et douze,* etc., sont archaïsantes ou régionales.

3. Le septième chapitre, le chapitre sept (-ième). Pour indiquer un chapitre, un tome, un acte de pièce de théâtre, etc., on peut placer l'adjectif numéral ordinal avant ou après le nom, mais il est plus habituel d'employer après le nom le numéral cardinal *(tome trois)* que l'ordinal *(tome troisième).*

4. Deuxième, second. Ces deux mots s'emploient indifféremment, sauf dans le cas des adjectifs ordinaux composés : *trente-deuxième* (et non **trente second*).
On a parfois prétendu que c'est *second* qui conviendrait de préférence à *deuxième* quand la série se limite à deux. Cette « règle » tout arbitraire ne correspond pas à un usage réel.

5. Le cinq ou sixième jour. En cas de coordination par *et, ou,* ou de juxtaposition sans répétition de l'article, il est courant, en particulier dans l'usage oral, que seul le dernier adjectif ordinal reçoive le suffixe *-ième : les douze, treize et quatorzième siècles ; le cinq ou sixième jour.* On peut aussi dire, naturellement, *les douzième, treizième* et *quatorzième siècles ; le cinquième ou sixième jour.*

6. Cinq ou six jours, cinq à six jours. On emploie soit *ou* soit *à* pour relier les deux numéraux qui indiquent une évaluation approximative, qu'un choix intermédiaire soit possible ou non entre les deux nombres :

> *Il y avait dans la salle vingt* ou *vingt-cinq personnes,* ou *vingt à vingt-cinq personnes. Le village comprend sept* ou *huit maisons,* ou *sept à huit maisons. Les travaux dureront cinq* ou *six jours,* ou *cinq à six jours.*

● Quand les numéraux sont reliés par *à,* on peut les faire précéder de *de :*

> *Il y avait de vingt à vingt-cinq personnes. Les travaux dureront de cinq à six jours.*

7. Vingt ou (à) trente mille. Ce serait un scrupule excessif de s'imposer de dire : *Il y avait vingt mille ou trente mille* (ou *vingt mille à trente mille*) *manifestants* et non, selon l'usage ordinaire, *vingt ou* (ou *à*) *trente mille manifestants,* sous prétexte qu'on risquerait de comprendre que les deux nombres extrêmes de l'évaluation sont *vingt* (deux dizaines) et *trente mille* (trois mille dizaines).

8. Être (ou se mettre, etc.) [à] cinq. On dit :

> *Les prisonniers étaient cinq par cellule,* ou *étaient à cinq par cellule.*

● En plus de l'information numérique, on souligne, avec la préposition *à,* la communauté de situation ou d'action. De même, on dit :

> *À eux deux, ils ne possédaient que quelques centaines de francs* (= en additionnant leurs fortunes). *Ils ont fait tout ce travail à trois* (= en associant leurs efforts).

9. Valeurs conventionnelles. Les numéraux apparaissent dans de nombreux emplois locutionnels sans valeur numérique précise, notamment pour symboliser

— soit les quantités élevées :

> *Je vous l'ai dit vingt fois, cent fois, mille fois. Il a fait les quatre cents coups,* etc. ;

— soit les quantités faibles :

> *Je reviens dans deux minutes. Il habite à trois pas d'ici.*

● *Mille et un* signifie, symboliquement, « un grand nombre de » :

> *Il y a mille et une manières d'altérer la vérité.*

On emploie plus rarement, avec cette valeur, *cent et un.*

obliger

***Obliger à* ou *de* + infin.** De ces deux constructions, *obliger à* est de loin la plus courante à la forme active :

J'ai un rendez-vous qui m'oblige à partir. Qu'est-ce qui m'oblige à vous croire? Rien ne vous obligeait d'y aller (ou *à y aller*).

● Au passif, on dit *être obligé de faire qqch* au sens de « être dans la nécessité de le faire » :

La route était inondée, j'ai été obligé de faire un détour.

Au sens de « être soumis à l'obligation de », on dit parfois *être obligé à faire qqch,* surtout s'il y a un complément d'agent :

Les prisonniers étaient obligés par leurs gardiens à nettoyer la cour. On est obligé par la loi à déclarer ses revenus.

● ***Contraindre*** et ***forcer*** se construisent de la même façon que *obliger.*

s'occuper

1. *S'occuper de/à.* *S'occuper de qqch, de qqn,* c'est le prendre en charge, en prendre soin :

Qui s'occupe de ce dossier? Les infirmiers s'occupent du malade.

● ***S'occuper de* + infin.,** c'est se charger de cela, faire le nécessaire pour :

Occupez-vous de trouver un bon hôtel.

● ***S'occuper à qqch, à* + infin./*à ce que* + subj.,** c'est (y) employer son temps :

Il s'occupe à des bagatelles. Il s'occupe à jardiner, en jardinant. Feuilleter des revues pour s'occuper.
Voir aussi **à,** 5.

2. **S'occuper si.*** Dans l'usage surveillé, on évite d'employer une interrogation indirecte après *s'occuper :* **Il ne s'occupe pas si tout le monde est d'accord.* **Il faudrait s'occuper où on va coucher ce soir.*
On peut dire, par exemple : *s'occuper de savoir,* ou plutôt *chercher à savoir, se demander,* etc.

3. **Il y a un tas de choses à s'occuper.*** Ce genre de construction n'appartient pas à l'usage surveillé ; on peut dire :

Il y a à s'occuper d'un tas de choses.

on

1. *On/nous.* Dans son emploi le plus traditionnel, *on* désigne une ou plusieurs personnes indéterminées :

On frappe à la porte. On n'est jamais trop prudent.

● Dans l'usage oral familier, *on* s'emploie très couramment pour *nous* et, dans ce cas, les adjectifs qui s'y rapportent s'accordent en genre et en nombre :

On en a assez, de cette histoire ! Nous, on veut bien. On est prêtes depuis longtemps. On en a plein le dos ! (Nous en avons plein le dos présenterait une association insolite d'une locution très familière et d'un usage soutenu de *nous.)*

2. On = je, tu, il, etc. *On* peut remplacer *je, tu, il, vous* avec diverses valeurs de style (familiarité, ironie, etc.) :

On fait ce qu'on peut (= je fais ce que je peux). *Alors, on se promène ?* (= tu te promènes, vous vous promenez ?). *On fait l'intéressante ?* (= tu fais, elle fait l'intéressante ?).

3. On + possessif ou pronom.

*On est souvent responsable de **ses** malheurs. On ne doit pas toujours rendre autrui responsable de **ses** malheurs.*

La deuxième phrase est ambiguë, du fait que *ses* peut renvoyer à *on* ou à *autrui.* Pour éviter ce genre d'ambiguïté, le renvoi à *on* se fait souvent non par *se, soi, son,* mais par *nous, vous, notre, votre* :

*On ne doit pas toujours rendre autrui responsable de **nos** malheurs. On n'aime pas que les gens **nous** (ou **vous**) posent des questions trop indiscrètes.*

On peut aussi employer *son propre* pour renvoyer à *on* :

*On ne doit pas toujours rendre autrui responsable de **ses propres** malheurs.* (Voir **propre,** 1.)

4. L'on. La forme *l'on,* toujours facultative, ne s'emploie que dans l'usage soutenu, surtout après une voyelle, après *et,* ou pour éviter la suite phonique *qu'on con(...) :*

Il ne faudrait pas que l'on confonde.

L'emploi de *l'on* en début de phrase donne à un texte un caractère affecté, surtout si le fait est fréquent.

où (relatif)

1. Où + y, là ; où + complément circonstanciel.

● *Où* étant déjà lui-même complément circonstanciel, l'emploi de *y,* de *là* pour représenter le même mot est un pléonasme non admis dans l'usage surveillé : **Voilà la maison où il y a habité dix ans. *C'est une situation où là il n'y a plus rien à faire* (cas comparable à *dont + en).*
On peut soit supprimer *y, là,* soit supprimer la subordination par le relatif, par exemple :

Vous voyez cette maison ? Il y a habité dix ans.

● Il y a aussi pléonasme si après *où* on exprime un complément circonstanciel de lieu, même si celui-ci ajoute une précision : *Voilà la maison où il habite au troisième étage.* Pourtant la phrase apparaît moins négligée que celle du cas précédent, surtout si le complément *au troisième étage* est séparé par une pause de ce qui précède. La tournure *au troisième étage de laquelle il habite,* grammaticalement irréprochable (voir **relatif,** 2, et **lequel,** 2) risque de paraître lourde dans un contexte familier ; on pourra dire, par exemple :

Voilà la maison où il habite ; il est au troisième étage.

2. Le jour où..., le jour que..., voir que, 5.

3. Où sans antécédent. *Où* s'emploie souvent sans antécédent au sens de « là où » :

Reste où tu es. Passe par où tu voudras. Avance jusqu'où tu pourras.

La phrase *Retourne* (ou *Va-t-en) d'où tu viens* est familière : cette construction est peu rigoureuse en ce que *d'où* est anormalement employé ici pour exprimer le but d'un mouvement. *Retourne à l'endroit d'où tu viens, là d'où tu viens* sont des constructions plus rigoureuses grammaticalement, mais moins usuelles.

● *Où* peut aussi s'employer sans antécédent au sens indéfini de « un endroit où », comme complément d'un infinitif :

Il n'avait pas où s'asseoir.

4. D'où devant un nom indique une conséquence ou donne une explication :

Ces produits sont rares et recherchés, d'où leur prix élevé.

L'emploi de *d'où* comme simple conjonction ou adverbe de liaison au sens de *donc, c'est pourquoi, en conséquence,* devant une proposition n'est pas admis dans l'usage surveillé : **Ces produits sont rares et recherchés, d'où ils sont chers.*

5. *D'où/dont,* voir dont, 5. Voir aussi **interrogation.**

> **ou** → *coordination ;* *cinq ou six jours,*
> *cinq à six jours* → **numéraux,** 6 ; *ou*
> reliant deux sujets → *accord,* A, II, 6
> **oublier de** → *infinitif,* II, 2

---

1. *Outre qqch* ou *qqn, outre que* + **indic.**
ou condit. équivaut, dans l'usage soutenu,
à « en plus de qqch ou de qqn, sans en
tenir compte, sans compter que » :

> *Outre le remboursement* du capital, il faut
> prévoir le versement des intérêts. Cette
> solution est la plus rapide, *outre que c'est*
> *la plus économique.*

● *En outre de qqch* ou *de qqn* s'emploie
plus rarement, dans le même sens :

> *En outre de sa proche famille, il avait*
> *autour de lui un groupe d'amis.*

2. *Passer outre (à qqch), aller plus outre*
sont de l'usage soutenu, au sens de « ne
pas se laisser arrêter (par des obstacles),
aller plus loin dans la même voie ».

P

pallier

La construction directe *(pallier un inconvé-nient)* est la construction traditionnelle, mais en raison de l'analogie de *parer à qqch, remédier à qqch,* la construction avec *à* est devenue courante :

> On peut facilement pallier à ce genre d'inconvénient.

par

1. *Par* est de l'usage soutenu pour introduire un complément de temps indiquant simplement la date : *par une belle journée d'automne,* ou un complément de lieu au sens de « ça et là à travers » : *errer par la campagne.*

2. *De par* s'emploie au sens de « du fait de, en raison de » (usage soutenu) :

> De par ses origines, il se sentait proche du monde paysan.

3. *Par trop* est un renforcement littéraire de *trop :*

> Tout cela m'a semblé par trop compliqué. Il avait par trop misé sur sa chance (= vraiment trop).

4. *Par + complément d'agent,* voir (complément d')agent.

5. *Par ailleurs,* voir ailleurs ; *par avance,* voir avance ; *par contre,* voir contre ; *par parenthèse,* voir parenthèse ; *par terre,* voir terre.

paraître

1. *Auxiliaire.* Au sens de « être publié », *paraître* reçoit tantôt l'auxiliaire *avoir,* tantôt l'auxiliaire *être,* ce dernier soulignant l'aspect accompli, l'état :

> Ce livre *a paru le mois dernier. Ce livre est paru depuis un mois. La nouvelle a paru* (ou *est parue*) *dans la presse de ce matin.*

2. *Il paraît que* introduit l'énoncé d'une rumeur, d'une idée reçue, et le verbe qui suit est en principe à l'indicatif :

> Il paraît qu'il *a eu* un accident.

On exprime parfois le caractère non confirmé de cette assertion au moyen du conditionnel :

> Il paraîtrait qu'on a découvert du pétrole dans la région (ou Il paraît qu'on aurait découvert...).

● *À ce qu'il paraît* est plus familier que *paraît-il :*

> Vous êtes, à ce qu'il paraît, un spécialiste de la question ?

● *À ce qu'il paraît que, paraît-il que* sont de l'usage populaire : *Paraît-il qu'il a eu un accident. À ce qu'il paraît que personne n'était au courant.*

● *Il (me, te,* etc.) *paraît que* au sens de « il (me, te, etc.) semble que » ne se rencontre que dans l'usage littéraire, et le verbe qui suit est soit à l'indicatif, soit au subjonctif dans les mêmes conditions que pour *sembler* (voir ce mot).

● *Il (me, te,* etc.) *paraît + adj. que* est d'un emploi aussi courant que *il (me, te,* etc.) *semble + adj. que.* Le verbe qui suit est à l'indicatif ou au subjonctif selon que l'adjectif indique soit certitude ou probabilité, soit négation, doute, inactualité :

> Il paraît *évident* qu'il s'en *est aperçu. Il paraît *difficile* qu'il ne s'en *aperçoive* pas. Il me paraît *utile* que vous *soyez mis* au courant. (Voir subjonctif, 1.)

paralytique : *un paralytique général*
→ *adjectif,* 5
parce que → *car,* 1
pardon ? → *quoi,* I, 2

pareil

1. Pareil à, pareil que. La construction *pareil que* est courante, mais dans l'usage surveillé on préfère *pareil à* (ou simplement *comme*) :

> *Sa maison est* **pareille aux** *autres maisons du lotissement* (ou *pareille que les autres*). *Le temps est* **pareil qu'**hier (ou *est comme hier*).

2. *Pareil* s'emploie familièrement comme adverbe :

> *Ils sont tous les deux habillés pareil* (= de la même façon).

parenthèse

Entre parenthèses, par parenthèse. La première de ces deux expressions de même sens est plus usuelle pour introduire une remarque incidente :

> *J'ai eu affaire au sous-directeur — entre parenthèses* (ou *par parenthèse*), *il est plus aimable que le directeur.*

parier de + infin. → *infinitif,* II, 2
parler → *causer ;* parler de + infin.
→ *infinitif,* II, 2

partant

Ce mot invariable (anciennement *par tant*), qui signifie « par conséquent, donc », appartient à l'usage soutenu :

> *La question est réglée, partant la réclamation est sans objet.*

participe

I. PARTICIPE PRÉSENT, ADJECTIF VERBAL, GÉRONDIF.

1. Le participe présent, terminé par *-ant,* est invariable, à la différence de l'adjectif verbal qui s'accorde :

> *C'est une question* **intéressant** *tous les sportifs. C'est une question* **intéressante.**

Ce qui distingue le participe présent et l'adjectif verbal, c'est leur emploi dans la phrase.

Est participe, donc invariable, une forme verbale en *-ant* ayant un complément d'objet, comme dans le premier exemple donné ci-dessus, et généralement une forme verbale en *-ant* ayant un complément circonstanciel (temps, cause, but, etc.) ou suivie d'un adverbe.

Est adjectif verbal, donc variable, une forme en *-ant* à laquelle on peut ajouter ou substituer un adjectif qualificatif :

> *C'est une question* **intéressante** *et* **délicate.** *C'est une question* **bizarre.**

2. L'adjectif verbal correspond le plus souvent à une forme de la voix active du verbe : une *question intéressante,* c'est une question qui intéresse ; mais, dans certains cas, la correspondance de sens est plus complexe : une couleur *voyante* n'est pas celle qui « voit », mais qui « est vue », que l'on voit ; une rue *passante* est celle où l'on passe beaucoup ; une rue *commerçante* est une rue où il y a du commerce, etc.

3. Une forme comme *en chantant* est un gérondif. (Voir ce mot.)

4. Flambant neuf. Dans cette expression familière, *flambant* reste invariable en genre et généralement en nombre. Quant à l'adjectif *neuf,* il est tantôt accordé, tantôt (plus rarement) invariable :

> *Elle arriva dans sa voiture flambant neuve* (ou *flambant neuf*).

Même remarque pour l'expression moins courante *battant neuf.*

5. À huit heures sonnant(es). Tantôt l'accord de *sonnant* a lieu, tantôt non. De même, très familièrement : *À huit heures pétant(es).*

II. PARTICIPE PASSÉ : ACCORD.

1. Si l'auxiliaire est *avoir,* le participe passé est invariable sauf si le verbe a un complément d'objet direct placé avant ce participe ; dans ce cas, il s'accorde avec ce complément d'objet :

> *Ils ont* **couru.** *Avez-vous* **trouvé** *la solution ? Quelle solution avez-vous* **trouvée ?** *La solution que vous avez* **trouvée** *est ingénieuse. C'est la réponse qu'il a* **faite.**

● Quand le participe est suivi d'un infinitif, il

ne s'accorde éventuellement avec un mot (nom ou pronom) qui le précède que si ce mot s'analyse comme complément d'objet du participe, et non de l'infinitif :

Quelle solution a-t-on vue triompher ? (= on a vu quelle solution triompher ?). *Quelle solution a-t-on vu appliquer ?* (= on a vu qu'on appliquait quelle solution ?).

● Quand le complément d'objet est *en* placé avant le participe, celui-ci reste en principe invariable, cependant l'accord avec le nom complément s'observe fréquemment, même dans les écrits de nombreux auteurs :

Il m'a raconté les difficultés qu'il a eues ; j'en ai eu aussi ou *j'en ai eues aussi.*

● Quand le participe est précédé de *l'* représentant toute une proposition, il est invariable :

La difficulté est plus grande que je ne l'aurais pensé.

● Les participes *couru, coûté, pesé, valu, vécu* ne s'accordent avec le mot qui les précède que si celui-ci peut s'analyser comme un complément d'objet et non comme un complément de circonstance :

Les efforts que cette réalisation a coûtés, mais *La somme que cette réalisation a coûté* (cette réalisation a coûté combien ?). *Les aventures qu'il a vécues,* mais *Les quatre-vingts ans qu'il a vécu* (= pendant lesquels il a vécu).

2. Si l'auxiliaire est *être*, en règle générale le participe passé s'accorde avec le sujet :

Elles sont venues. Ils sont accompagnés. Elle s'est endormie.

● Toutefois, quand il s'agit d'un verbe pronominal, si celui-ci a un complément d'objet direct différent du pronom réfléchi et placé avant le participe, l'accord ou l'invariabilité ont lieu dans les mêmes conditions que si l'auxiliaire était *avoir* :

Quelle excuse s'est-il trouvée ? mais *Ils se sont trouvé des excuses. Voilà le but que nous nous sommes fixé, la règle que nous nous sommes donnée.*

III. PARTICIPE ET SUJET DU VERBE PRINCIPAL.

Le participe (présent ou passé) s'emploie parfois en position détachée, en tête de proposition.

Dans ce cas, il doit en principe se rapporter au sujet du verbe principal, ce qui est une façon d'éviter tout risque d'ambiguïté ou de cocasserie.

En vertu de ce principe, une phrase telle que *Ayant égaré mes clefs, le gardien a*

appelé *un serrurier* présente le gardien comme responsable de la perte des clefs ; si celui qui s'exprime veut dire qu'il est, lui, le responsable, il pourra dire :

Comme j'avais égaré mes clefs, le gardien a appelé un serrurier, ou : *Ayant égaré mes clefs, j'ai demandé au gardien d'appeler un serrurier.*

Le plus souvent, le sens est clair même si ce principe n'est pas observé.

Toutefois on évite, dans l'usage surveillé, une phrase comme *Espérant que cette réponse vous satisfera, veuillez agréer mes salutations distinguées,* car le sujet non exprimé du verbe principal à l'impératif *veuillez* est *vous,* et le participe présent se rapporte à un *je* non exprimé ; on peut corriger ainsi :

Espérant que cette réponse vous satisfera, je vous prie d'agréer mes salutations distinguées.

Un principe analogue s'applique au gérondif et à l'infinitif (voir ces mots).

IV. PARTICIPE ABSOLU.

1. Dans des phrases telles que *La visite terminée, on se dispersa,* ou *Chacun refusant de s'engager, le projet fut abandonné,* on a au début un ensemble composé essentiellement d'un participe et de son sujet ; cet ensemble est sans lien grammatical avec le reste de la phrase, dont il est séparé par une pause (une virgule, à l'écrit).

On appelle cette construction « un participe absolu » ou « une proposition participiale ».

2. L'absence de lien grammatical n'empêche pas l'existence de liens logiques : la proposition participiale est assimilée à une subordonnée conjonctive circonstancielle. Dans le premier exemple donné ci-dessus, cette proposition a une valeur temporelle : *Quand la visite fut terminée...* Dans le deuxième exemple, elle a une valeur causale : *Puisque chacun refusait de s'engager...* On voit que le participe absolu est un moyen de rendre la phrase plus concise.

3. Si le participe est absolu, c'est que son sujet n'est pas le même que celui du verbe principal, et il n'y a pas lieu de le reprendre par un pronom sujet ou de ce verbe. Normalement, on ne dit donc pas **La visite terminée, elle fut longuement commentée.* Si le sujet du participe est le même que le sujet principal, on peut employer le participe en apposition au sujet (voir **apposition**) :

La visite, une fois terminée, fut longuement commentée.

participer

Participer à qqch, c'est y prendre part :

Nous nous engageons à participer aux frais.

Participer de qqch, c'est en présenter certains caractères :

Un sentiment qui participe à la fois de la joie et de la déception.

partir

1. On dit couramment *partir pour une destination inconnue. Je pars pour Paris,* et aussi *Je pars à Paris, vers Paris, en voyage, en vacances, dans le Midi, sur mer, ailleurs ; partir se promener.*

2. Partir à + infin. exprime le commencement d'une action (aspect inchoatif) :

Elle partit à rêver (on dit plus couramment *se mettre à, commencer à*).

3. Partir + infin., voir infinitif, II, 2 ; *partir d'auprès de qqn,* voir auprès, 3.

> **partitif :** *article partitif* → **déterminant,** I, 1 ; *nous, vous* compléments partitifs *(d'entre nous...)* → **entre,** 1
> **parvenir à** + infin./**à ce que** + subj. → **à,** 5
> **pas :** *ne... pas* → **négation ;** *ne... pas que* → **ne,** III, 3 ; *non pas* → **non,** 1
> **passant :** *une rue passante* → **participe,** I, 2
> **passé :** *la semaine passée* → **prochain, dernier,** 1

passé

1. Passé simple/passé composé. Dans l'usage oral, le passé simple (ex. *Il fit*) n'est plus employé, sauf parfois dans certaines provinces ; c'est en principe le passé composé (ex. *Il a fait*) qu'on emploie à sa place. Cependant, dans l'usage écrit, on utilise l'un ou l'autre de ces temps selon le type d'énoncé et l'aspect de l'action qu'on souligne.

• Dans l'usage écrit, quand on fait le récit d'événements passés ne concernant pas celui qui s'exprime ni celui ou ceux à qui il s'adresse, on emploie le passé simple pour traduire des faits dont on ne souligne pas la

relation avec l'actualité présente et dont la durée n'est pas prise en considération :

*Christophe Colomb **découvrit** l'Amérique en 1492.*

Ce temps est celui qu'on emploie couramment dans les récits historiques. Dans l'usage oral, la même idée s'exprimerait normalement sous la forme :

*Christophe Colomb **a découvert** l'Amérique en 1492.*

• Le passé composé est usuel dans l'usage écrit pour exprimer des faits passés dont on considère l'incidence sur la situation actuelle :

*C'est Pasteur qui **a découvert** le vaccin de la rage* (nous disposons aujourd'hui de ce vaccin).

Quand le verbe utilisé est un verbe nonperfectif (voir **verbe,** 4), le passé composé souligne en général la cessation d'un état passé :

J'ai habité dix ans dans cette maison (= je n'y habite plus). *J'ai su son adresse* (= je l'ai oubliée).

2. Passé surcomposé. Ce temps est d'un emploi assez rare ; on le rencontre surtout dans des propositions subordonnées de temps, en général avec des verbes perfectifs (voir **verbe,** 4) pour insister sur l'aspect accompli (voir **aspect,** 1) :

C'est seulement quand j'ai eu terminé ce travail que je me suis rendu compte de l'erreur (= après avoir terminé).

3. Passé antérieur. Ce temps appartient à l'usage écrit ; il s'emploie ordinairement dans des propositions subordonnées de temps. Il exprime l'aspect accompli (voir **aspect,** 1) du passé simple :

Aussitôt qu'il eut prononcé ce mot, il le regretta (= aussitôt après l'avoir prononcé).

4. Plus-que-parfait. Ce temps exprime l'antériorité par rapport à un événement accompli :

Cela s'est passé comme je l'avais prévu (la prévision est antérieure à l'événement passé).

On utilise souvent le passé composé pour rendre la même idée quand le rapport d'antériorité est suffisamment clair par ailleurs :

Cela s'est passé comme je l'ai prévu.

• Le plus-que-parfait s'emploie aussi dans une subordonnée de condition introduite par *si,* pour exprimer l'« irréel », c'est-à-dire l'hypothèse non réalisée, par opposition à l'imparfait :

PASSIF

Si j'avais su, je ne serais pas venu (= je
ne savais pas).

Voir subjonctif, 3, et imparfait, 2.

passer

1. Dans la plupart des emplois intransitifs,
l'auxiliaire *être* est plus courant que l'auxiliaire *avoir* :

> Les pompiers **sont** passés par la fenêtre.
> Je **suis** passé à la poste.

L'auxiliaire *avoir* reste cependant usuel
dans quelques emplois, par exemple au
sens de :

— « perdre sa couleur » : *Ce tissu **a** passé
au soleil* (et non *est passé*) ;
— « être bien digéré » : *C'est la mousse au
chocolat qui n'**a** pas passé ;*
— « être filtré » : *Le café **a** passé lente-
ment ;*
— « s'écouler », en parlant du temps : *Les
années **ont** passé.*

● Dans les emplois transitifs, l'auxiliaire est
toujours *avoir* :

> Nous **avons** passé la frontière. J'**ai** passé
> dix ans à l'étranger.

2. Passer s'emploie familièrement comme
verbe attributif au sens de « être promu,
nommé » (auxiliaire *avoir* ou *être*) :

> Il va bientôt **passer** sergent. Il a (ou *est*)
> **passé** chef.

3. Passer pour signifiant « être considéré
comme » introduit un nom ou un adjectif
attribut (auxiliaire *avoir*) :

> Il **passe** pour un **spécialiste** de la ques-
> tion. Ce tableau **a** longtemps **passé** pour
> **authentique.**

4. Ce qui se passe/ce qu'il se passe, voir
qui, 8.

passif

1. Il y a équivalence générale de sens
entre les deux phrases :

> La chaleur dilate les métaux. Les métaux
> sont dilatés par la chaleur.

Cependant, la première phrase a plus de
chances d'apparaître dans un contexte relatif à la chaleur et à ses effets, la seconde
dans un contexte relatif aux métaux et à
leurs propriétés (rôle de « thème » du sujet
de la phrase). Il y a en général une différence de valeur, sous tel ou tel rapport,
entre la phrase active et la phrase passive
correspondante.

2. Action/état. Si on peut dire à peu près
indifféremment :

> On apprécie ces fruits ou Ces fruits sont
> appréciés,

il y a une différence nette de sens entre :

> On tond la pelouse (action en cours, ou
> habituelle)

et

> La pelouse est tondue (état actuel).

Sans aucun complément et spécialement
sans complément d'agent, de nombreux
verbes — les verbes perfectifs — n'expriment au passif que l'état (aspect accompli).
La mention d'un agent permet d'exprimer
l'action actuellement ou habituellement en
cours :

> La pelouse est tondue par les jardiniers
> municipaux.

3. Passif impersonnel, voir impersonnel, 3.

4. Pronominal-passif. Le pronominal peut
être l'équivalent d'un passif.

À la phrase active :

> On vend ces articles sur les marchés,

correspondent à peu près indifféremment
les deux phrases :

> Ces articles sont vendus sur les mar-
> chés. Ces articles se vendent sur les
> marchés.

Ce pronominal-passif peut être construit
impersonnellement :

> Il se vend beaucoup de ces articles sur
> les marchés.

● On évite l'emploi du pronominal chaque
fois qu'il pourrait donner lieu à des ambiguï-
tés ou à des cocasseries. On ne dira évi-
demment pas :

> *Le soldat s'est décoré pour signifier Le
> soldat a été décoré, ni *Les cartes se
> battent avant chaque partie, mais On bat
> les cartes..., ou Les cartes sont battues...

● Le pronominal-passif ne reçoit pas de
complément d'agent. (Voir [complément
d'] agent, 4.)

5. Autres substituts du passif. D'autres
constructions peuvent être substituées à la
conjugaison passive, avec des valeurs particulières, entre autres l'infinitif introduit par
se faire, se laisser, se voir, s'entendre :

> Il s'est fait (ou s'est entendu, ou s'est vu)
> condamner par le tribunal. Elle ne s'est
> pas laissé convaincre.

● Ce recours aux auxiliaires pronominaux
d'infinitif permet d'employer comme sujet
de phrase un mot qui, à l'actif, serait un
complément construit indirectement,
c'est-à-dire avec préposition, puisqu'on sait

111

qu'un verbe ne peut normalement être mis au passif que si on peut lui donner comme sujet le complément d'objet direct de l'actif correspondant :

Il s'est fait (ou *entendu,* ou *vu*) *interdire l'accès de la salle* (= on lui a interdit l'accès).

● On peut aussi employer des locutions telles que *être* (ou *faire*) *l'objet de, être la cible, la victime de,* etc. :

Cette question a été l'objet d'un débat (= a été débattue).

---

patenôtre → *genre,* 7
patron, patronnesse → *genre,* 2
pauvre, pauvresse → *genre,* 2
pays : noms de pays *(en, dans, à...)*
   → *en,* II, 3
pécheur, pécheresse → *genre,* 2

---

peine

1. À peine... que. Cette construction indique une relation de temps : l'action ou l'état exprimés dans la deuxième proposition suivent de très près ceux de la première :

Il était à peine arrivé qu'il parlait de repartir.

La conjonction *que* est parfois omise, notamment quand la première proposition se réduit par ellipse à un participe ou à un complément circonstanciel :

À peine arrivé (ou *à peine dans la maison*), *il parlait de repartir.*

● **À peine... quand, ou lorsque** traduit la même relation, mais la deuxième proposition a un verbe au passé composé ou au passé simple, et non à l'imparfait :

Il était à peine arrivé quand (ou *lorsque*) *l'orage a éclaté.*

● Quand *à peine* est en tête de la première proposition, il y a ordinairement inversion (simple ou complexe) du sujet, du moins dans l'usage soutenu :

À peine était-il arrivé qu'il parlait de repartir. À peine Pierre était-il arrivé que... (voir **inversion du sujet,** 1, *b*).

Parfois cette inversion n'a pas lieu, surtout dans un usage plus familier :

À peine il était arrivé que...

2. À peine de qqch. Cette expression signifie « un tout petit peu de quelque chose » :

Je prendrai une tasse de thé avec à peine de lait.

3. À peine de nullité est une locution de la langue juridique ; dans l'usage courant ou administratif, on dit *sous peine de :*

Défense d'entrer sous peine d'amende. Il faut partir tout de suite sous peine d'être en retard.

---

pendant → *durant,* 1

---

penser

1. Penser que. Pour le choix du mode de la subordonnée, voir **croire,** 3, 4, 5, 6, 7.

2. Penser que + indic./penser + infin. En cas de transformation infinitive (identité de sujet entre *penser* et le verbe de la subordonnée), l'infinitif peut correspondre soit à un présent, soit à un futur de l'indicatif :

Je pense être suffisamment informé (= que je suis). *Je pense être prêt à votre arrivée* (= que je serai).

Sur ce point, l'emploi de *penser* est un peu différent de celui de *croire ;* en effet, l'infinitif qui peut suivre *croire* n'exprime normalement pas le futur.
Au lieu de **Je crois être prêt à votre arrivée,* on dit *Je crois que je serai prêt...* (ou *Je pense être prêt...*).

3. Penser à + infin. signifie « ne pas oublier de » :

Tu penseras à éteindre l'électricité en sortant.

4. Penser un projet, etc., c'est le concevoir en détail (usage soutenu).

5. Penser = faillir, manquer de. Cet emploi est archaïque avec un nom de personne comme sujet, et aujourd'hui hors d'usage avec un nom de chose comme sujet :

Il a pensé s'évanouir à cette nouvelle.

6. Se penser. La construction pronominale *Je me suis pensé que...* est d'un usage régional.

7. Tu penses !/penses-tu ! *Tu penses !* souligne familièrement une affirmation en la présentant comme naturelle :

Il a dévoré ce repas : tu penses, il n'avait rien mangé depuis trois jours !

● *Penses-tu !* est une exclamation familière de dénégation :

Est-ce qu'on a retrouvé les objets volés ? — Penses-tu ! Il y a longtemps qu'ils sont passés à l'étranger ! (= bien sûr que non !).

On emploie de même au pluriel, avec une valeur moins familière, *Vous pensez !* et *Pensez-vous !*

---

perce-neige → *genre*, 7
perception : *verbes de perception* → *croire*, 6
perfectif : *verbe perfectif* → *verbe*, 4, et *commencer*, 3 ; exprimant l'état au passif → *passif*, 2
période → *genre*, 8
se permettre de + infin. → *infinitif*, II, 2
persister à + infin. → *infinitif*, II, 2

---

personne

1. *Personne* + ne. Le plus souvent, le pronom masculin *personne* s'emploie avec *ne* ou *ne plus, ne jamais* (mais non *ne pas*) :

Personne n'est venu. Il n'y a (plus, jamais) personne. Je ne veux voir personne (et non **Je ne veux pas voir personne*).

2. *Personne* sans *ne*. *Personne* peut aussi être utilisé sans *ne*, dans des phrases exprimant l'idée négative par d'autres moyens grammaticaux ou par le vocabulaire ; il peut alors être remplacé par *quelqu'un* ou *qui que ce soit, quiconque* :

Je dis cela sans vouloir critiquer personne. Il est trop égoïste pour s'intéresser à personne (= il ne peut, vu son égoïsme, s'intéresser à qui que ce soit). *Partez avant que personne s'en aperçoive. Il est incapable de nuire à personne. J'interdis que personne entre.*

● Dans une phrase comme *Je ne veux pas que personne le sache*, le pronom *personne* est bien employé sans *ne* dans sa proposition : c'est dans la principale que se trouve *ne pas*.

● *Personne* s'emploie aussi dans des phrases interrogatives ou exprimant un doute :

Y a-t-il personne qui prétende le contraire ? (on dit plutôt : *Y a-t-il*

quelqu'un). Il est *peu probable* que *personne* s'y trompe (ou *que quelqu'un s'y trompe*).

● *Personne* s'emploie sans *ne* dans le deuxième terme d'un système comparatif :

Il est plus rusé que personne. Cela me surprend moins que personne.

3. *Personne de* + adj. Un adjectif (ou un participe) qualifiant *personne* est précédé de la préposition *de* :

Il n'y a personne de satisfait par cette décision.

Devant *autre*, *de* est parfois omis :

Personne autre que lui n'est au courant, ou, plus ordinairement : *personne d'autre que lui.*

---

personnel : pronoms personnels → *pronom*, 1

---

persuader

1. *Persuader qqn (de qqch)*, ou *de* + infin., ou *que* + indic. est la construction la plus usuelle :

Tous ses arguments n'ont pas réussi à me persuader. Il a persuadé le jury de son innocence. On l'a persuadé de renoncer à son projet, ou que son projet était irréalisable.

● *Persuader à qqn qqch*, ou *de* + infin., ou *que* + indic. est une construction beaucoup moins habituelle :

Nous lui avons persuadé l'intérêt de l'opération, ou de renoncer à son projet, ou que son projet était irréalisable.

2. *Se persuader (de) qqch / que* + indic. On dit :

Ils se sont persuadés de la justesse de ces prévisions,

ou, plus rarement :

Ils se sont persuadé la justesse de ces prévisions. Ils se sont persuadés (ou persuadé) que ces prévisions étaient justes.

---

pesé (accord) → *participe*, II, 1
pétale → *genre*, 7
peu : *peu de* (accord) → *beaucoup*, 2 ; *peu s'en faut que (ne)* → *ne*, II, 5 ; *un peu plus, (et)...* → *faillir*, 1

peur : *aussi (autant) peur →* **aussi,** 9 ;
très peur → **très,** 2 ; *avoir peur que (ne) →* **ne,** II, 1 ; *de peur que* (mode) *→* **conjonction,** 1
peut-être (en tête de proposition) *→* **inversion du sujet,** 1, b ; *peut-être que →* **que,** 4 ; *pouvoir + peut-être →* **pouvoir,** 8
phalène *→* **genre,** 7

phrase, proposition

1. L'énoncé *Je viendrai quand on m'appellera* est une phrase, elle-même constituée de deux phrases : *Je viendrai,* et *quand on m'appellera.*
Quand des phrases sont des parties de phrases plus grandes, on les appelle aussi des « propositions ». Ainsi, la phrase *Je viendrai quand on m'appellera* est composée de deux propositions reliées entre elles par subordination (v. ce mot) : *Je viendrai* est la proposition principale, et *quand on m'appellera* est la proposition subordonnée. Une proposition est constituée fondamentalement par l'association d'un groupe du nom sujet et d'un groupe du verbe (voir **nom** et **verbe**).

2. Types et formes de phrases. Une phrase se présente sous un des quatre types suivants (appelés quelquefois modalités) :

— déclaratif : *Tu fais bien ton travail ;*
— interrogatif : *Est-ce que tu fais bien ton travail ?*
— impératif : *Fais bien ton travail ;*
— exclamatif : *Comme tu fais bien ton travail !*

● Dans tous les exemples précédents, les phrases sont à la forme active, affirmative et non emphatique (c'est-à-dire sans mise en relief d'un terme). Mais une phrase peut être, au contraire :

— à la forme (ou voix) passive : *Le travail est fait par les autres ;*
— négative : *Tu ne fais pas bien ton travail ;*
— emphatique : *Tu le fais bien, ton travail* (mise en relief de *ton travail*).

● On remarquera que « affirmatif » est ici opposé à « négatif » et ne doit pas être confondu avec « déclaratif », qui s'oppose aux trois autres types (interrogatif, impératif et exclamatif).

Par ailleurs, « emphatique » ne doit pas être confondu avec « exclamatif ». En effet, une phrase interrogative ou impérative peut être emphatique :

Ton travail, est-ce que tu le fais bien ?
Ton travail, fais-le bien.

pire/pis

1. *Pire* équivaut le plus souvent à « plus mauvais, plus fâcheux » ; il s'emploie en particulier, mais non exclusivement, dans des tours locutionnels et comme nom :

Le remède est pire que le mal. Ce n'est pas très beau, mais j'ai vu pire. Nous étions dans les pires conditions. Le pire, c'est qu'on ne se doutait de rien. Il faut s'attendre au pire.

● *Pire que (ne),* voir **ne,** II, 4.

2. *Pis* n'a plus d'emploi que dans l'usage littéraire, comme adjectif attribut d'un pronom « neutre » (*ce, rien, quelque chose,* etc.), au sens de « plus mauvais » ou comme adverbe au sens de « plus mal ». Dans l'usage courant, il est remplacé par *pire* :

C'est bien pis que je ne pensais (usage courant : *C'est bien pire*). *Il n'y a rien de pis que cela* (*rien de pire*). *Dire pis que pendre de quelqu'un* (*pire que pendre*). *Tout va de mal en pis* (*de mal en pire*). *Qui pis est* [en incise] (*Ce qui est bien pire*).

3. *Tant pis* reste l'expression la plus courante ; **tant pire* est de l'usage populaire.

4. **Aussi pire, *moins pire, *plus pire.* Ces expressions sont exclues de l'usage surveillé. Au lieu de **C'est moins pire que je pensais,* on dira, par exemple :

C'est moins grave que je ne pensais, ou *Ce n'est pas aussi mauvais...*

place : place de l'adjectif épithète *→* **adjectif,** 4, **propre,** 1, 2, 3 ; de l'adverbe *→* **adverbe,** 4 ; du pronom personnel complément *→* **pronom personnel,** 2 et 3 ; du pronom relatif *→* **relatif,** 2 ; de *ne pas* avec un infinitif *→* **négation,** 2 ; de *aussi →* **aussi,** 11 ; de *rien →* **rien,** 3 ; de *tout →* **tout,** 5
se plaindre (de ce) que/de + infin. *→* **de,** 10

plaire

1. *Il me (te, etc.) plaît de* **+ infin.** est une construction de l'usage soutenu :

Vous plairait-il d'assister à ce spectacle ? (usage courant : *Est-ce que cela vous plairait de... ?* ou *Aimeriez-vous... ?*).

2. *Plaise à Dieu (au ciel) que, plût à Dieu (au ciel) que* **+ subj.** Ces formules, de caractère très littéraire, expriment un souhait, un regret :

Plaise à Dieu que ce soit vrai ! (= pourvu que...). *Plût à Dieu qu'il n'eût rien dit !* (= ah, si seulement il n'avait rien dit !).

• *À Dieu ne plaise que... !* exprime littérairement un souhait négatif :

À Dieu ne plaise que vous lui ressembliez ! (= pourvu que vous ne lui ressembliez pas !).

3. *Plaise à la Cour, au tribunal* **+ infin.** est une formule juridique de requête : *Plaise au tribunal déclarer que...*

4. *Se plaire à* **+ infin.** est de l'usage soutenu :

Elle s'est toujours plu à mystifier son entourage (usage courant : *Elle a toujours aimé..., pris plaisir à...*).

5. *Ce qui (ou qu'il) me plaît,* voir *qui,* 8.

plaisir : *très plaisir* → **très,** 2
plaît-il ? → **quoi,** I, 2
plan : *sur le plan..., au plan...* → **sur,** 3
planisphère → **genre,** 7

pléonasme

Il y a pléonasme quand dans une même phrase on utilise un ou plusieurs mots faisant double emploi avec un autre.
Certains pléonasmes constituent des incorrections grammaticales caractérisées, comme dans les expressions *la maison où j'y habite, c'est plus pire.*
D'autres apparaissent comme des maladresses en raison de l'inutilité absolue du mot superflu : *reculer en arrière, enfin finalement, un ongle incarné dans la chair.*
Dans de nombreux cas, le pléonasme est passé dans l'usage courant et ne choque que des critiques vétilleux : *un petit nain.*
Beaucoup de pléonasmes s'expliquent par le besoin d'ajouter à l'information logique

une marque affective d'insistance. Dans la phrase *Il m'a écrit cela de sa propre main,* l'expression *de sa main* précise le sens du verbe *écrire :* la lettre n'était pas dactylographiée, ni écrite par quelqu'un d'autre sous la dictée — il n'y a pas vraiment pléonasme ; l'adjectif *propre* forme, si l'on veut, pléonasme avec le possessif, mais il insiste sur la responsabilité de la personne qui a écrit. Il y aurait un pléonasme difficilement défendable si on ajoutait : *dans une lettre manuscrite.*

(la) plupart

La plupart de sert de déterminant à un nom pluriel, sauf dans l'expression *la plupart du temps.* On ne dit pas *la plupart de l'assistance* mais, par exemple, *la plus grande partie de l'assistance.* Quand le groupe *la plupart de* + nom est sujet, le verbe est au pluriel :

La plupart des gens ont compris.

Même accord au pluriel si le nom n'est pas exprimé :

La plupart ont compris. (Voir **collectif** et *entre,* 1.)

pluriel

I. VOIR NOMBRE.

II. FORMATIONS PARTICULIÈRES DU PLURIEL.

1. Quelques noms prennent un *-x* au lieu d'un *-s :*

— **les noms en** *-au, -eau, -eu :*

des tuyaux, des veaux, des feux... ; **exceptions :** *des landaus, des bleus, des pneus... ;*

— **sept noms en** *-ou :*

des bijoux, des cailloux, des choux, des genoux, des hiboux, des joujoux, des poux.

2. Quelques noms en *-al* ont le pluriel en *-als* au lieu de *-aux :*

des bals, des carnavals, des cérémonials, des chacals, des chorals, des récitals, des régals.

De même pour quelques adjectifs :

bancals, fatals, glacials, natals, navals.

● **Banal** fait ordinairement ban**als**, mais parfois aussi ban**aux**, même en dehors de l'expression ancienne des fours ban**aux**.

3. Quelques noms en -*ail* ont le pluriel en -*aux* au lieu de -*ails* :

> des b**aux**, des cor**aux**, des ém**aux**, des soupir**aux**, des trav**aux**, des vant**aux**, des vitr**aux**.

4. On dit des c**iels** d'Italie (aspect du ciel en Italie), au lieu de c**ieux**, et des c**iels** de lit.

Le mot a**ïeuls** pour désigner les grands-parents est d'un emploi rare. Le pluriel a**ïeux** désigne les ancêtres en général, les générations précédentes.

plus, moins, mieux

1. Le plus/la (les) plus + adj. Dans l'usage soutenu, on distingue :

> C'est en hiver que les fleurs sont **le plus chères** et De toutes ces fleurs, les orchidées sont **les plus chères.**

L'article défini s'accorde seulement quand il y a comparaison entre des êtres ou des choses, et non entre des qualités, des degrés d'un même être ou d'une même chose. Pratiquement, l'accord se fait quand on peut introduire avant le superlatif le nom avec lequel s'accorde l'adjectif ; on dit :

> De toutes ces fleurs, les orchidées sont les fleurs **les plus chères,** mais non *C'est en hiver que les fleurs sont les fleurs les plus chères.

De même pour le moins, le mieux :

> C'est dans cette robe que votre fille est **le mieux habillée,** mais : C'est de toutes les invitées **la mieux habillée.**

● Dans l'usage courant, on accorde toujours l'article :

> C'est en hiver que les fleurs sont **les** plus chères. C'est dans cette robe qu'elle est **la** mieux habillée.

2. Des plus, des moins, des mieux devant un adjectif ou un participe lui confèrent une valeur particulièrement élevée (ou particulièrement faible pour des moins) :

> Ce cadeau est **des plus** originaux (= particulièrement original). Le plan était **des mieux conçus** (= très bien conçu). Le succès est **des moins** assurés (= n'est pas du tout assuré). Ce sont donc des équivalents de superlatifs absolus.

● L'adjectif ou le participe se met normale-ment au pluriel, conformément à la formation de cette construction :

> Ce cadeau est [un cadeau] des (= parmi les) [cadeaux les] plus **originaux.**

Cependant, si le sujet est singulier, l'adjectif ou le participe reste parfois au singulier, parce qu'il est interprété comme un simple attribut du sujet au superlatif :

> La situation est des plus **embarrassante.**

● Avec un sujet « neutre » comme ce, cela, voilà qui, l'adjectif reste au singulier :

> Voilà qui est des plus **normal.**

3. Des plus s'emploie parfois avec un adverbe au sens de « très » (usage soutenu) :

> J'ai trouvé la solution des plus facilement.

4. Des mieux, au sens de « très bien, on ne peut mieux », est de l'usage soutenu :

> Voilà qui se présente des mieux.

5. On ne peut plus, on ne peut mieux, voir pouvoir, 6. **Ne... plus,** voir négation, 3. **Non plus,** voir aussi, 2. **Non plus que (ne),** voir non, 4. **Plus que (ne),** voir ne, II, 4. **Tout au plus** (loc. adv. de liaison), voir inversion du sujet, I, b. Voir aussi **davantage.**

6. Plus..., (et) plus (ou moins, mieux), etc. On peut combiner diversement ces adverbes d'intensité pour exprimer par des propositions juxtaposées une corrélation d'augmentation ou de diminution :

> **Plus** on le connaît, **plus** on apprécie ses qualités. **Plus** tu insisteras, et **moins** il t'écoutera. **Moins** je le vois, **mieux** je me porte.

● Les formes au plus..., au plus, etc., le plus..., le plus..., etc., tant plus..., tant plus..., etc., sont exclues de l'usage surveillé : Tant plus ils en ont, tant moins ils veulent partager.

7. De plus/en plus. Ces expressions sont parfois à peu près équivalentes :

> Prenez les mesures, en ajoutant quelques centimètres de plus, ou en plus. En plus insiste davantage que de plus sur le caractère surajouté de quelque chose (= en outre, par-dessus le marché). Ces remarques s'appliquent à de moins et en moins, de trop et en trop.

● On dit Il y a cent francs de plus que prévu ou en plus de ce qui était prévu.

● De plus en tête de phrase est un adverbe de liaison ; dans cet emploi, il équivaut à « en outre » :

*La nuit était noire. **De plus,** il pleuvait.*

Dans l'usage familier, on utilise parfois *en plus* dans ce sens.

plusieurs

1. Plusieurs indique un nombre supérieur à l'unité, et qui peut commencer à deux :

Il faudra plusieurs voyages pour tout transporter (= deux, trois, quatre, etc.).

On dit cependant couramment :

Il faudra deux ou plusieurs voyages (= deux voyages ou plus).

2. Quand *plusieurs* employé pronominalement ne représente pas un nom ou un pronom exprimé avant ou après lui, il signifie « plusieurs personnes » ; cet emploi est de l'usage soutenu et ne se rencontre guère aujourd'hui que dans la fonction sujet :

Plusieurs croient que ce récit est une légende.

---

plus-que-parfait → *passé,* 4
plût à Dieu (au ciel) → *plaire,* 2
plutôt : *plutôt que (ne)* → *ne,* II, 4 ; *aimer mieux..., préférer... plutôt que...*
→ *aimer,* 3, *préférer,* 3 et 4
pneu → *pluriel,* II, 1
poète, poétesse → *genre,* 2
point : *ne... point* → *négation,* 1 ; *être sur le point de* → *faillir,* 1 ; *au point que* → *conséquence,* 1
point de vue : *du point de vue qualité* → *de,* 12

---

possessif

1. Les mots possessifs comprennent les déterminants proprement dits : *mon, ton, son,* etc. (voir **déterminant,** I, 3), les adjectifs *mien, tien, sien,* etc. (voir ces mots), et les pronoms *le mien, le tien,* etc., formés de l'adjectif précédé de l'article.

2. Ces mots n'expriment pas toujours un rapport de possession au sens habituel du terme. Ils traduisent une relation grammaticale entre un nom complété (couramment appelé « le possédé ») et un nom complément (« le possesseur »).

Dans la phrase *Adèle a perdu **son** chien,* « son chien », c'est le chien d'Adèle : *Adèle,* complément du nom *chien,* est le « possesseur » grammatical, comme la propriétaire du chien. Dans la phrase *Le chien suit **sa** maîtresse,* « sa maîtresse », c'est la maîtresse du chien : *le chien,* nom complément, est grammaticalement le « possesseur », la maîtresse étant le « possédé ».

3. Déterminant possessif remplacé par l'article défini, voir article, 2. **Possessif/en,** voir en, I, 2.

possession

On dit soit *L'expert **est en** possession du dossier* (ou *a le dossier **en sa** possession*), soit *Le dossier **est en la** possession de l'expert.* Le sens général de ces phrases est le même : « L'expert a entre ses mains le dossier » ou « Le dossier est entre les mains de l'expert ».

---

possibilité : subordonnée dépendant de verbes exprimant la possibilité → **subjonctif,** 1

---

possible

1. Le plus (de)... possible. *Possible* s'emploie comme élément d'un système de superlatif d'adjectif ou d'adverbe, en rapport avec *le plus, le moins, le mieux, le meilleur, le pire ;* dans cet emploi, on le laisse en règle générale invariable :

*Veuillez agir dans les délais **les plus brefs possible.** Résumons les faits le plus clairement possible. Nous avons retenu les solutions **les meilleures possible.** Approchez-vous le plus possible.*

● *Possible* sert aussi à compléter les expressions *le plus de, le moins de* + n., et il reste en principe invariable :

*Faites le moins de bruit possible. Il faut informer le plus de gens **possible*** (ou *le plus possible de gens*).

● *Possible* s'emploie comme adjectif variable quand il se rapporte simplement au nom avec sa valeur habituelle :

On a examiné toutes les solutions possibles, les meilleures solutions possibles (= réalisables).

2. Au possible placé après un adjectif lui donne une valeur de superlatif absolu (usage familier) :

Il est paresseux au possible (= très paresseux, on ne peut plus paresseux).

3. C'est pas possible ! Cette exclamation familière traduit l'incrédulité, la grande surprise :

C'est pas possible ! Tu as déjà fini ? (= c'est pas vrai !).

---

postposition : postposition de l'adjectif → **adjectif,** 4, B
pou → **pluriel,** II, 1
poulpe → **genre,** 7

---

pour

1. Pour (que)/afin (de, que). Pour, pour que exprimant le but sont d'un usage plus ordinaire que afin de, afin que, de même sens, mais appartenant à un usage un peu plus soutenu. (Voir **but.**)

2. *Pour ne pas que.* Ce tour, assez fréquent dans l'usage oral, est évité dans l'usage surveillé. Au lieu de *Cache-toi, pour (ne) pas qu'on te voie,* on dira et surtout on écrira :

Cache-toi, pour qu'on ne te voie pas (ou pour éviter qu'on te voie, ou de peur qu'on [ne] te voie).

3. Pour causal. Pour suivi d'un infinitif passé exprime la cause :

Pour avoir négligé ce détail, il risque d'échouer (= parce qu'il a négligé ce détail).

L'emploi de l'infinitif présent après pour au sens causal est archaïsant.

4. Pour concessif. Pour suivi d'un infinitif, aussi bien présent que passé, peut exprimer dans un usage soutenu un rapport d'opposition, de concession quand le verbe principal est négatif ou interrogatif :

Pour avoir passé une nuit blanche, il ne semblait pas trop fatigué (on dit plus couramment : pour quelqu'un qui avait passé...). Pour être surprenante, cette histoire n'en est pas moins vraie (ou cette histoire en est-elle moins vraie ?) [= bien qu'elle soit surprenante, ou : elle a beau être surprenante].

● *Pour* + adj. + *que* + subj. Cette expression concessive équivaut, dans l'usage soutenu, à si... que... :

Pour surprenante que soit cette histoire, elle n'en est pas moins vraie.

La construction pour si + adj. + que + subj. (Pour si surprenant que ce soit...) est assez répandue ; on y observe le cumul de pour et

de si, alors que l'un ou l'autre de ces mots serait suffisant : Si surprenant que...

● *Pour autant (que),* voir **autant,** 2 et 3.

5. Aller pour, être pour + infin. expriment familièrement une action qu'on se dispose à faire quand survient un événement (= être sur le point de, aller) :

Comme il allait pour sortir (ou comme il était pour sortir), il a reçu un coup de téléphone.

● *Être pour* + infin. peut signifier aussi « être de nature à », particulièrement à la forme négative :

Cet échec n'est pas pour nous décourager.

● *Être pour* + infin., *être pour que* + subj. se dit, surtout dans l'usage oral, au sens de « être partisan de, être d'avis que » :

Je suis pour engager des négociations, pour qu'on engage des négociations. (Voir plus loin, n° 10.)

6. Pour après, pour quand. Pour peut s'employer avec une valeur de but devant une préposition ou une conjonction de temps :

La réunion est prévue pour avant (ou après) les vacances, pour dans un mois. Il fait des projets pour quand il sera à la retraite (on préfère souvent dire pour le jour, le moment où, ou encore, plus simplement, pour la retraite, etc.).

7. Pour de bon, pour de vrai, pour de rire. Pour de bon (= vraiment, réellement) est la forme courante actuelle :

Je me demande s'il est malade pour de bon.

Pour tout de bon et surtout tout de bon sont archaïsants. Pour de vrai (même sens) est plus familier. Pour de rire, qui exprime une idée contraire, est très familier ; on dit plus couramment :

C'était pour rire, pour plaisanter, ou Ce n'était pas sérieux.

8. Pour sûr (que) est familier :

On aurait pu éviter cela, pour sûr. Pour sûr qu'il se trompe.

Dans un usage plus soutenu, on dit sûrement, assurément, bien sûr, c'est sûr.

9. Pour de mise en relief. Pour sert à mettre un mot en relief, en tête d'énoncé, au sens de « quant à » :

Pour le reste, on verra plus tard (on dit aussi pour ce qui est de).

On l'emploie bien, en particulier, devant les

pronoms de la 1re personne du singulier ou du pluriel :

Pour moi, je saurai me défendre. Pour nous, nous n'y voyons pas d'inconvénient.

● *Pour moi*, non repris par un pronom, signifie, surtout dans l'usage oral, « à mon avis, selon moi » :

Pour moi, il ne va rien se passer.

● La construction du type *Pour une surprise, c'est une surprise* (= c'est vraiment une surprise) est courante, surtout à l'oral.

● La mise en relief d'un adjectif attribut par *pour (Pour naïf, il l'était)* est de l'usage soutenu. (Voir [mise en] relief.)

10. *Pour* **employé absolument.** L'emploi de *pour* sans pronom complément (*lui, cela,* etc.) représentant ce qui a été exprimé est de l'usage familier :

Ce projet est intéressant : je suis pour, je vote pour. Il y a des arguments pour. Cette publicité a intrigué : elle était prévue pour.

pourquoi → *interrogation,* 5, 6
pourvoir à + infin./**à ce que** + subj.
→ *à,* 5
pourvu que (mode) → *conjonction,* 1

pouvoir

1. Ce verbe ne reçoit pas de nom comme complément d'objet. Il s'emploie surtout comme auxiliaire d'un infinitif (parfois non exprimé : *Je fais comme je peux* [*faire*]) et indique :

— la capacité, la possibilité d'accomplir quelque chose : *Pouvez-vous soulever cette caisse ?*

— ou l'autorisation : *Vous pouvez rentrer chez vous ;*

— ou l'éventualité : *Il pourrait bien pleuvoir ;*

— ou une approximation : *Il peut y avoir dix ans de cela.*

2. *Je peux, je puis. Je puis* est une variante littéraire de *je peux,* qui est la seule forme couramment utilisée. À la forme interrogative, **Peux-je* est inusité ; on dit *Puis-je ?* (usage soutenu) ou *Est-ce que je peux ?* (usage courant).

3. *Pouvoir* et la négation. À la différence de ce qui a lieu pour *vouloir, devoir, falloir* (voir **négation,** 10), la négation *ne... pas*

s'applique, selon sa place, soit à *pouvoir,* soit à l'infinitif qu'il introduit :

Je ne peux pas le dire/Je peux ne pas le dire.

Ces phrases ont des sens bien différents : « Je n'ai pas la possibilité de le dire » ou « J'ai la possibilité de ne pas le dire ».

4. *Je ne puis* + infin. (sans « pas »), voir négation, 5.

5. *Il se peut que* (usage soutenu) introduit une proposition avec verbe au subjonctif :

Il se peut qu'une erreur ait été commise.

On dit plus habituellement : *Il est possible que...* ou, très familièrement : *Ça se peut que...*

● *Ça se peut* est un équivalent familier de « c'est possible » :

Il paraît que cette histoire est vraie : ça se peut (bien). Je me demande des fois comment ça se peut.

6. *On ne peut plus, on ne peut mieux.* Dans ces expressions, le verbe reste toujours au présent.

● *On ne peut plus* + adj. ou adv. signifie « extrêmement, tout à fait » ; *on ne peut moins* signifie « pas du tout » :

La solution est on ne peut plus facile. Les circonstances étaient on ne peut moins favorables (= très défavorables).

● *On ne peut mieux* signifie « très bien, parfaitement » :

Cette remarque s'applique on ne peut mieux à la situation actuelle.

7. *Puissé-je,* etc. Le subjonctif présent de *pouvoir,* avec inversion du sujet, exprime un souhait (usage soutenu) :

Puissé-je me tromper ! Puissent de tels événements ne jamais se reproduire !

8. *Pouvoir* + peut-être. Il y aurait scrupule excessif à craindre d'employer l'adverbe *peut-être* avec le verbe *pouvoir* sous prétexte qu'il contient déjà ce verbe. On dit très normalement : *Ce renseignement pourra peut-être vous aider.*

pratique : *ce qu'il est pratique de* + infin./*que* + subj. → *qui,* 8
précédent : *l'année précédente* → *prochain, dernier,* 1
prédicat → *que,* 4
préférable : *ce qu'il est préférable de* + infin./*que* + subj. → *qui,* 8

préférer

1. Préférer qqch à qqch. Si les termes mis en comparaison sont des noms ou des pronoms, ils sont reliés par *à* :

*Nous préférons la discussion **aux** querelles.*

2. Préférer de + infin. est archaïsant. On dit : *Je préfère ignorer cela* plutôt que *Je préfère d'ignorer cela.*

3. Préférer + infin. plutôt que (de) + infin. Les infinitifs compléments de *préférer* sont en principe reliés par *plutôt que de* :

*Nous préférons discuter **plutôt que de** nous **quereller**.*

La liaison par *à* (*Nous préférons discuter à nous quereller*) est plus rare.

Il est assez fréquent que le deuxième terme soit introduit simplement par *que (de)* :

*Nous préférons discuter **que (de)** nous quereller. Je préfère être en avance **qu'en** retard* (dans ce cas, on emploie plutôt *aimer mieux* dans l'usage surveillé).

4. Préférer que + subj. (plutôt) que de + infin. Il n'est pas possible d'employer comme deuxième complément une subordonnée par *que* au subjonctif. On dit donc par exemple :

*Nous préférons **qu'on discute** (plutôt) **que de nous quereller*** et non **Nous préférons qu'on discute (que) qu'on se querelle.*

préjuger

Ce verbe s'emploie le plus souvent dans une phrase négative.
La construction directe (par ex. *préjuger un résultat*), autrefois courante, est bien moins usuelle aujourd'hui que la construction avec *de* :

*On ne saurait préjuger **de** la décision avant le débat. Je constate les faits sans préjuger **de** la suite des événements.*

La construction directe est un peu plus courante avec le pronom complément *rien* :

*Je ne peux **rien** préjuger sur cette question.*

premier : *le premier qui +* subj. → **relative,** 4, b

prendre

1. Prendre qqn ou qqch pour (ou comme) + n. (sans déterminant), c'est l'utiliser comme tel :

*On l'a pris **pour** modèle. Je prendrai **pour** exemple le cas suivant.*

On dit aussi, dans le même sens :

*Je prendrai **comme** exemples les deux cas suivants.*

2. Prendre qqn ou qqch pour + n. (avec déterminant), c'est commettre une méprise en se trompant sur l'identité de quelqu'un ou sur la nature de quelque chose :

*On le prend souvent **pour** son frère. De loin, j'avais pris cette tour **pour** un clocher.*

3. On dit *Les douleurs l'ont pris dans la nuit,* ou *lui ont pris dans la nuit,* mais toujours *Qu'est-ce qui **lui** prend ?* (et non **Qu'est-ce qui le prend ?*).

4. Prendre + n. (abstrait) exprime souvent une action qui commence, qui se développe (aspect inchoatif) :

Le papier prend feu. Prenez courage. Il prend de l'âge, de l'autorité.

5. Se prendre à + infin. est un équivalent soutenu de *se mettre à* :

*Il se prit **à** regretter le temps passé.*

6. Se prendre de + n. (sentiment), c'est se laisser gagner par un sentiment :

*Ils s'étaient pris **de** sympathie l'un pour l'autre.*

7. S'en prendre à qqn, c'est l'attaquer, le critiquer :

Il s'en prenait à tous les fonctionnaires.

8. Prendre garde, voir garde. **Ce qui lui prend/ce qu'il lui prend,** voir qui, 8.

se préparer à + infin. → **infinitif,** II, 2

préposition

1. *À, de, par, pour, dans, en, sur, avec, outre,* etc., sont des prépositions, c'est-à-dire des mots invariables introduisant des mots le plus souvent compléments. Un complément introduit par une préposition est appelé complément prépositionnel.

● À côté de, à l'exception de, en comparaison de, en plus de, par rapport à, par-dessus, etc., sont des locutions prépositives, c'est-à-dire des prépositions composées de plusieurs mots.

2. Emploi adverbial. De nombreuses prépositions peuvent jouer un rôle d'adverbe, surtout dans l'usage familier, quand on les emploie absolument, c'est-à-dire sans le nom ou le pronom qu'on pourrait exprimer après elles :

J'aperçois une maison, et un jardin *derrière* (= derrière elle). [Voir avec, 5 ; sans, 7 ; pour, 10 ; contre, 3 ; encontre.]

3. Répétition de la préposition. Quand plusieurs compléments prépositionnels sont coordonnés, la préposition peut généralement être répétée avant chacun d'eux ; cependant, dans de nombreux cas on ne la répète pas :

Recevez mes meilleurs vœux *pour* vous et (pour) votre famille.

La non-répétition est usuelle en particulier avec à, de, en :

— quand le groupe de compléments est une locution figée : passer son temps *à* aller et venir, *en* mon âme et conscience ;

— quand ce groupe désigne un ensemble : les conseils *de* ses parents et amis; ou désigne par plusieurs noms les mêmes êtres ou les mêmes choses : s'adresser *à* ses collègues et amis ; ou encore quand ces compléments sont coordonnés par ou : faire un travail *en* cinq ou six jours.

● Après autre (chose) que, la préposition est tantôt répétée, tantôt non répétée :

En disant cela, je pensais *à* tout autre que lui (ou qu'à lui). Il ne peut parler d'autre chose que (de) cela.

Voir aussi un, 6.

---

près de → *prêt, près*
presque : la presque totalité → *quasi, quasiment,* 1
pression : sous la pression de → *sur,* 1

---

prêt, près

Prêt à/près de. Prêt à indique une disposition de quelqu'un ou de quelque chose à accomplir ou à subir une action :

Nous sommes prêts *à* partir, prêts au départ. L'appareil est prêt *à* fonctionner.

Le contrat est prêt à être signé. Un costume prêt à porter.

● *Près de* peut indiquer la proximité dans le temps, le caractère imminent de quelque chose :

L'expérience était *près de* réussir quand cet incident est survenu (= sur le point de réussir).
Je ne suis pas près de recommencer (= je ne recommencerai pas de sitôt, c'est-à-dire : je ne recommencerai pas). [La phrase Je ne suis pas prêt à recommencer signifie plutôt : « je recommencerai, mais je n'y suis pas encore prêt ».]

● Dans certains cas, on peut employer à peu près indifféremment près de ou prêt à :

La maison semblait *près de* s'écrouler, ou *prête à* s'écrouler.

---

prétendre

1. Prétendre que + indic./prétendre + infin. Quand *prétendre* exprime une déclaration (« soutenir avec force »), la subordonnée conjonctive par que qui en dépend est à l'indicatif :

Je prétends que c'*est* la seule solution raisonnable.

Toutefois, on peut avoir le subjonctif ou le conditionnel dans les mêmes conditions qu'après croire (voir ce mot).

● En cas d'identité de sujet entre prétendre et le verbe de la subordonnée, celle-ci peut prendre la forme infinitive :

Je prétends *pouvoir* le faire (ou que je *peux* le faire).

2. Prétendre que + subj./prétendre + infin. Quand *prétendre* exprime une volonté, la subordonnée conjonctive par que qui en dépend est au subjonctif (usage soutenu) :

Je prétends simplement que chacun *reçoive* sa juste part.

● En cas d'identité de sujet entre prétendre et le verbe de la subordonnée qui en dépend, celle-ci est nécessairement de la forme infinitive :

Je prétends *recevoir* la part qui me revient.

3. Prétendre à qqch, c'est y aspirer légitimement, le revendiquer (usage soutenu) :

Il peut prétendre aux plus hautes fonctions.

Cette construction s'oppose à *prétendre qqch* (avec seulement un pronom ou le nom *chose* comme complément), « le déclarer fermement » (sens du n° 1) :

Je n'ai jamais prétendu cela, ou une chose pareille.

> **prêter à** + infin. → *infinitif,* II, 2
> **prêtre, -esse** → *genre,* 2
> **se prévaloir** → *pronominal,* 2 ; **se pré-**
> **valoir de qqch/ de ce que** + indic.
> → *de,* 10
> **prévoir de** + infin. → *infinitif,* II, 2

primer

On dit **primer qqch** au sens de « l'emporter, prévaloir sur qqch » : *La force prime le droit,* ou, en emploi absolu : *Entre ces urgences, c'est celle-ci qui prime.* La construction *primer sur qqch* tend aussi à se répandre :

Cette considération prime sur toutes les autres.

> **prince, princesse** → *genre,* 2
> **principale** → *phrase,* 1 et *subordina-*
> *tion,* 1

prix

Au prix de s'emploie ordinairement, outre sa signification commerciale, au sens de « moyennant, en échange de » :

Il a réussi à s'en tirer au prix d'un gros effort.

● L'emploi de cette locution dans l'expression d'une comparaison est un archaïsme littéraire :

Vos difficultés ne sont rien au prix des nôtres (usage courant : *auprès des nôtres* ou *en comparaison des nôtres*).

> **probablement** (en tête de proposition)
> → *inversion du sujet,* 1, b ; *probable-*
> *ment (que)* → *que,* 4

prochain, dernier

1. Quand ces adjectifs sont placés après un complément de temps précédé de l'article défini ou désignant un jour de la semaine, ils indiquent ce qui est le plus rapproché, dans l'avenir ou dans le passé, du moment où l'on parle :

*J'irai le voir la semaine **prochaine**, lundi* **prochain**. *Je l'ai vu la semaine **dernière**, jeudi **dernier** (ou, plus rarement, la semaine **passée**).*

● Pour indiquer le moment le plus rapproché par rapport à un autre moment que celui où l'on parle, on emploie après le nom les adjectifs *suivant* ou *précédent,* ou les expressions *d'avant, d'après :*

*Je serai absent la semaine prochaine, mais la semaine **suivante**, le lundi **suivant** (ou la semaine, le lundi **d'après**), j'irai le voir. Cette année-là, il y a eu des inondations ; l'année **précédente** (ou l'année **d'avant**), c'était la sécheresse.*

2. Par rapport au moment où l'on parle, *prochain* et *dernier* peuvent être librement placés avant ou après quelques noms compléments de temps : *la prochaine, la dernière fois,* ou *la fois prochaine, la fois dernière ; le prochain, le dernier week-end* ou *le week-end prochain, le week-end dernier.*

profiter

1. *Profiter (de ce) que.* La construction *profiter que* + indic. est exclue de l'usage surveillé, où l'on dit :

*Je profite **de ce que** vous êtes là pour vous poser la question,* et non **Je profite que vous êtes là.*

2. *Occasion à profiter.* Cette expression est usuelle dans la langue du commerce. Elle présente une anomalie du fait que *profiter de,* verbe transitif indirect, est construit comme un verbe transitif direct, par exemple *occasion à **saisir**.*

> **progressif :** *aspect progressif* → *géron-*
> *dif,* 2
> **projeter de** + infin. → *infinitif,* II, 2

promener

1. La construction *aller promener* pour *aller se promener* est archaïsante ou régionale.

2. *Envoyer promener qqn, qqch,* voir *(verbe) pronominal,* 2.

promettre de + infin. → **infinitif,** II, 2

---

pronom

1. Les pronoms peuvent jouer le même rôle grammatical que des noms :

*J'aperçois le **gardien** et je m'adresse à **lui*** (= au gardien).

Leur place dans la phrase est souvent différente de celle qu'aurait le nom qu'ils remplacent (voir **pronom personnel**). On distingue :

- les pronoms personnels : *je (me, moi), tu (te, toi), il (elle), se (soi, lui), nous, vous, ils (elles, eux), on ;*

- les pronoms démonstratifs : *ce, ceci, celui, celle, ceux, celles ;*

- les pronoms relatifs : *qui, que, quoi, dont, où, lequel, laquelle, lesquel(le)s, auquel, auxquel(le)s, duquel, desquel(le)s ;*

- les pronoms interrogatifs : *qui, que, quoi, auquel, auxquel(le)s, lequel, laquelle, lesquel(le)s ;*

- les possessifs employés pronominalement : *le mien, le tien, le sien, le nôtre, le vôtre, le leur ;*

- les indéfinis employés pronominalement : *certains, plusieurs, tout, rien, quelqu'un, quelque chose, personne, l'autre,* etc.

2. En règle générale, un pronom ne peut représenter un nom que si celui-ci est accompagné d'un déterminant (article, possessif, etc.). On dit donc normalement :

*Il a perdu **sa** fortune ; **elle** était considérable,*

mais non : **Il a fait fortune ; elle* (ou *celle-ci*) *est considérable,* car, dans ce dernier exemple, le mot *fortune* est employé sans déterminant.

---

pronom personnel

1. Le pronom omis en coordination. On peut ne pas répéter sous forme de pronom le sujet de plusieurs verbes coordonnés par *et, ou, ni, mais* :

Le commissaire s'assit, réfléchit un instant, prit une feuille et se mit à écrire. Il entend tout, mais ne répond rien.

Dans le cas d'une accumulation de verbes,

l'omission du pronom tend à souligner l'enchaînement des actions, alors que sa répétition tendrait plutôt à les distinguer l'une de l'autre.

- De même, le complément de plusieurs verbes coordonnés peut ne pas être répété sous forme de pronom personnel si ces verbes sont à des temps composés sans répétition de l'auxiliaire :

Je vous ai entendus et compris. Nous lui avons raconté et commenté l'incident.

L'omission du pronom ne peut avoir lieu que si les différents verbes construisent leur complément de la même façon. On dit donc normalement : *Il **nous** a aperçus et **nous** a fait signe* et non **Il nous a aperçus et fait signe,* parce qu'on *aperçoit quelqu'un* et qu'on *fait signe à quelqu'un.* (Voir **coordination,** 4.)

2. Deux pronoms compléments d'un impératif. On dit normalement *Donne-le-moi, donnez-le-moi.* La construction *Donne (donnez)-moi-le* est jugée relâchée. *Donne (donnez)-le-nous* apparaît en général préférable à *Donne (donnez)-nous-le.*

- On dit *Tiens-toi-le pour dit* ou *Tiens-le-toi pour dit ;* au pluriel, *Tenez-vous-le (Tenons-nous-le) pour dit* est plus usuel que *Tenez-le-vous (Tenons-le-nous) pour dit.*

- Si *en* ou *y* est associé à un pronom personnel, c'est *en* ou *y* qu'on place en second :

*Donne-**m'en** quelques-uns. Allez-**vous-en.** Fiez-**vous-y.*** (La forme **Donne-moi(z)-en, parle-moi(z)-en* est de l'usage relâché.)
On évite ordinairement les séquences *m'y, t'y* après un impératif. Au lieu de **Conduis-m'y, *Fie-t'y,* on dit par exemple :

Tu vas m'y conduire. Fie-toi à cela, ou *Tu peux t'y fier.*

3. Je ne le puis croire. Cette construction, qui place le pronom complément d'un infinitif avant le verbe introduisant cet infinitif, ne se rencontre plus que dans l'usage littéraire. L'usage normal est de placer le pronom avant l'infinitif, sauf si le verbe introducteur est *faire, laisser, voir, entendre* :

*Je ne peux pas **le** croire,* mais *Je **l'**ai entendu **nommer.***

4. Pronom d' « intérêt atténué ». Dans l'usage familier, on ajoute parfois à un impératif ou à une expression équivalente le pronom *moi* ou *me* sans fonction grammaticale précise, qui donne un tour plus vif à la phrase :

Fichez-moi le camp ! Regarde-moi ça ! Vous allez tâcher de me nettoyer cette pièce !

● Toujours dans l'usage familier, on emploie parfois les pronoms *te* ou *vous*, qui stimulent simplement l'intérêt de l'auditeur :

Il te (ou vous) l'a rembarré de la belle manière ! Je vous lui ai dit ses quatre vérités.

Ce cas est le seul où l'on puisse associer entre eux dans la fonction complément (l'un direct, l'autre indirect) les pronoms *me, te, se, nous, vous* ou les associer à *lui* (sans préposition), *leur.* Alors qu'on dit : *Je leur présenterai mes invités,* on dit : *Je vous présenterai à eux,* et non **Je vous leur présenterai.*

● Une phrase comme *Je vais me la manger, cette pêche,* où le pronom *moi* souligne simplement l'intérêt du sujet à l'action, est d'un type assez usuel dans le midi de la France. On l'évite dans l'usage écrit.

5. Moi et mon frère. Un usage grammatical reposant sur un principe de bienséance demande que le pronom *moi* soit placé en dernier quand il est coordonné à d'autres noms ou pronoms ; ainsi, dans l'usage soigné, on dit *mon frère et moi, vous et moi,* et non *moi et mon frère, moi et vous.*

Voir aussi **en, le, on, soi, y.**

(verbe) pronominal

1. Auxiliaire. Tout verbe de conjugaison pronominale (voir **verbe,** 2) reçoit aux temps composés l'auxiliaire *être :*

L'oiseau s'est envolé (verbe essentiellement pronominal *s'envoler*). *Je me suis procuré* (et non **Je m'ai procuré*) *le matériel* (verbe accidentellement pronominal *se procurer qqch*). Mais *Je lui ai procuré le matériel* (verbe non pronominal *procurer qqch à qqn*).

● Les formes surcomposées sont inusitées dans les verbes pronominaux ; on ne dit pas **Quand je m'ai été aperçu que,* ni **Quand je me suis eu aperçu que...* (verbe pronominal *s'apercevoir*) alors qu'on peut dire *Quand j'ai eu constaté que* (verbe non pronominal *constater*).

2. Omission du pronom. Le pronom réfléchi est souvent omis à l'infinitif de verbes pronominaux introduits par le verbe *faire :*

Faites-les taire (plus usuel que *Faites-les*

se taire). *On nous a fait asseoir* (ou *nous asseoir*). *Le bruit a fait envoler* (ou *s'envoler*) *les oiseaux. Il m'a fait apercevoir* (ou *m'apercevoir*) *de mon erreur. Cela me fait souvenir* (ou *me souvenir*) *d'une histoire.*

Toutefois, cette omission est à peu près impossible avec un certain nombre de verbes comme *s'abstenir, s'arroger, s'emparer, s'obstiner, se prévaloir,* etc.

● L'omission du pronom réfléchi a lieu plus rarement après les verbes *laisser, envoyer, mener, emmener :*

Ne laisse pas éteindre (ou *s'éteindre*) *le feu. Il a laissé échapper* (ou *s'échapper*) *les poules. On avait envoyé coucher* (ou *se coucher*) *les enfants.*

● L'omission du pronom réfléchi n'est pas possible si l'infinitif est séparé du verbe qui l'introduit par un nom qui est son sujet. Alors qu'on peut dire *Ne laisse pas le feu s'éteindre, On avait envoyé les enfants se coucher,* on ne dit pas : **Ne laisse pas le feu éteindre, *On avait envoyé les enfants coucher.*

On dit, toujours familièrement, *envoyer promener qqn, qqch* (= s'en débarrasser), mais normalement : *envoyer qqn se promener, se baigner* (= l'envoyer en promenade, au bain).

3. Pronominal et intransitif. Dans un certain nombre de verbes, on peut employer à peu près indifféremment le pronominal ou l'intransitif :

Fais attention : la branche risque de se casser (ou *de casser*). *Il avança d'un pas* (ou *il s'avança*).

Ces équivalences ne jouent pas, en principe, pour tous les emplois de ces verbes. Le plus souvent, le pronom réfléchi est nécessaire quand le sujet est de la classe des noms animés, ou en rapport avec cette classe, et on observe alors une différence de sens :

Le rôti brûle/Le cuisinier se brûle. Ces outils rouillent (ou *se rouillent*) *à l'humidité/L'esprit se rouille* (et non **rouille*) *dans l'inaction. Le café refroidit/Son ardeur se refroidit* (et non **refroidit*).

4. Pronominal-passif, voir passif, 4.

propre

1. Avant le nom et après un possessif, *propre* souligne le lien entre « possesseur » et « possédé » (voir **possessif,** 2) :

> *Vous ne pouvez pas renier votre propre signature* (c'est bien vous qui avez signé personnellement). *Sa propre famille l'avait abandonné* (même sa famille).

● Dans quelques cas, *son propre* peut lever une ambiguïté en renvoyant au sujet du verbe :

> *Pierre a dit à Paul qu'il allait s'occuper de ses propres affaires* (= de ses affaires à lui, Pierre ; sans l'adjectif *propre,* il pourrait s'agir aussi des affaires de Paul).

2. Après le nom, outre le sens de « sans salissure » *(une chemise propre),* l'adjectif *propre* souligne le fait que quelque chose est particulier à quelqu'un ou à quelque chose :

> *Tous ces phénomènes économiques obéissent à des lois propres* (= spécifiques). *Chacun a ses habitudes propres* (= personnelles).

On peut noter que quand le nom est précédé d'un possessif, comme dans ce der-nier exemple, la différence entre la valeur de *propre* postposé et celle de cet adjectif antéposé peut être faible :

> *Chacun a ses propres habitudes.*

La postposition insiste un peu plus sur les différences entre les habitudes des uns et des autres. (Voir **adjectif,** 4.)

3. Le mot propre/les propres mots. Le *mot propre,* c'est le mot qui convient exactement, le mot approprié, ou juste ; *les propres mots* de quelqu'un, ce sont les termes exacts qu'il a employés, les mots textuels.

4. Son propre renvoyant à *on,* voir **on,** 3.

---

présumer que (mode) → *croire,* 6
promettre que (mode) → *croire,* 6
propre : nom propre → *nom,* 1 ; article devant les noms propres → *article,* 3
provenir de qqch/de ce que + indic. → *de,* 10
provinces : noms de provinces *(en, dans...)* → *en,* II, 3
prudent : *ce qu'il est prudent de* + infin./*que* + subj. → *qui,* 8
puis : *je puis/je peux* → *pouvoir,* 2
puissé-je → *pouvoir,* 7

qualifier

On emploie habituellement la préposition *de* devant l'attribut du complément d'objet de ce verbe (ou, au passif, devant l'attribut de son sujet) :

> *Je n'hésite pas à qualifier ce projet d'insensé. Cette attitude peut être qualifiée de fourberie.*

La construction directe (sans *de*) est plus rare : *Voilà une idée que je qualifierai sage.*

> **quand :** *aimer bien, quand* → **aimer,** 5 ; *quand (bien) même* → **même,** 5 ; (interrogatif) → **interrogation,** 6

quant à

1. Comme présentatif, *quant à* sert à mettre en relief un nom, un pronom, un infinitif :

> *Quant à cette affaire, je m'en occupe. Je suis, quant à moi, bien décidé à continuer* (= pour ma part, en ce qui me concerne). *Quant à savoir qui a raison, c'est une autre question* (= pour ce qui est de savoir).

● **Tant qu'à moi,* au lieu de *quant à moi,* est de l'usage populaire.

2. *Quant à* signifie aussi « au sujet de, relativement à » :

> *Je n'ai aucune information quant à l'origine de cette rumeur.*

> **quantité :** *une quantité de* → **collectif,** 1

quasi, quasiment

1. *Quasi* s'emploie parfois devant un adjectif (dans ce cas, il n'est pas lié à l'adjectif par un trait d'union, contrairement à ce qu'il se passe avec le nom) :

> *C'est quasi certain, quasi impossible* (on dit plus ordinairement *presque, à peu près, pour ainsi dire*).

● Devant certains noms abstraits, *quasi* est assez courant :

> *J'en ai la quasi-certitude. Il a recueilli la quasi-totalité des suffrages* (on dit aussi, parfois, *la presque totalité*).

2. *Quasiment* devant un adjectif est un peu plus familier que *quasi* :

> *C'est quasiment impossible.*

● Devant un infinitif, *quasiment* est archaïque : *Sans cette précision, on pourrait quasiment s'y tromper.*

que

1. La conjonction *que* introduit une proposition qui peut être complément, sujet ou attribut, à l'indicatif, au subjonctif ou au conditionnel :

> *Je crois que c'est vrai. Qu'il y ait des difficultés, c'est certain. Le malheur est qu'on l'ait su trop tard.* (Voir **croire, dire, demander,** etc., **subjonctif, subordination.** Pour *(à ce) que, (de ce) que,* voir **à,** 5 ; **de,** 10).

● *Que* peut remplacer n'importe quelle conjonction de subordination dans une subordonnée coordonnée à une autre :

> *Comme il était tard et que nous n'avions pas dîné, on a levé la séance.*

De même : *Quand... et que..., si... et que..., puisque... et que...,* etc.

2. *Que* = « au point que », « si bien que ». Cet emploi est ordinairement familier :

> *Il m'a couvert de compliments, que j'en étais gêné.*

3. *Que* = « puisque ». Dans cet emploi, *que* introduit une proposition qui exprime une explication logique d'un fait constaté :

Vous êtes donc bien pressé, que vous ne voulez pas rester cinq minutes ?

4. Que de liaison. *Que* sert de lien entre ce qu'on dit de quelqu'un ou de quelque chose (le « prédicat ») et la désignation, venant ensuite dans la phrase, de la personne ou de la chose en question (le « thème » de la phrase) :

C'est un escroc que cet individu. Drôles de gens que ces gens-là ! Quelle chance que cette rencontre ! C'est une erreur que de croire cela.

Dans les constructions de ce type, *que* peut ne pas être exprimé ; on marque alors une pause avant le deuxième terme si celui-ci est un nom ou un pronom :

C'est un escroc, cet individu (ou *celui-là*). *C'est une erreur de croire cela.*

• *Que* s'emploie couramment après un adverbe exprimant une opinion, pour introduire une proposition à laquelle s'applique cette opinion :

Heureusement qu'il n'a rien dit ! Certainement (ou *sûrement*, ou *assurément*) *qu'on pouvait faire autrement. Probablement que ça n'aurait rien changé !*

• Dans un usage un peu plus soutenu, on peut ne pas exprimer *que* et marquer une pause (une virgule) entre l'adverbe et ce qui suit :

Heureusement, il n'a rien dit. Certainement, on pouvait faire autrement.

• Avec *sans doute, peut-être*, le pronom personnel sujet est inversé dans l'usage soutenu :

Peut-être avait-il raison (usage courant : *peut-être qu'il avait raison*, ou, plus familièrement : *peut-être il avait raison*).

5. Le jour où, le jour que. La proposition qui développe un complément de temps (*le jour, le mois, un matin, la fois,* etc.) est introduite le plus souvent par *où*, parfois aussi par *que*, qui paraît en général plus familier :

Ça s'est passé le jour qu'il a fait si chaud (usage plus courant : *le jour où il a fait si chaud*). *Un matin qu'il pleuvait (où il pleuvait). La fois que je suis tombé en panne (où je suis tombé en panne).*

On dit à peu près indifféremment *la première (la dernière, la seule) fois que je l'ai vu*, ou *où je l'ai vu*.

6. Que si... Cette expression de l'hypothèse en tête de phrase est un archaïsme littéraire :

Que si d'aucuns s'indignent, ils n'ont pas tort (usage courant : *si certains s'indignent*).

7. *Que que.* La combinaison d'une subordonnée complétive et d'une circonstancielle de comparaison (voir **subordination**, 3) peut amener la rencontre de deux *que* ; dans ce cas, l'un des deux disparaît obligatoirement : **J'aime mieux ne rien dire que qu'on puisse me reprocher une erreur* devient, par exemple :

J'aime mieux ne rien dire que de risquer de m'entendre reprocher une erreur, ou *que si on pouvait me reprocher une erreur.* (Voir **si**, 5. Voir aussi **manquer**, 6.)

8. Que... que. Les phrases *ce que tu prétends que tu as fait, ce qu'on croit qu'il a dit* ont une construction régulière : le premier *que* est un pronom relatif complément de *tu as fait, il a dit* (cf. *ce dont tu dis que tu t'es occupé*), et le deuxième est la conjonction *que*. On préfère souvent éviter cette répétition de *que* (par exemple : *ce que tu prétends avoir fait ; ce que, croit-on, il a dit*).

9. Que... qui... La construction *un récit que nous croyons qui est vrai* est archaïsante dans l'usage écrit mais se rencontre dans l'usage oral. On l'évite en général par divers procédés, par exemple : *un récit que nous croyons vrai, un récit dont nous croyons qu'il est vrai.*

10. Que oui ! Que non ! Que si ! Ces formes exclamatives de réponse sont de l'usage familier :

Vous ne le connaissiez pas ? — Oh !, que si ! (= certes si, bien sûr que si).

11. Que/qu'est-ce que/quoi. Le mot interrogatif *que* appartient à l'usage soutenu :

Que puis-je faire pour vous ? (usage courant : *Qu'est-ce que je peux faire pour vous ?*). *Je ne sais que penser de tout cela* (usage familier : *Je ne sais pas quoi penser de tout ça*). *Que vous servirait un nouveau délai ?* (usage courant : *À quoi vous servirait... ?*). *Que vous importe ?* (usage familier : *Qu'est-ce que ça peut vous faire ?*).

• Dans l'interrogation directe, *que* est le plus souvent complément d'objet direct, parfois attribut (*que devenez-vous ?*), ou complément circonstanciel, comme dans les derniers exemples précédents. Il n'est normalement sujet que devant quelques verbes impersonnels ou construits impersonnellement (voir **impersonnel**) :

Que se passe-t-il ? Que vous reste-t-il ?

La phrase *Que me vaut l'honneur (de votre visite)* respecterait ce principe uniquement si *que* devait être interprété comme complément de *valoir*, et non comme sujet, ce qui n'est assurément pas le cas. La construction normale est :

Qu'est-ce qui me vaut l'honneur (de votre visite) ?

12. ***Que ne... ? (ou !).*** Cet emploi adverbial est nettement littéraire :

Que ne le disiez-vous plus tôt ? (= *pourquoi ne le disiez-vous pas plus tôt ?*). *Que ne m'a-t-on consulté !* (= *pourquoi ne m'a-t-on pas consulté ?*).

13. ***Que*** **= « sans que », « avant que »,** voir négation, 5. ***À peine... que..., il me le jurerait que...,*** voir subordination, 2. ***C'est... que,*** voir c'est. ***Que*** **adverbe exclamatif,** voir combien, 1.

quel

1. ***Quel*** **adjectif interrogatif** peut s'employer comme déterminant du nom (épithète), ou comme attribut ; quand il ne détermine pas le sujet, le sujet est inversé (inversion simple ou complexe) :

Quel âge avez-vous ? À quelle heure commence la séance ? (ou *À quelle heure la séance commence-t-elle ?*). *Quel est votre âge ?*

● *Quel* ne peut pas être attribut de *ce, cela, ça :* alors qu'on dit *Quel est cet objet ?* on ne dit pas **Quel est cela ?* mais *Qu'est-ce que (c'est que) cela ?*

2. ***Quel*** **déterminant un sujet.** Dans ce cas, le sujet n'est pas inversé :

Quelle autre solution s'offrait à nous ? Quel jour vous conviendrait ?

● On observe la tendance à pratiquer dans ce cas l'inversion complexe, surtout quand la phrase est négative :

Quelle autre solution s'offrait-elle à nous ? Quel jour vous conviendrait-il ? Quel homme raisonnable n'approuverait-il pas cet accord ?

● On dit très souvent *Quel est le... qui... ? :*

Quel est le jour qui vous conviendrait ?

Ainsi est ordinairement évitée l'ambiguïté qui apparaîtrait dans une phrase telle que *Quel adversaire a battu notre champion ?* (*adversaire* peut être sujet ou complément d'objet : *Quel est l'adversaire qui a battu notre champion ?* ou *Quel est l'adversaire que notre champion a battu ?*).

3. ***Quel*** **épithète/quel attribut.** *Quel homme est-ce ?* signifie souvent « quelle sorte d'homme est-ce ? », l'interrogation portant sur la personnalité, le caractère,

c'est-à-dire les « qualités » de quelqu'un ; exemple de réponse : *C'est un homme courtois, très compétent dans son domaine.* La question *Quel est cet homme ?* appelle plutôt une information sur l'identité ; exemple de réponse : *C'est M. Dupont ; c'est le nouveau directeur.*

4. ***Quel/qui*** **(attributs).** *Qui* étant réservé à l'interrogation sur des personnes, on emploie seulement *quel* (ou *lequel,* voir ce mot) pour les animaux et les choses :

Quel est cet oiseau ? Quelle est votre décision ?

● *Quel est cet homme ? Qui est cet homme ?* On emploie à peu près indifféremment ces deux formes d'interrogation pour s'informer sur l'identité de quelqu'un ; dans l'interrogation indirecte, on emploie plus couramment *qui : Je vous demande qui est cet homme.* On dit toujours *Qui es-tu ? Qui êtes-vous ?* et non **Quel es-tu ? *Quel êtes-vous ?*
L'interrogation *Quel est-il ?* suppose en principe comme réponse un nom de chose ou d'animal ; pour une personne, on dit *Qui est-il ?* (l'emploi de *quel* comme attribut pour interroger sur les qualités de quelqu'un est archaïque).

5. ***Quel que*** **+ subj.** (à bien distinguer de *quelque... que*) est un système concessif dans lequel *quel* est un adjectif attribut, le verbe de la proposition étant en principe *être :*

Quels que soient ses motifs, son choix est regrettable. Quelles qu'aient pu être ses intentions, son attitude est inacceptable.

● Le sujet du verbe de la proposition commençant par *quel que* ne peut pas être *ce, cela, ça ;* au lieu de **Quel que soit ce qui vous inquiète,* on dit, par exemple :

Quelle que soit la chose qui vous inquiète, ou *Quoi que ce soit qui vous inquiète...*

quelconque

1. Au sens indéfini (« n'importe quel, tel ou tel »), ce mot se place le plus souvent après un nom précédé de l'article indéfini :

Si pour une **raison quelconque** *vous deviez vous absenter, prévenez-moi.*

● Il est parfois placé avant le nom, avec une valeur plus ou moins péjorative :

Il habitait dans une **quelconque maison** *préfabriquée* (= banale).

• Dans l'usage scientifique, il est toujours placé après le nom ou après un mot numéral employé pronominalement :

*Abaissons une perpendiculaire à ce diamètre d'un **point quelconque** du cercle. Considérons **trois quelconques** de ces nombres.*

2. Il s'emploie comme adjectif qualificatif au sens de « médiocre » ; il peut alors être modifié par des adverbes de quantité :

Son dernier film est quelconque. C'est un personnage assez quelconque.

quelque

1. Au singulier, *quelque* devant un nom comptable signifie « tel ou tel » :

*Il a dû avoir **quelque empêchement**.*

Devant un nom non comptable, il indique une certaine quantité, une certaine importance :

*Il est resté là-bas **quelque temps**. Il a accepté, non sans **quelque hésitation*** (= une certaine hésitation, plus ou moins d'hésitation).

2. Au pluriel, *quelques* indique un petit nombre :

*Je reviendrai dans **quelques jours**.*

• *Et quelques* indique, familièrement, l'addition d'un petit nombre d'unités :

Ça m'a coûté cent et quelques francs, ou cent francs et quelques.

3. *Quelque(s)* + n. + *que* + subj. indique dans l'usage soutenu la concession, l'opposition et signifie « quel que soit le... que... » ; dans cet emploi, *quelque* est adjectif et s'accorde avec le nom qui suit :

Quelque soin, quelques précautions qu'on prenne, une maladresse est toujours possible.

• *Quelque* + adj. attribut + *que* + subj. équivaut, dans l'usage soutenu, à « si... que... » ou « tout... que... » indiquant la concession ; dans cet emploi, *quelque* est adverbe et invariable :

Quelque inquiétantes que soient ces nouvelles, tout espoir n'est pas perdu (usage courant : *Si inquiétantes que...*).

Devant un adverbe, cet emploi adverbial de *quelque* est encore plus marqué littérairement :

Quelque adroitement qu'on s'y prenne, on s'expose à un échec (usage courant : *Si adroitement que...*).

4. *Quelque* devant un mot numéral est un adverbe invariable d'un niveau plus soutenu que « environ », dont il a le sens :

*Il y a **quelque vingt-cinq** ans que j'ai quitté ce pays.*

5. *Quelque chose* est une locution pronominale ; les adjectifs qui s'y rapportent sont au masculin ; s'ils sont épithètes, ils sont introduits par la préposition *de* :

Quelque chose me paraissait surprenant. J'ai appris quelque chose de nouveau. Y a-t-il quelque chose d'autre ?

La construction *quelque chose autre* se rencontre parfois dans l'usage littéraire.

• L'emploi de *chose* comme nom autonome immédiatement après *quelque* est rare :

*Il a toujours quelque **chose** urgente à faire* (on dit ordinairement *quelque chose d'urgent*).

• *Quelque chose comme* exprime familièrement une approximation :

Il y a quelque chose comme vingt ans de cela (= environ).

• *Quelque chose dont,* voir dont, 1.

6. *Quel que,* voir quel, 5.

quelqu'un

1. *Quelqu'un/quelques-uns.* Dans l'usage courant, *quelques-uns* ne fonctionne pas exactement comme le pluriel de *quelqu'un*.

• *Quelqu'un* (au masculin singulier) s'emploie sans complément et ne représente pas un nom exprimé antérieurement ; il désigne une personne non définie (homme ou femme) :

Quelqu'un est venu.

• *Quelques-uns, quelques-unes* s'emploie avec un complément partitif (ou le pronom *en*), ou bien il représente un nom déjà exprimé ; il peut ainsi désigner des êtres animés ou des choses :

Quelques-uns des invités sont arrivés ; j'en connais quelques-uns. Vingt personnes sont invitées ; quelques-unes sont arrivées. J'ai lu quelques-uns de ces livres.

• Dans un usage plus ou moins littéraire, on donne parfois un complément partitif à *quelqu'un*, *quelqu'une* (au singulier) : *Il vous racontera quelqu'une de ses aventures* (= l'une ou l'autre, telle ou telle), et on emploie parfois *quelques-uns* (au masculin), sans complément, au sens de « certains, certaines personnes» : *Quelques-uns ont prétendu le contraire.*

2. Quelqu'un de + adj. Un adjectif (ou un participe) qualifiant *quelqu'un* est précédé de la préposition *de :*

Il faut quelqu'un de sérieux pour cet emploi.

La construction *quelqu'un autre* se rencontre parfois dans l'usage littéraire.

3. Quelqu'un/personne, voir personne, 2.

qu'est-ce que (exclamatif)
→ *combien,* 1
question : *la question financement*
→ *de,* 12

qui (pronom relatif)

1. *Qui* représentant des personnes ou des choses, voir lequel, 1 et 2 ; dont, 1.

2. Dans une proposition relative ayant pour sujet *qui,* les accords en personne, en nombre et en genre du verbe et des adjectifs attributs se font normalement avec le mot représenté par *qui* (son antécédent) :

Moi qui suis frileuse, j'ai trop chaud ici (et non **moi qui est*). *C'est toi qui parleras* (et non **qui parlera*). *Un garçon et une fille qui sont très actifs.*

3. Si l'antécédent est un mot mis en apostrophe, le verbe est à la 2ᵉ personne :

Amis qui m'écoutez, comprenez-moi.

4. Si l'antécédent est attribut d'un pronom de la 1ʳᵉ ou de la 2ᵉ personne, l'accord se fait le plus souvent avec cet attribut — c'est-à-dire à la 3ᵉ personne :

Vous êtes la personne qui peut le mieux nous aider. Nous sommes ceux qui prennent les décisions. Je suis celui qui a reçu cette mission.

● Cependant l'accord se fait parfois avec le pronom auquel se rapporte l'attribut, en particulier quand cet attribut est un indéfini ou est précédé de l'article indéfini, ou comporte un mot comme *le premier, le seul,* etc., ou un terme exprimant la quantité (*deux, trois, plusieurs, beaucoup,* etc.) :

Vous êtes quelqu'un qui peut (ou *qui pouvez*) *nous aider. Nous sommes les seuls qui sachent* (ou *qui sachions*) *manœuvrer cet appareil. Nous sommes deux qui*

enquêtons sur cette affaire. Nous sommes deux détectives qui enquêtons (ou *qui enquêtent*) *sur cette affaire.* (Voir entre, 1.)

5. Un des... qui... Si l'antécédent est de la forme *un des..., un de ceux...,* l'accord se fait le plus souvent au pluriel :

C'est une des raisons qui m'ont décidé.

● Cependant l'accord peut être au singulier si *qui* ne représente que *un :*

On a coupé un des arbres qui nuisait aux autres.

6. Qui sans antécédent. L'emploi de *qui* sans antécédent (= celui qui, toute personne qui, ce qui) a un caractère de sentence ou de locution, notamment après *voici, voilà :*

Qui vivra verra. Il raconte cela à qui veut l'entendre. Comprenne qui pourra. Bien malin qui s'en serait douté. J'ai rencontré qui vous savez (= quelqu'un que je ne nomme pas, mais à qui vous pensez). *C'est coûteux et, qui plus est, inutile. Voilà qui n'arrange pas les choses.*

● Dans l'usage soutenu, cet emploi n'a pas ce caractère de locution :

C'est assez simple pour qui veut bien faire un effort de réflexion.

7. Qui... qui... Dans l'usage littéraire, *qui* ainsi répété et non suivi d'un verbe équivaut à « l'un..., l'autre... » développant un sujet exprimé auparavant :

Ils s'en retournèrent bientôt qui à ses affaires, qui à ses loisirs.

8. Qui/qu'il. Ces deux formes sont confondues dans la prononciation familière (sauf en général devant une voyelle). Il convient cependant de distinguer leurs emplois, en particulier devant certains verbes ou certaines expressions admettant la construction impersonnelle *(qu'il...)* ou la construction personnelle *(qui...).*

● De nombreux adjectifs peuvent entrer dans une construction impersonnelle, mais uniquement s'ils sont suivis d'un infinitif ou d'une subordonnée par *que,* selon le modèle *Il est* + adj. *de* + infin. (ou *que* + subj.).
On dira donc *ce qu'il sera nécessaire de faire* (ou *que vous fassiez*), *ce qu'il est utile de savoir* (ou *que vous sachiez*) ; mais *ce qui sera nécessaire, ce qui est utile* (et non **ce qui sera nécessaire de faire* [ou *que vous fassiez*], **ce qui est utile de savoir* [ou *que vous sachiez*]).

● On peut citer comme exemples d'adjectifs ou de locutions admettant ces constructions : *important, nécessaire, avantageux, pratique, urgent, interdit, légitime, prudent, sage, préférable, à propos, hors de question,* etc. Il faut noter que certains de ces adjectifs peuvent être suivis, en construction personnelle, de *à* + infin. ; on peut dire aussi *ce qui est utile à savoir,* etc.

● Le même principe s'applique à des verbes comme *importer* et *convenir* :

C'est ce qu'il importe (ou *qu'il convient*) *de savoir* (ou *qu'on sache*), ou *C'est ce qui importe, ce qui convient* (et non **C'est ce qui importe, ce qui convient de savoir,* ou *qu'on sache*).

● Enfin, il y a quelques verbes qui peuvent être employés personnellement ou impersonnellement même sans être suivis d'un infinitif ou d'une subordonnée par *que.* On peut dire :

Je ne sais pas ce qui m'arrive, ou *ce qu'il m'arrive, ce qui* (ou *ce qu'il*) *se passe, ce qui* (ou *ce qu'il*) *lui prend. Je fais ce qui* (ou *ce qu'il*) *me plaît. Qu'est-ce qui* (ou *qu'il*) *reste ? Qu'est-ce qui* (ou *qu'il*) *manque ?*

● On dit toujours *Ce qu'il faut.* (Voir **falloir,** 7.)

9. Qui que + être (subj.). Cette locution a une valeur indéfinie :

Qui que vous soyez, vous êtes le bienvenu.

Dans l'usage soutenu, on la fait parfois précéder d'une préposition, avec d'autres verbes que *être* :

À qui que vous vous adressiez, vous obtiendrez la même réponse.

● *Qui* (ou *quoi*) *que ce soit qui* (ou *que*) signifie « quelle que soit la personne ou la chose qui (ou que) » :

Qui que ce soit qui vous l'ait dit, c'est une erreur. Quoi que ce soit qui se produise, nous sommes parés. On évite souvent, quand c'est possible, ces locutions lourdes, par ex. *quoi qu'il se produise, quoi qu'on fasse,* mais le tour *qui qui vous l'ait dit* n'est plus usuel.

10. Qui... qui. Dans l'usage littéraire, le relatif *qui* peut avoir pour antécédent l'interrogatif *qui ;* le verbe est alors au subjonctif :

Qui croyez-vous qui s'en souvienne ?

11. Quoi qui, quoi que, voir **quoi,** II, 5. **Que... qui...,** voir **que,** 9.

qui (pronom interrogatif) → *interrogation,* 6

Ce mot s'emploie dans l'usage soutenu, souvent dans des phrases sentencieuses ou de portée générale.

1. Dans son emploi le plus traditionnel, *quiconque* appartient à la fois à deux propositions (il est sujet de l'une et sujet ou complément de l'autre), et il peut se traduire par « toute personne qui » :

Quiconque est honnête sait reconnaître ses torts. La conclusion est évidente pour quiconque juge sans parti pris.

2. *Quiconque* s'emploie aussi, plus largement, comme un simple pronom indéfini, là où dans l'usage courant on utilise plutôt « n'importe qui, tout le monde, personne », et particulièrement dans des comparaisons après *plus que, moins que, mieux que, autant que, aussi... que* :

Je défie quiconque de prouver le contraire. Je le sais autant que quiconque.

3. Il n'y a pas lieu de reprendre *quiconque* par *qui,* même s'il est séparé du verbe dont il est le sujet : **La conclusion est évidente pour quiconque, parmi les lecteurs du rapport, qui juge sans parti pris.*

I. *QUOI,* PRONOM INTERROGATIF OU INTERJECTION.

1. Quand *quoi* interrogatif n'est pas introduit par une préposition, il est ordinairement d'un usage plus familier que les pronoms *qu'est-ce que* ou *que* :

Tu fais quoi ? (usage courant : *Qu'est-ce que tu fais ?,* soutenu : *Que fais-tu ?*). *Je ne sais pas quoi faire* (usage soutenu : *Je ne sais que faire*). *Quoi de neuf ?* (usage soutenu : *Qu'y a-t-il de neuf ?*).

2. *Quoi ?* s'emploie familièrement pour demander à quelqu'un de répéter quelque chose : *J'arrive. — Quoi ?* Les mots *comment ?* ou *pardon ?* sont jugés plus polis ; *plaît-il ?* est archaïsant.

● *Quoi ?* peut même, familièrement, être substitué à tel ou tel mot d'une phrase qu'on a mal compris, sur lequel on demande une explication :

C'est un animal de la famille des myrmécophagidés. — Des quoi ? Il est nyctalope. — Il est quoi ?

Si on veut éviter la familiarité de cet emploi, on peut dire, par exemple : *Comment dites-vous ?*

3. *Quoi !* employé comme interjection au début d'une phrase n'a rien de familier : *Quoi ! c'est donc vrai ?*

● À la fin d'une phrase, *quoi !* souligne parfois familièrement ce qui a été dit :

Ça n'est pas bien grave, quoi ! (= allons !). *C'est arrivé par hasard, un coup de chance, quoi !* (= en somme).

II. QUOI, PRONOM RELATIF.

1. *Quoi* s'emploie avec une préposition pour représenter un pronom « neutre » comme *ce, cela, quelque chose, rien :*

Il s'est produit ce à quoi on pouvait s'attendre. Il a ajouté quelque chose sur quoi je n'insisterai pas. Il n'y a là rien de quoi on doive s'inquiéter (on dit plus ordinairement *rien dont*).

2. *Quoi* s'emploie sans antécédent après *voici, voilà :*

Voilà à quoi il passe ses journées.

3. *Quoi* peut représenter une proposition entière, après une pause :

Il croit que c'est facile, en quoi il se trompe (ou *ce en quoi il se trompe*). *Commence par là, après quoi nous verrons.*

De même : *à quoi* (ou *ce à quoi*), *sans quoi, grâce à quoi, faute de quoi, moyennant quoi, à la suite de quoi, en conséquence de quoi,* etc. Dans ce cas, on peut remplacer *quoi* par *cela.*

4. *Quoi* se rencontre encore, dans l'usage littéraire, pour représenter, comme autrefois, un nom de chose bien déterminé :

Il tient un raisonnement par quoi il prétend se justifier (usage courant : *par lequel*).

5. *Quoi que* (à distinguer de *quoique,* voir ce mot) est un relatif indéfini introduisant une subordonnée de concession au subjonctif ; il signifie « quelle que soit la chose que, n'importe quoi que » et a une fonction dans la proposition (complément d'objet, attribut en particulier) :

Quoi qu'il fasse, il ne peut pas s'en tirer. Je m'interdis de toucher à quoi que ce soit.

● *Quoi que ce soit* signifie « une chose quelconque, n'importe quoi » :

Si vous avez besoin de quoi que ce soit, demandez-le.

Dans l'usage littéraire, on emploie éventuellement l'imparfait du subjonctif :

Quand il avait besoin de quoi que ce fût...

● *Quoi qu'il en soit* signifie « bref, en tout état de cause, de toute façon ».

● *Quoi qu'il (qu'on) en ait* est une variante de *malgré qu'il (qu'on) en ait ;* elle est encore plus affectée que cette expression archaïque.

● *Quoi qui* + subj. est rare. Au lieu de *Quoi qui vous tracasse, il y a une solution,* on peut dire, par exemple, *Quoi que ce soit qui vous tracasse,* ou *Quelle que soit la question qui vous tracasse.* On dit couramment *quoi qui vous arrive,* qui se confond dans la prononciation avec *quoi qu'il vous arrive ;* de même avec de nombreux verbes impersonnels. Voir **qui,** 8.

6. *Comme quoi,* voir **comme,** 3.

quoique

1. Mode. On emploie normalement le subjonctif avec la conjonction de concession *quoique,* comme avec *bien que, encore que, malgré que :*

Quoiqu'il soit riche, il vit très simplement.

Cependant il arrive que le verbe soit à l'indicatif ou au conditionnel, en particulier dans un usage familier où la conjonction joue à peu près le même rôle qu'un adverbe tel que *toutefois :*

Avec tous ces événements, il y a de quoi s'inquiéter, quoique personnellement ça m'est égal. On pourrait faire un détour par les vieux quartiers, quoique ça risquerait de nous mettre en retard. Essaie toujours si tu veux, bien que tu pourrais le regretter.

2. *Quoique, bien que, encore que* peuvent s'employer devant un adjectif, une locution adverbiale ou circonstancielle avec ellipse du verbe :

La maison, quoique ancienne, est confortable. J'arrive à comprendre, quoique avec difficulté.

3. *Quoique ça* appartient à un usage très familier, avec le sens de « et pourtant, malgré ça, néanmoins » :

Tout s'est bien passé ; quoique ça il y a eu un petit ennui.

4. Voir aussi **quoi,** II, 5 (**quoi que**), et **concession.**

R

● **En raison de** exprime la cause :

En raison du mauvais temps, la séance a eu lieu dans la salle municipale.

● **À raison de** exprime la base à laquelle on se rapporte pour l'évaluation d'un prix, d'une durée, etc. :

Acheter un lot de livres d'occasion à raison de dix francs le livre. À raison de six heures par pièce, il faut une semaine de travail pour repeindre la maison.

● L'emploi de à raison de pour exprimer la cause est de l'usage littéraire :

On se méfiait de lui à raison même de son zèle excessif.

● **À plus forte raison** (en tête de phrase), voir **inversion du sujet, 1, b**.

se rappeler

1. Se rappeler (de) qqch ou (de) qqn. Dans l'usage surveillé, la seule construction admise est la construction directe se rappeler quelque chose, quelqu'un, et non de quelque chose, de quelqu'un. On dit donc :

Je me rappelle cette histoire. Je me la rappelle. C'est tout ce que je me rappelle.

Cependant la construction indirecte, avec de, est très largement répandue, surtout dans l'usage oral :

Je me rappelle de cette histoire. Je m'en rappelle. C'est tout ce dont je me rappelle.

Cette construction est analogique de se souvenir de qqch ou de qqn, qu'on pourra toujours substituer à se rappeler de qqch ou de qqn :

Je m'en souviens très bien.

● Quand le complément d'objet de se rappeler est un pronom de la 1re ou de la 2e personne, la construction directe est impossible. On ne peut pas dire *Tu te me rappelles ? *Je me vous rappelle, etc. ; on

dit très couramment Tu te rappelles de moi ? Je me rappelle de vous, à moins qu'on ne préfère dire Tu te souviens de moi ? Je me souviens de vous, etc.

● Bien entendu, on dit très normalement dans l'usage surveillé :

Je m'en rappelle tous les détails. C'est une journée dont je me rappelle tous les instants,

parce que dans ces phrases en et dont sont compléments de noms (détails, instants) et non du verbe se rappeler.

2. Se rappeler (de) + infin. Quand le complément de se rappeler est un infinitif, la construction indirecte est admise dans l'usage surveillé : Je me rappelle d'avoir dit le contraire, mais on dit plus couramment Je me rappelle avoir dit le contraire, ou que j'ai dit le contraire.

● La construction indirecte de l'infinitif est la seule possible quand se rappeler est employé au sens de « penser (à), ne pas oublier (de) » :

Rappelez-vous d'aller l'attendre à la gare demain soir.

rapport

1. Rapport à (ce que) est une locution prépositive ou conjonctive de l'usage populaire :

J'ai du mal à me baisser, rapport à mes rhumatismes. On est vite rentrés, rapport à ce qu'il commençait à pleuvoir.

Dans l'usage courant, on dit à cause de, en raison de, ou parce que.

2. Sous le rapport de qqch signifie « en ce qui concerne qqch, pour ce qui est de qqch » :

Sous le rapport de la consommation, cette voiture est très intéressante.

La construction Sous le rapport consommation est familière (voir **de, 12**).

rare (en tête de phrase) → *inversion du sujet,* 1, c

rarement

Une analogie de sens avec *jamais* entraîne parfois la présence de *ne* avec *rarement : Rarement une aussi belle occasion ne s'était présentée.* Dans l'usage surveillé, on évite ce *ne* superflu.

récital → *pluriel,* II, 2
réclamer après qqn → *après,* 2
recommandation : *sur la recommandation de* → *sur,* 1
reconnaître que (mode) → *croire,* 6 ; *reconnaître* + infin. → *infinitif,* II, 2
recrue → *genre,* 5
redouter de + infin. → *infinitif,* II, 2 ; *redouter que (ne)* → *ne,* II, 1

réfléchi

1. Un pronom personnel est dit « réfléchi » quand il représente, dans une fonction de complément, le sujet du verbe de sa proposition. On peut alors considérer que l'action du sujet « se réfléchit » sur lui-même :

Je me regarde dans la glace. Elle se lave les mains.

À cet emploi réfléchi correspond une forme spéciale du pronom uniquement à la 3e personne du singulier ou du pluriel, du masculin ou du féminin : *se* (forme dite « atone » ou « non accentuée ») et *soi* (forme dite « accentuée » ou « tonique »). Voir **soi.**

2. Un verbe pronominal est dit « réfléchi » quand on peut attribuer au pronom conjoint *me, te, se,* etc., une fonction de complément d'objet, d'attribution, d'intérêt, etc. :

Il se rase = il se rase lui-même. *Elle se choisit une nouvelle robe* = elle choisit pour elle-même...

Dans une phrase comme *Les deux adversaires se sont adressé des lettres de menaces,* on dit que le verbe pronominal est réciproque car il y a action de A sur B et de B sur A.

● Dans un certain nombre de verbes pronominaux comme *s'évanouir* ou *s'envoler,* il

serait vain de chercher à attribuer une fonction précise de complément au pronom conjoint. Voir **(verbe) pronominal.**

(se) refroidir → **(*verbe*) *pronominal,*** 3
refuser de + infin. → *infinitif,* II, 2 ; *se refuser à* + infin./*à ce que* + subj. → *à,* 5
régal → *pluriel,* II, 2
régime → *compléments,* 1
régions : noms de régions *(en, dans...)* → *en,* II, 3
réglisse → *genre,* 7
regret : subordonnées dépendant de verbes de regret → *subjonctif,* 1
regretter de + infin. → *infinitif,* II, 2
se réjouir (de ce) que/de + infin. → *de,* 10

relatif

1. Définition. Un pronom relatif est un mot qui, d'une part, remplace normalement un mot appelé son « antécédent » et, d'autre part, sert de lien de subordination entre deux propositions. Dans la phrase

Le train qui entre en gare vient de Marseille,

le pronom relatif *qui* remplace son antécédent *train,* et il est sujet de *entre ;* en outre, il relie la proposition relative *qui entre en gare* à la proposition principale *Le train vient de Marseille.* (Les diverses formes de pronoms relatifs sont *qui, que, quoi, dont, où, lequel, laquelle, lesquels, lesquelles, auquel, auxquels, auxquelles, duquel, desquels, desquelles.*)

2. Place. Le plus souvent, le pronom relatif suit immédiatement le mot qu'il représente (son antécédent) ; il n'y a alors aucun risque d'ambiguïté.
Il en est parfois séparé.

● Quand le relatif est complément d'un nom introduit par une préposition :

On voit la fusée, à la partie supérieure de laquelle se trouvent les astronautes.

Cette disjonction du relatif appartient surtout à l'usage écrit ; on peut souvent l'éviter pour alléger la phrase (par exemple : *On voit la fusée ; les astronautes se trouvent à sa* (ou *à la*) *partie supérieure,* etc.). On ne dit pas dans l'usage surveillé : *On voit la fusée où les astronautes se trouvent à sa partie supérieure.* (Voir **où,** 1.)

● Quand l'antécédent est le premier élément d'un groupe de mots indissociables :

Le départ du bateau, qui était fixé à 10 heures, a été retardé.

Dans la phrase

Le départ du bateau, qui avait subi des avaries, a été retardé,

le contexte ferait comprendre que l'antécédent de *qui* n'est pas *départ*, mais *bateau*. On veillera à éviter tout risque d'incertitude sur le repérage de l'antécédent, ou de cocasserie, comme dans la phrase *Voilà le chien du garde-champêtre qui a volé un gigot.* (Voir **lequel**, 1.)

● Parfois dans l'usage littéraire en vue d'un effet de style, quand la disjonction ne crée pas de risque d'ambiguïté :

Les petits oiseaux *étaient venus,* **qui** *avaient mangé tout le grain.*

3. L'antécédent peut être une phrase entière ; le relatif est alors de la forme *ce qui* (*ce que, ce à quoi, ce dont,* etc.) après une pause :

L'accord a été signé, **ce dont** *nous nous réjouissons.* (Voir **quoi**, II, 3.)

4. Où, qui, quoi sans antécédent, voir **où, qui, quoi.**

5. Déterminant relatif, voir **déterminant, I, 7.**

relative

1. Une proposition relative est une subordonnée introduite par un pronom relatif :

J'ai reçu une lettre **qui me surprend.** *C'est un homme* **que je ne connais pas.** *L'affaire* **dont je m'occupe** *est importante.*

Une proposition relative joue par rapport à l'antécédent un rôle analogue à celui d'un adjectif, ce qui explique qu'elle puisse être coordonnée à un adjectif. (Voir **coordination**, 2.)

2. Il y a lieu de distinguer deux sortes de relatives.

● Les relatives déterminatives, qui restreignent le sens de l'antécédent et ne peuvent pas être supprimées sans modifier radicalement le sens de la phrase :

Les accidentés qui n'avaient que de légères contusions ont regagné leur domicile (seulement ceux des accidentés qui n'avaient que de légères contusions).

● Les relatives explicatives (ou appositives), qui ajoutent une précision non indispensable et peuvent être supprimées sans altérer gravement le sens :

Les accidentés, qui n'avaient que de légères contusions, ont regagné leur domicile (tous les accidentés).

C'est la présence ou l'absence de virgules dans l'écriture (de pauses dans la phrase orale) qui distingue ces deux sortes de relatives : on voit que la ponctuation peut jouer un rôle important dans l'interprétation de telles phrases.

3. Relatives sans antécédent, voir **où, 3 ; qui, 6 ; quoi, II, 2.**

4. Relatives au subjonctif. Une relative peut être au subjonctif.

a) Quand elle exprime une intention : *Je cherche une maison qui* **ait** *un jardin* (je ne la connais pas encore, mais je ne suis acheteur qu'à cette condition : je veux qu'elle ait un jardin). Au contraire, *Je cherche une maison qui* **a** *un jardin* (je sais qu'elle existe ; je cherche à retrouver une maison que je connais et qui a un jardin).

b) Quand le terme complété par la relative (antécédent) comporte un adjectif au superlatif relatif ou un mot analogue exprimant un degré extrême, comme *le seul, l'unique, le premier, le dernier* :

C'est le texte **le plus ancien** *qu'on* **connaisse** *en cette langue. Il est* **le seul** *qui* **ait proposé** *de m'aider.*

(On dit aussi : *le texte le plus ancien qu'on connaît, le seul qui a proposé ;* l'accent est alors mis sur le texte en question, qui est connu, sur la serviabilité de cet homme qui a proposé son aide, et non sur l'absence d'autres textes plus anciens, d'autres propositions d'aide, que le subjonctif tend à souligner.)

c) Quand la principale exprime une négation ou une interrogation totale, ou une condition, et que l'antécédent est un indéfini ou est précédé d'un déterminant indéfini :

Je **ne** *connais* **pas** *un homme qui* **puisse** *en faire autant.* **Connaissez-vous** *un homme qui* **puisse** *en faire autant* **?** *Si vous connaissez un homme qui* **puisse** *en faire autant, amenez-le moi. Il a tout écouté* **sans** *un geste qui* **manifestât** *son émotion.*

● L'indicatif (ou le conditionnel) s'emploie couramment aussi, en général sans grande différence de sens, après une principale interrogative ou conditionnelle :

Connaissez-vous un homme qui **peut** *(ou*

qui *pourrait*) *en faire autant ? Si vous connaissez un homme qui peut en faire autant...*

Il est moins fréquent, quoique possible, après une principale négative contenant un antécédent indéfini.

d) Souvent quand la proposition qui contient l'antécédent est elle-même au subjonctif :

Je doute qu'il y ait quelqu'un qui le sache. Pourvu qu'il y ait quelqu'un qui le sache !

5. Relative à l'infinitif. Une relative peut être à l'infinitif quand elle exprime l'idée de possibilité, de convenance :

Je ne connais personne à qui m'adresser (= à qui je puisse m'adresser). *Il m'a indiqué l'endroit où déposer le paquet.*

(mise en) relief

La mise en relief grammaticale (ou emphase) d'un terme de phrase s'obtient le plus souvent par le détachement de ce terme en tête, qui insiste sur son rôle de thème de l'énoncé. Cette construction expressive s'accompagne souvent d'une valeur particulière, par exemple solennité, ou surtout familiarité.

1. Mise en relief d'un sujet, d'un complément d'objet, d'un attribut. Le terme mis en relief est suivi d'une pause (une virgule à l'écrit) et repris par un pronom personnel :

Son histoire, elle est incroyable. Pierre, il est malade (familier). *Moi, je veux bien. Son histoire, je la connais.*

● L'adjectif attribut mis en relief est repris par le pronom *le,* qui reste invariable (usage soutenu) :

Naïve, elle le sera toujours. Joyeuses, elles ne l'avaient jamais été autant.

2. Mise en relief d'un complément prépositionnel. On le met ordinairement en tête sans sa préposition, qui est placée devant le pronom personnel de reprise :

Ce garçon, je m'intéresse à lui. Le reste, je n'en dirai rien [en = de cela]. *Ceux qui m'ont écrit, je leur répondrai* [leur = à eux].

Parfois le complément est mis en tête avec sa préposition, mais alors on évite, dans l'usage surveillé, de le reprendre par un pronom, et on ne marque généralement pas de pause : *Du reste je ne dirai rien* (usage soutenu). La construction *Du reste, je n'en dirai rien* est jugée relâchée (la préposition *de* y figure deux fois : dans *du* et dans *en* = de cela).

● On peut aussi reprendre un nom mis en relief au moyen d'une préposition employée absolument ou d'un adverbe :

Cet outil, je ne peux rien faire avec. Mon chapeau, tu es assis dessus.

3. Mise en relief par des présentatifs, par *pour,* voir *c'est... qui, c'est... que* ; *voilà,* 2 ; *pour,* 9 ; *quant à.*

4. Mise en relief d'un verbe, voir *impersonnel* et *inversion du sujet,* 1.

---

remarquer que (mode) → *croire,* 6
remercier de, pour → *de,* 5 ; *remercier qqn de qqch/de ce que* + indic. → *de,* 10
renoncer à + infin./**à ce que** + subj. → *à,* 5
rentrer + infin. → *infinitif,* II, 2
se repentir de + infin. → *infinitif,* II, 2
se reprocher de + infin. → *infinitif,* II, 2
répugner à + infin. → *infinitif,* II, 2
se réserver de + infin. → *infinitif,* II, 2
se résigner à + infin./**à ce que** + subj. → *à,* 5

---

résoudre

1. *Résoudre de* + infin., *que* + indic. On dit :

J'ai résolu de continuer, qu'il fallait continuer (= j'ai décidé).

2. *Résoudre qqn à* + infin., *à qqch.* On dit :

Je l'ai résolu à accepter un compromis, à un compromis (= je l'ai amené à cela).

3. *Se résoudre* (ou *être résolu*) *à* + infin., *à ce que* + subj., *à qqch.* On dit :

Je me suis résolu à tenter l'expérience (= j'ai accepté de prendre cette décision). *Je suis résolu à aller jusqu'au bout* (= j'en ai la ferme intention). *Je suis bien résolu à ce que cela ne se renouvelle pas.*

---

reste : *le reste de* → *collectif,* 1
rester : en tête de phrase → *inversion du sujet,* 1, d ; *ce qui reste/ce qu'il reste* → *qui,* 8

---

résulter de qqch/de ce que + indic.
→ *de,* 10
se retenir de + infin. → *infinitif,* II, 2
retirer d'avec/de → *avec,* 3

retour

Retour de est courant dans l'usage écrit, au lieu de *de retour de,* à mon (*ton, son,* etc.) *retour de ;* cette locution s'emploie presque uniquement après le nom ou le pronom auquel elle se rapporte :

C'est un journaliste, retour du lieu de l'accident, qui m'a donné ce détail.

retourner + infin. → *infinitif,* II, 2 ;
retourne d'où tu viens → *où,* 3
réunir avec/à → *avec,* 1
réussir à + infin./**à ce que** + subj. → *à,* 5
revanche : *en revanche* → *contre,* 1
revenir à + infin./**à ce que** + subj.
→ *à,* 5 ; *revenir* + infin. → *infinitif,* II, 2

rêver

1. Rêver de qqn, de qqch, c'est en avoir la représentation mentale pendant son sommeil :

La nuit dernière, j'ai rêvé de toi. J'ai rêvé de la dernière guerre.

2. Rêver de qqch, de + infin. signifie aussi « en former le projet séduisant, le désirer » :

Ils rêvaient d'un monde meilleur. Nous rêvions d'accomplir des exploits.

● **Rêver à qqch** s'emploie aussi dans ce sens, ou au sens de « penser vaguement à qqch » :

Il rêvait déjà à la gloire. Elle rêvait à son avenir. À quoi rêvez-vous ?

3. Rêver qqch s'emploie rarement au sens du n° 1 : *J'ai rêvé un accident,* mais plus souvent au sens du n° 2 : *On peut toujours rêver un miracle. J'ai bien souvent rêvé ce bonheur.*

rien

1. Rien s'emploie le plus souvent dans des phrases contenant la négation *ne* (ou *n'*) :
Je ne vois rien. Rien n'est plus facile.

● Toutefois, dans un certain nombre de cas, *rien* s'emploie sans *ne,* notamment :

— quand l'idée négative est exprimée par d'autres moyens grammaticaux ou par le vocabulaire :

Il m'a regardé sans rien dire. Il est impossible de rien savoir. On nous défend de rien dire.

— quand la phrase est interrogative ou dubitative, ou hypothétique par *si* :

Y a-t-il rien de plus banal ? Il est douteux qu'on puisse rien obtenir. Si rien de tel se produisait, j'en serais averti.

— dans de nombreuses expressions :
C'est tout ou rien. Tout cela se réduit à rien. Tout ce travail pour rien !

2. Ne... pas + rien. Le mot *pas* est exclu du système négatif *ne... rien ;* on dit *Il ne veut rien faire* et non **Il ne veut pas rien faire* (voir **négation,** 3).

● Cependant *(ne) rien* peut se combiner avec *ne... pas* pour donner un sens affirmatif à la phrase :

On ne peut pas ne rien faire (= il est indispensable de faire quelque chose). *Ce n'est pas pour rien que...* (= il y a une raison au fait que... ; usage familier). *Ce n'est pas rien* (= ce n'est pas négligeable, c'est quelque chose ; usage familier). *Ça ne coûte pas rien* (= c'est assez coûteux).

3. Place de rien. Quand *rien* est complément d'objet direct d'un infinitif ou d'un verbe à une forme composée, il se place avant l'infinitif ou avant le participe passé :

Je ne peux rien dire. Sans rien faire. Je n'ai rien dit (mais : *Il ne veut s'intéresser à rien,* complément d'objet indirect).

● Toutefois, quand *rien* est suivi d'un complément ou d'une proposition relative, il peut parfois être placé après l'infinitif ou le participe dont il est le complément d'objet :

Je n'oserais affirmer rien de tel (ou *rien affirmer de tel*). *Je n'ai trouvé rien qui soit digne d'intérêt* (ou plutôt : *Je n'ai rien trouvé qui soit digne...*).

4. Rien de + adj. Un adjectif (ou un participe) qualifiant *rien* est précédé de la préposition *de* :

Cela n'a rien de répréhensible. Rien d'étonnant à cela.

L'usage littéraire utilise parfois la construction *rien autre* ou *rien autre chose* :

Il ne possédait rien autre chose au monde que ces pauvres objets.

S

sans

1. Sans/ne (pas). La préposition *sans,*
exprimant une idée négative, donne lieu à
des constructions grammaticales semblables à celles de l'adverbe *ne,* ou de *ne...
pas.*

● *Sans/ne.* On dit *sans plus* (ou *guère,
jamais, rien, personne, aucun, nul*) + infin.,
ou *sans plus (guère, jamais, aucun...) de* +
n., comme on dit *ne plus* + infin. ou, par
exemple, *il n'y a plus* (ou *guère, jamais,
rien, personne, aucun...*) *de* :

> *Il a continué sans plus s'inquiéter. Tout
> s'est achevé sans plus de difficultés,
> sans guère de difficultés. Travailler sans
> jamais de repos, sans aucun jour de
> repos, sans voir personne, sans rien
> d'intéressant.*

● *Sans/ne pas.* On dit *sans* + infin. + *de,
sans presque de* comme on dit, par
exemple, *ne pas* + infin. + *de, il n'y a
presque pas de* :

> *Travailler sans prendre de repos* (cf. *Il ne
> prend pas de repos*). *Réussir sans
> presque d'efforts* (cf. *Il ne fait presque
> pas d'efforts*).

● On ne dit pas **sans pas* + infin., **sans pas
de* + n. (**Continuez sans pas vous inquiéter,
sans pas d'inquiétude).

● **Sans du, *sans de la, *sans des* sont inu-
sités ; on dit *sans travail, sans fatigue* et non
**sans du travail, *sans de la fatigue, *sans
des frais.*

2. Sans enfant(s), etc. Le complément
introduit par *sans* est au singulier ou au pluriel dans les mêmes conditions que s'il était
introduit par *avec* ; on observe simplement que l'article indéfini ou le partitif est
plus usuel après la préposition *avec*
qu'après *sans* :

> *Elle est sortie sans chapeau, sans gants*
> (mais *avec un chapeau, avec des gants*).

3. Sans que + subj./sans + infin. Au lieu
de *sans que* + subj., on emploie couramment *sans* + infin. quand les verbes des
deux propositions ont le même sujet :

> *On ne peut pas le condamner sans
> l'entendre* (et non *sans qu'on l'entende*).

● Dans les mêmes conditions (identité de
sujet), l'équivalent affirmatif de *sans* + infin.
employé comme complément de manière
est le gérondif :

> *Il a dit cela sans rire/Il a dit cela en riant.*

On dit normalement : *Il a cassé le vase sans
le faire exprès* (et non *en ne le faisant pas
exprès*). *Il est parti sans rien dire* (et non *en
ne disant rien*).
Mais on dit : *Il a commis une faute profes-
sionnelle en ne transmettant pas cette information* (et non *sans transmettre...*), car ici le
gérondif a une valeur causale, explicative.
(Voir **gérondif**.)

**4. Non sans (que), n'être pas sans
(+ infin.), ne pas aller sans (+ infin.).** Ces
combinaisons de deux éléments négatifs
équivalent à des affirmations insistantes :

> *J'ai réussi, non sans peine, à débrouiller
> cette affaire* (= avec assez de peine). *Le
> projet a été adopté, non sans que l'oppo-
> sition ait protesté. Ce choix n'est pas* (ou
> *ne va pas*) *sans inconvénients. Cela ne
> va pas sans poser des problèmes. Vous
> n'êtes pas sans avoir remarqué ce détail*
> (= vous l'avez remarqué sans aucun
> doute).

L'expression *Vous n'êtes pas sans l'ignorer,*
que l'on dit par manque de réflexion au sens
de « vous le savez certainement », résulte
d'une confusion entre *Vous ne l'ignorez pas*
et *Vous n'êtes pas sans le savoir.*

5. Sans que + ne, voir ne, II, 6.

6. Sans ça, voir ça, 5.

7. Sans employé absolument. Cet emploi est moins étendu et plus familier que l'emploi absolu de *avec :*

Ma voiture n'était pas encore réparée, j'ai dû repartir **sans***. Vous mangez vos fraises avec du sucre ou* **sans** *?*

sauf

1. Si l'exception indiquée par *sauf* porte sur un complément prépositionnel, on répète ordinairement la préposition :

Il est en bons termes **avec** *tout le monde* **sauf (avec)** *ses voisins. Je me souviens* **de** *tout,* **sauf de** *ce détail.*

2. Sauf que + indic. ou condit. exprime une réserve.

Tout va bien sauf que nous commençons à avoir faim, sauf que nous voudrions bien avoir fini (= excepté que, si ce n'est que, mis à part que).

3. Sauf à + infin., signifiant « au risque de, sans exclure l'éventualité de », est de l'usage littéraire :

Il promet tout ce qu'on veut, **sauf à ne** *pas* **tenir** *parole* (= ce qui ne l'empêche pas de manquer de parole).

● On emploie couramment cette expression au sens de « à moins de, sauf + gérondif » :

On ne peut pas agir ainsi, **sauf à renier** *ses engagements* (= à moins de renier, sauf en reniant).

sauter après qqn, qqch → après, 1

savoir

1. Je ne sais [sans pas], voir négation, 5.

2. Je ne saurais + infin. Dans cet emploi de l'usage soutenu, *savoir* est l'équivalent de *pouvoir :*

Nous ne saurions affirmer que tous les détails soient exacts. Il ne saurait y avoir de discussion sur ce point.

3. Que je sache, que l'on sache (usage soutenu) s'emploie surtout dans une phrase négative comme proposition incise au sens de « à ma (ou notre) connaissance » :

Il n'y a pas, que je sache, d'éléments nouveaux dans l'enquête. (On dit aussi : *pour autant que je sache.*)

Cette expression a souvent une valeur ironique ou d'argumentation, appliquée à une phrase qui exprime une évidence :

On n'a pas, que je sache, changé Paris de place. Tout cela est parfaitement légal, que je sache.

4. Je ne sache pas que + subj. est une tournure littéraire signifiant « à ma connaissance, ne... pas » (sens analogue à celui de « que je sache ») :

Je ne sache pas qu'aucun élément nouveau **soit intervenu***. Je ne sache pas qu'on* **ait changé** *Paris de place.* (On emploie plus rarement *On ne sache pas que..., Nous ne sachions pas que...*)

5. Savoir + infin., voir infinitif, II, 2. **Savoir que (mode),** voir croire, 6.

6. Savoir, savoir si, savoir comment, etc., exprime familièrement un doute ou une interrogation marquée de perplexité :

Il prétend qu'il a fait tout ce qu'il fallait... Savoir ? Savoir si tout cela est bien utile ? (= est-ce que c'est vraiment bien utile ?). *Savoir comment tout ça finira ?* (= qui peut savoir... ?).

● *Va savoir, allez savoir* exprime la même valeur avec un peu plus d'insistance sur l'ignorance :

Allez savoir pourquoi il a brusquement changé d'avis ! Peut-être que ça aurait mieux valu ? Va savoir !

7. (À) savoir annonce, comme « c'est-à-dire », une précision, une énumération détaillant ce qui vient d'être dit :

Les pays scandinaves, à savoir la Suède, la Norvège, le Danemark et la Finlande. Il a vendu tout son cheptel, savoir quatre vaches et douze brebis. Il a une bonne excuse, à savoir qu'il n'avait pas été mis au courant.

8. On ne sait qui, quoi, etc. Dans ces expressions à valeur indéfinie, le verbe reste généralement au présent :

Il invoquait on ne sait quel ancien usage.

9. Dieu sait que..., si..., pourquoi..., quand..., etc., exprime avec insistance, sur un ton exclamatif, une affirmation ou l'ignorance d'une cause, d'une date, etc. :

Dieu sait pourtant que je l'avais prévenu ! Dieu (seul) sait quand il reviendra !

10. *Savoir gré à qqn de qqch/de ce que* **+ indic.**, voir de, 10

---

semble douteux que cela *réussisse*. (Voir paraître, 2.)

---

scolopendre → *genre,* 7
sec employé adverbialement → *adverbe,* 3
sèchement → *adverbe,* 3
semaine : *deux fois la semaine* → *fois,* 2

sentinelle → *genre,* 5
sentir : *sentir* + proposition infinitive → *infinitif,* II, 3 ; *se sentir* + infin. → *auxiliaire,* 2 ; *sentir meilleur* → *meilleur,* 2
sépale → *genre,* 7
séparer d'avec/de → *avec,* 4
sépia → *genre,* 7
serait-ce → *être,* 4

sembler

1. *Il semble que* exprime une impression, une apparence. Le verbe qui suit est fréquemment au subjonctif :

Il semble qu'on ne puisse pas faire autrement. Il semblait que tout dût lui réussir (usage soutenu).

● Toutefois, on peut employer aussi l'indicatif ; c'est souvent le cas, dans l'usage courant, quand le verbe subordonné est à l'imparfait :

Il semble qu'on ne pouvait pas faire autrement,

et surtout quand *il semble que* est accompagné d'un complément (en général un pronom) :

Il me semble que je le connais (et non *que je le connaisse). Il leur semblait que c'était facile* (ou, littérairement, *que ce fût facile*).

● *Il ne (me, te,* etc.) *semble pas que* est suivi du subjonctif :

Il ne me semble pas que ce soit suffisant. (On dit plus habituellement : *Je ne pense pas, je n'ai pas l'impression que ce soit suffisant.*)

● On peut souvent alléger la phrase au moyen de la construction infinitive ou de la tournure personnelle accompagnée d'un adjectif attribut :

Il me semble le connaître. Cela leur semblait (être) facile. Cela ne me semble pas (être) suffisant.

On peut aussi employer en construction incise *semble-t-il, (à ce qu')il me semble :*

On ne pouvait pas, semble-t-il (ou *il me semble*), *faire autrement.*

● *Ce me semble* en construction incise est archaïque.

2. *Il semble* **+ adj. +** *que* est suivi de l'indicatif ou du subjonctif selon que l'adjectif indique soit certitude, vraisemblance, soit doute, hypothèse, négation :

Il semble prouvé qu'ils sont innocents. Il

servir

1. On dit *Servir à qqn, à qqch* (= lui être utile), et *Servir de qqch* (= en tenir lieu) :

Sa règle à calcul lui sert constamment. Cette boîte (lui) sert de classeur.

2. *Ne servir à rien, ne servir de rien.* De ces deux constructions signifiant « être inutile », seule la première est courante ; *ne servir de rien* est plus littéraire ; de même on dit :

À quoi cela lui a-t-il servi ? ou, plus littérairement : *De quoi lui servira sa fortune s'il ruine sa santé ?*

3. *Que servirait...,* voir que, 11

---

servitude grammaticale → *subjonctif,* 2
seul : *le seul qui* + subj. → *relative,* 4, b
seulement : *ne... seulement que* → *ne,* III, 2

si

I. SI, CONJONCTION DE CONDITION.

1. *Si* s'élide en *s'* devant *il* et *ils :*

S'il dort, ne le réveillez pas.

La subordonnée de condition introduite par *si* est en principe à l'indicatif ; les temps employés sont le présent, l'imparfait ou le plus-que-parfait.

2. Si + indic. imparf. ou plus-que-parf., ou subj. plus-que-parf./si + condit.
Quand la principale est au mode conditionnel, la subordonnée introduite par *si* est à l'indicatif imparfait :

Je le ferais si je pouvais,

ou à l'indicatif plus-que-parfait :

> Je l'aurais fait *si j'*avais pu (et non *Je le ferais si je pourrais*, *Je l'aurais fait si j'aurais pu*).

● Si j'étais (que) [de] vous, voir être, 3.

● Dans l'usage littéraire, le subjonctif plus-que-parfait peut remplacer après *si* l'indicatif plus-que-parfait :

> Je l'eusse (ou *je l'aurais*) fait *si j'*eusse pu.

● Le mode conditionnel s'emploie normalement après *si* quand cette conjonction exprime une concession, une opposition et signifie « s'il est vrai que » (tournure plus usuelle) :

> Si nous aurions préféré gagner la finale du championnat, nos résultats sont tout de même très honorables.

● Dans la phrase *Je ne savais pas s'il viendrait*, on a un « futur dans le passé » en interrogation indirecte, et non un conditionnel. (Voir interrogation, 4, et concordance des temps, 2.)

3. Si + indic. présent/si + indic. futur. Quand la principale est à l'indicatif, à l'impératif, au subjonctif, la subordonnée introduite par *si* est au présent ou au passé composé :

> Si vous n'avez plus besoin de moi, je me retire. Si vous avez compris, pourquoi insistez-vous ? Je reviendrai si c'est nécessaire. Si vous êtes libre, restez avec nous. Si cet appareil est inutilisable, qu'on s'en débarrasse.

● Le futur ne s'emploie après *si* que quand cette conjonction exprime une concession, une opposition et signifie « s'il est vrai que » (qui est plus usuel) :

> Si cette entreprise exigera de gros investissements, elle doit être en revanche très rentable (= cette entreprise exigera sans doute..., mais...).

4. Si ce n'est. Dans cette expression qui indique l'exception, le verbe est ordinairement invariable :

> Il n'y avait rien à craindre, si ce n'est les accidents imprévisibles (= sinon, excepté, sauf).

5. (Plus, mieux, autant) que si... Dans des phrases exprimant une comparaison, la deuxième proposition est parfois introduite par *que si* :

> Il vaut mieux qu'il arrête les frais tout de suite que s'il risque de tout perdre (on dit plus couramment : que de risquer de tout perdre). Autant vaut que je vous aver-

tisse *que si* vous appreniez la chose par d'autres.

II. SI, INTERROGATIF, voir interrogation, 4.

III. SI, ADVERBE D'INTENSITÉ, DE COMPARAISON, voir aussi, 5 et 7.

● Si... que, voir conséquence, 1. Ne pas si... que, de + infin., voir aussi, 9.

---

sien adj. possessif → *mien*
simple : *passé simple* → *passé*, 1
sitôt → *aussitôt*
ski : *en skis, à skis* → *à*, 3

---

soi, soi-même

1. Soi(-même) représente le sujet indéterminé ou non exprimé du verbe : *on, chacun, tout homme, tout le monde, quiconque*, etc. (emploi réfléchi) :

> Dans ces cas-là, chacun pense d'abord à soi. On n'est jamais si bien servi que par soi-même. Il faut être lucide sur soi. Soi-même, on ne peut pas tout faire.

2. Dans des textes littéraires, *soi* représente parfois un sujet bien déterminé. C'est un archaïsme, surtout si ce sujet est pluriel :

> Ces auteurs parlent trop complaisamment de soi (usage courant : d'eux-mêmes).

● Les expressions *à part soi, content de soi* sont assez couramment appliquées à des sujets bien déterminés :

> Il formait à part soi de beaux projets. Elle paraissait assez contente de soi.

3. En soi s'emploie le plus couramment pour représenter *ce, cela* ou un pronom indéfini tel que *tout, rien, quelque chose ;* avec tout autre sujet, il peut aussi s'employer à la place de *en lui-même, en elle-même*, etc. :

> Cela est en soi très facile. Rien en soi ne s'y oppose. L'opération est en soi (ou en elle-même) très simple.

4. Aller de soi. Dans cette expression, le pronom reste toujours de la forme *soi*, quel que soit le sujet :

> Cela va de soi. La conclusion va de soi. Les conclusions vont de soi.

soi-disant

Cette expression est invariable.

1. De soi-disant experts, ce sont des gens qui se disent experts, mais dont on met en doute la qualité. *Il a agi soi-disant dans notre intérêt :* c'est lui qui dit qu'il a agi dans notre intérêt.
En vertu de cette interprétation de *soi-disant*, la phrase : *Le soi-disant coupable proclamait son innocence* peut paraître illogique ; ce genre d'emploi est cependant courant du fait que *soi-disant*, expression figée formée sur un modèle syntaxique aujourd'hui hors d'usage, est compris en un sens plus général (« à ce que l'on dit »). Le mot *prétendu* au lieu de *soi-disant* permet d'éviter facilement cette critique :

Le prétendu coupable...

2. *Un soi-disant succès, un exercice soi-disant facile,* c'est ce que quelqu'un prétend être un succès, un exercice que quelqu'un dit facile. Au lieu de cet emploi de *soi-disant* rapporté à un nom de chose, largement répandu mais parfois critiqué, on peut dire : *un prétendu succès, un exercice prétendu(ment) facile.*

3. *Soi-disant qu'il ne l'a pas fait exprès !* Dans l'usage surveillé, on évite cette construction ; on dit, par exemple :

Il prétend (ou *il paraît*) *qu'il ne l'a pas fait exprès.*

soif : *aussi (autant) soif* → **aussi,** 9 ; *très soif* → **très,** 2 ; *il fait soif* → **faire,** 11
soir → **matin**

soit

1. Soi(en)t deux triangles semblables. Dans l'exposé d'une hypothèse, surtout dans un raisonnement mathématique, tantôt on accorde graphiquement *soit* avec le nom pluriel qui suit, tantôt on le laisse invariable :

Soient deux cercles concentriques. Soit deux droites parallèles.

2. Quand *soit* signifie « c'est-à-dire » ou « en d'autres termes », on le laisse en principe invariable :

Une tonne et demie, soit mille cinq cents kilos.

3. *Soit..., soit...* Les éléments coordonnés par *soit..., soit...,* sont en principe deux membres de phrase (deux compléments, deux adjectifs, deux adverbes, parfois deux sujets — dans ce dernier cas, le verbe peut être au singulier ou au pluriel) :

Le menu comporte soit du fromage, soit un dessert. Je viendrai soit ce soir, soit demain. Soit le directeur, soit son secrétaire vous recevra. Soit un oubli, soit une maladresse peuvent causer un accident.

• *Soit..., soit...* est parfois employé pour coordonner deux propositions, mais dans l'usage surveillé on préfère employer *ou..., ou...* :

Soit vous faites le travail dans la semaine, soit je m'adresse à un autre (usage surveillé : *Ou vous faites..., ou je m'adresse...*).

4. Soit... ou... Cette construction est une variante archaïsante de *soit... soit... :*

Il est resté muet, soit par prudence ou par ignorance (usage courant : *soit par prudence, soit par ignorance,* ou simplement [plus soutenu] *soit prudence, soit ignorance*).

5. Soit que..., soit que... Les verbes introduits par cette locution sont au subjonctif :

Soit qu'il fasse beau, soit qu'il pleuve, il fait chaque jour sa promenade.

On préfère souvent la forme plus simple *que... ou que... : Qu'il fasse beau ou qu'il pleuve...*

• On peut aussi avoir les combinaisons *soit que... soit...,* ou *soit que... ou... :*

Soit qu'il ignorât la chose, soit (ou *ou*) *par indifférence, il est resté impassible.*

son : **dont + son* → **dont,** 2 ; *son/en* → **en,** I, 2 ; **son + en* → **en,** I, 4
songer à + infin. → **infinitif,** II, 2
soprano → **genre,** 5
sortir → **dont,** 5
se soucier de + infin. → **infinitif,** II, 2
souffrir de ce que/de + infin. → **de,** 10

souhaiter

1. Souhaiter que + subj./souhaiter (de) + infin. Selon que le sujet du verbe de la proposition dépendant de *souhaiter* est différent ou non du sujet de *souhaiter,* cette proposition est une complétive par *que* au subjonctif ou prend la forme d'un infinitif précédé ou non (à volonté) de *de :*

Je souhaite que tout aille bien. Je souhaite de pouvoir vous aider, ou *Je souhaite pouvoir vous aider.*

2. Souhaiter à qqn de + infin. La préposition *de* est nécessaire devant l'infinitif si *souhaiter* a un complément indirect qui est aussi sujet de l'infinitif :

- *Je souhaite à chacun de pouvoir en dire autant. Je leur souhaite de réussir.*

souillon → *genre,* 5
soupirail → *pluriel,* II, 3
sous indiquant la cause, l'origine → *sur,* 1
soutenir que (mode) → *croire,* 6

souvenir

1. Je me souviens/il me souvient de qqch. La construction impersonnelle *il me* (*te, lui,* etc.) *souvient de* est littéraire :

Il lui souvenait des rêves de son enfance (usage courant : *Il se souvenait des rêves de son enfance*).

● Quand le complément de ce verbe est un infinitif, il est en général précédé de *de,* mais parfois aussi construit directement :

Je ne me souviens pas d'avoir dit cela, ou *Je ne me souviens pas avoir dit cela.*

2. Se souvenir de qqch, voir se rappeler, 1.
Se souvenir que (mode), voir croire, 6.

spore → *genre,* 7
stalagmite, stalactite → *genre,* 7
style indirect → *discours indirect*

subjonctif

1. Subjonctif et indicatif. Dans certaines propositions subordonnées, on peut choisir soit l'indicatif, soit le subjonctif, sans modification du reste de la phrase :

Je cherche une maison qui a un jardin/Je cherche une maison qui ait un jardin. (Voir relative, 4.)

On voit par ces exemples que le subjonctif exprime ce qui est envisagé, souhaité, voulu, alors que l'indicatif exprime un fait déclaré comme certain.

● Le subjonctif souligne souvent l'idée que celui qui parle ne prend pas à son compte le contenu de la proposition où figure ce mode :

Il n'est pas évident que ce soit une erreur (le subjonctif souligne le doute émis dans la proposition principale ; comparer : *Il est évident que c'est une erreur*).

● On trouve ainsi le subjonctif dans des subordonnées dépendant d'un verbe principal d'opinion ou de déclaration aux formes négative ou interrogative. (Voir **croire,** 3, et **dire,** 1.)

● Dans de nombreux cas, la différence de valeur entre l'indicatif et le subjonctif se réduit à une nuance :

Je n'ai pas l'impression que c'est nécessaire, ou *que ce soit nécessaire.*

● Le subjonctif est plus usuel après *il arrive que, il se peut que,* l'indicatif après *il se trouve que, il se produit que.*

2. Le subjonctif seul possible. Dans la majorité des subordonnées dont le verbe est au subjonctif, son remplacement par l'indicatif est impossible :

Il faut qu'on le sache (et non **qu'on le sait*)*. Je crains qu'il ne soit trop tard* (et non **qu'il n'est trop tard*).

Dans ces cas, on dit que le subjonctif est une servitude grammaticale. L'emploi du subjonctif est systématique, notamment :

a) dans les subordonnées dépendant d'un verbe qui marque l'obligation, la volonté, la possibilité ou l'impossibilité, le désir ou le regret, la crainte, le doute : *il faut, je veux, il se peut, je souhaite, je déplore, je crains, je doute,* etc. ;

b) dans des subordonnées sujets introduites par *que* :

Qu'il n'ait rien dit ne me surprend pas ;

c) dans des subordonnées de but (voir but) ;

d) dans les subordonnées de temps exprimant l'antériorité :

Je vous préviendrai avant qu'il ne soit trop tard ;

e) dans de nombreuses subordonnées de concession (voir **concession**) ;

f) dans certaines subordonnées relatives (voir relative, 4.)

3. Imparfait et plus-que-parfait du subjonctif. Dans l'usage oral le plus général, on n'utilise que le présent du subjonctif ou, pour exprimer l'antériorité, le « passé » du subjonctif :

J'ai peur (ou *j'avais peur, j'ai eu peur*) *qu'on s'en aperçoive. J'ai peur qu'on s'en soit aperçu.*

Dans l'usage soutenu, l'imparfait et le plus-que-parfait du subjonctif s'emploient, surtout à la 3ᵉ personne du singulier, en concordance avec un temps passé dans la principale (voir **concordance des temps,** 3). Pour les verbes *avoir* et *être,* toutes les personnes de ces deux temps sont relativement fréquentes dans l'usage soutenu :

Je craignais que vous ne **fussiez** *en difficulté, que vous n'***eussiez été** *en difficulté* (mais on évite des formes telles que *Je craignais que vous ne vous en aperçussiez*).

● Le subjonctif plus-que-parfait s'emploie, dans l'usage littéraire, au lieu de l'indicatif plus-que-parfait pour exprimer une hypothèse non réalisée (« irréel du passé ») :

*Si vous l'***eussiez voulu,** *c'était facile* (usage courant : *si vous l'aviez voulu*).

4. Subjonctif et conditionnel (*il eût fallu,* etc.), voir **conditionnel,** 4.

---

subordination

1. Une proposition est subordonnée à une autre, dite sa « principale », quand elle en dépend grammaticalement et lui est reliée :

— par une conjonction ou une locution conjonctive de subordination : *que, lorsque, pour que, de peur que, puisque, comme, quand, si,* etc. (subordonnées conjonctives) ;

— par un mot relatif ou interrogatif : *qui, où, quel, dont,* etc. (subordonnées relatives ou interrogatives) ;

— ou encore par la construction infinitive : *J'entends* **siffler le train,** ou participiale : **Le soir venu,** *ils repartirent* (subordonnées infinitives ou participiales).

● La maîtrise de l'usage écrit se marque en particulier par la sûreté dans l'emploi de la subordination : celle-ci met en évidence les relations entre les éléments de la pensée, mais, mal contrôlée, elle donne lieu à des phrases embarrassées ou confuses.

2. Subordination inverse. On peut dire à peu près indifféremment soit *Dès* (ou *aussitôt*) *qu'il eut dit cela, il commença à le regretter,* soit *Il n'avait pas plus tôt dit cela* (ou *À peine avait-il dit cela*) *qu'il commençait à le regretter.* Dans le deuxième cas, on dit qu'il y a « subordination inverse », car la

proposition qui était la principale dans le cas précédent est introduite par une locution conjonctive, sans que le rapport entre les idées exprimées par les deux propositions ait changé.

● Ce type de construction se trouve dans la subordination de temps, comme dans les exemples donnés, ou dans la subordination de condition-concession :

Il me le jurerait que je ne le croirais pas (= même s'il me le jurait, je ne le croirais pas) [voir **conditionnel,** 3].

3. Fonctions des subordonnées. Une subordonnée peut être :

— sujet : *Qu'il ait dit cela* prouve sa bonne foi ;

— complément d'objet : *Je sais* **que c'est vrai.** *J'ignore* **pourquoi il est absent** ;

— attribut : *Notre but est* **que le client soit satisfait** (voir **que,** 1) ;

— complément circonstanciel de temps (subordonnées temporelles), de but (subordonnées finales), de cause (subordonnées causales), de conséquence (subordonnées consécutives), de concession (subordonnées concessives), de condition (subordonnées conditionnelles), de comparaison (subordonnées comparatives) [voir ces mots].

On appelle parfois subordonnées « complétives » les subordonnées conjonctives, interrogatives ou infinitives ayant la fonction de sujet, complément d'objet ou attribut, et subordonnées « circonstancielles » les autres subordonnées conjonctives ou participiales.

> **subordonnée** → **phrase,** 1 et **subordination**
> **Suisse, Suissesse** → **genre,** 2

---

suite

1. De suite/tout de suite. La locution *de suite* signifie « successivement, sans interruption, d'affilée » dans une phrase qui contient un mot numéral ou un indéfini :

Il a gagné **trois** *fois de suite à la loterie. Il a neigé* **plusieurs** *jours de suite.*

● *De suite* s'emploie aussi, familièrement, au sens de « tout de suite, immédiatement » :

Je reviens de suite. Il faut commencer de suite.

2. *Suite à + nom* est une locution surtout usuelle dans la langue administrative ou commerciale :

Suite à votre demande du 15 courant, j'ai l'honneur de vous informer que... L'électricité a été coupée suite à de violents orages (usage courant : *à la suite de violents orages*).

suivant : *le lundi suivant* → *prochain, dernier,* 1
suivre en tête de phrase → *inversion du sujet,* 1, d

sujet

1. Le sujet du verbe est traditionnellement défini comme le terme qui désigne l'être ou la chose qui accomplit l'action ou qui est dans l'état exprimé par le verbe actif, ou qui subit l'action exprimée par le verbe passif :

Le chien aboie. Le vent souffle. L'enfant dort. La ville est illuminée.

Dans certains cas, la référence à l'idée d'action n'est pas satisfaisante. Ainsi, selon cette définition, le sujet du verbe *subir* conjugué à la voix active est censé « accomplir l'action »... de subir, et, ce verbe ayant une conjugaison passive, *des dégâts qui sont subis* sont censés subir l'action de subir !

2. On peut dire aussi que le sujet est le terme qui confère au verbe ses marques de nombre et de personne.
Mais cette définition ne permettrait pas de parler de sujet de l'infinitif ou du participe, modes non personnels et sans variation de nombre (sauf participe passé). Voir **infinitif,** II, 3 ; **participe,** IV.

3. Le sujet est le terme qui répond à la question *qui est-ce qui ? qu'est-ce qui ?* posée avant le verbe. C'est là un test de substitution, puisque le relatif *qui* ne peut avoir que la fonction de sujet :

Le vent souffle → *qu'est-ce qui souffle ?* — *Le vent.*

4. D'une façon générale, le sujet est le terme nécessaire (en association avec un verbe) à la formation d'une phrase minimale.

5. Le sujet est le plus souvent un nom ou un pronom, mais ce peut être aussi un infinitif (voir **infinitif,** II, 1) ou une proposition (voir **subordination,** 3).

6. Dans les constructions impersonnelles, on distingue le sujet apparent *(il, ce, cela)* et le sujet réel, placé après le verbe (voir **impersonnel,** 2).

superlatif → *adjectif,* 3 ; *adverbe,* 1

suppléer

1. *Suppléer qqn,* c'est le remplacer momentanément ou partiellement dans ses fonctions (langue administrative) :

Un maître auxiliaire supplée le professeur absent.

2. *Suppléer qqch,* c'est l'ajouter comme complément ou comme compensation (usage soutenu) :

Si vous êtes à court d'argent, je pourrai suppléer la somme manquante. Suppléer un mot sous-entendu ;

ou en constituer une compensation, le remplacer :

Sa bonne volonté supplée son inexpérience.

3. *Suppléer à qqch* (nom abstrait), c'est y apporter une compensation, y remédier (usage soutenu) :

On a dû suppléer à l'insuffisance des moyens par un redoublement d'ingéniosité ;

ou, avec un nom de chose comme sujet, en constituer une compensation, le remplacer (variante de *suppléer qqch*) :

Sa bonne volonté supplée à son inexpérience. Les aveugles, chez qui le toucher supplée à la vue.

supporter de + infin. → *infinitif,* II, 2

supposer

1. *Supposer que* + indic. ou condit. Le verbe de la subordonnée dépendant de *supposer* est à l'indicatif ou au conditionnel quand *supposer* signifie « admettre comme vrai, sous réserve de confirmation » :

Je suppose qu'il est arrivé à l'heure qu'il est. Je suppose que vous ne voudriez pas recommencer.

2. *Supposer que* + subj. Le verbe de la

subordonnée dépendant de *supposer* est au subjonctif quand *supposer* signifie « poser comme hypothèse » (la proposition qui suit exprime alors souvent un argument opposé, une objection). C'est souvent le cas, en particulier, pour les formes *supposons, supposez, en supposant que,* et toujours pour *à supposer que* :

Supposons qu'il soit sincère, il a tout de même pu se tromper. À supposer que ce projet soit réalisable, où trouverez-vous l'argent ?

3. Supposé que + subj., expression littéraire, équivaut à *à supposer que.*

4. Supposer + infin., voir infinitif, II, 2. *Je suppose,* voir incise.

---

sur

Outre son emploi pour introduire un complément de lieu, la préposition *sur* entre dans de nombreuses locutions ou constructions verbales ; elle est parfois en concurrence avec d'autres prépositions.

1. Sur/sous. On emploie tantôt l'une, tantôt l'autre de ces prépositions dans des expressions qui indiquent la cause, l'origine d'une action. On dit *sur le conseil, sur les instances, sur l'insistance, sur la recommandation de quelqu'un,* mais *sous l'action, sous l'effet, sous l'empire, sous l'impulsion, sous l'influence, sous la pression de quelque chose* (ou *de quelqu'un*).

2. Sur/dans. On dit *lire quelque chose dans le journal* ou *sur le journal, dans un catalogue* ou *sur un catalogue.*

3. Sur/à. On dit *Sur le plan juridique, sur le plan des principes,* etc., *vous avez raison,* ou *Au plan juridique, au plan des principes,* etc., *vous avez raison.*

● On dit *agir sur l'initiative* ou *à l'initiative de quelqu'un.*

4. Sur/de. On dit ordinairement *être d'accord sur qqch* :

Je suis d'accord sur toutes ces propositions.

L'emploi de la préposition *de* est de l'usage littéraire :

Je suis d'accord de tout cela.

On utilise surtout le pronom *en : J'en suis, j'en demeure d'accord,* ou un infinitif : *Il était d'accord de ne rien brusquer* (usage plus courant : *pour ne rien brusquer*).

5. Sur/vers. Pour exprimer une heure approximative, on dit :

Je viendrai sur les huit heures, ou *vers (les) huit heures.*

sûr : *pour sûr (que)* → **pour,** 8
surcomposé : *passé surcomposé* → **passé,** 2 ; **après que,** 1 ; **(verbe) pronominal,** 1
sûrement (que) → **que,** 4
le surlendemain → **matin, soir, midi,** 1

---

symétrie

Dans l'usage surveillé, on a soin de respecter les symétries, en particulier dans les systèmes de coordination ou de comparaison utilisant des termes qui se correspondent. Une phrase comme *Je suis non seulement surpris, mais je trouve que c'est un scandale* manque de symétrie.

Pour la rendre régulière, il faudrait faire suivre les deux termes *non seulement* et *mais* des mots qui se correspondent, par exemple :

Non seulement je suis surpris, mais je trouve que c'est un scandale, ou *Je suis non seulement surpris, mais scandalisé.*

De même, au lieu de :

C'est impossible aussi bien (ou *tant*) *pour des raisons théoriques que pratiques,*

on dira par exemple :

C'est impossible aussi bien (ou *tant*) *pour des raisons théoriques que pour des raisons pratiques* ou, plus légèrement, *pour des raisons aussi bien* (ou *tant*) *théoriques que pratiques.*

Au lieu de :

C'est impossible à la fois (ou *en même temps*) *pour des raisons théoriques, mais aussi pour des raisons pratiques,*

on peut dire :

C'est impossible pour des raisons théoriques, mais aussi pour des raisons pratiques, ou *C'est impossible à la fois pour des raisons théoriques et pour des raisons pratiques,* ou *pour des raisons à la fois théoriques et pratiques.*

Voir **coordination.**

T

tâcher

1. Tâcher de (tâcher à) + infin. La construction avec *de* est la seule courante :

Tâchons d'arriver avant la nuit.

● La construction avec *à* est un archaïsme littéraire : *Tâchez à vous faire oublier.*

2. Tâcher que + subj. est une construction plus rapide que *tâcher de faire (en sorte) que :*

Je tâcherai que tout soit prêt, ou *Je tâcherai de faire que tout soit prêt.*

● *Tâcher à ce que* + subj. est archaïsant :

Il tâchait à ce que chacun fût satisfait.

3. Tâcher moyen de + infin., que + subj. est de l'usage populaire :

Il faudrait tâcher moyen de ne pas vous tromper. Tâche moyen qu'il en reste pour les autres.

tant

1. Tant/tellement/si. Comme adverbe d'intensité, avec un verbe on emploie en principe *tant* ou *tellement :*

Je regrette tant (ou *tellement*) *qu'il ne soit pas là !*

Avec un verbe d'une seule syllabe, on a tendance à préférer *tellement* à *tant ;* on dit :

Il rit tellement que..., Il ment tellement que... plutôt que *Il rit tant que..., Il ment tant que...*

Le choix de *tellement* permet en outre d'éviter parfois le risque de confusion avec *tant que* conjonction de temps :

Il travaille tellement qu'il est épuisé (*Il travaille tant qu'il est épuisé* pourrait être compris, bizarrement sans doute : « pendant qu'il est épuisé »).

● Pour modifier un adjectif ou un adverbe, on emploie *tellement* ou *si*, et non *tant :*

C'est tellement (ou *si*) *facile ! Il y a tellement* (ou *si*) *longtemps !*

● Pour modifier un participe passé, on peut employer *tant, tellement* ou *si*, en particulier en phrase exclamative :

C'est donc là ce lieu tant (ou *tellement* ou *si*) *vanté par les poètes ! Voici le moment tant attendu.*

2. Tant... que... Dans le système comparatif *tant... que...* (= aussi bien... que...), *tant* peut se trouver devant un adjectif :

Toutes les entreprises, tant publiques que privées...

3. Tant qu'à faire, tant qu'à faire (que) de + infin., tant qu'à + infin. Ces locutions expriment, dans l'usage familier, ce qu'il est préférable de faire en de telles circonstances, arrivé à un certain point :

Tant qu'à faire, j'ai choisi la meilleure qualité. Tant qu'à faire que de ne pas dormir, occupons-nous utilement. Tant qu'à voyager, j'aime mieux le train.

On peut dire aussi, dans un usage très soutenu, *à tant faire que de* + infin.

4. Tant/autant, voir aussi, 5. **Tant pis (pire),** voir pire, 3. **Tant plus, tant moins,** voir plus, 6. **Tous tant que...,** voir autant, 6. **Tant qu'à,** voir quant à, 1. **Tant de** (accord), voir beaucoup.

tantôt

1. Tantôt s'emploie couramment au sens de « cet après-midi » :

Allons déjeuner, nous finirons ce travail tantôt. Il est passé me voir tantôt. Il faut attendre jusqu'à tantôt.

● L'emploi de *tantôt* comme nom est surtout régional :

Je vous verrai ce tantôt. J'ai dormi tout le tantôt. Il est arrivé sur le tantôt.

● Le sens plus vague de « dans peu de temps », ou de « peu auparavant, il y a peu » est vieilli.

2. Tantôt... tantôt... exprime l'alternative, la diversité d'actions successives :

C'est tantôt l'un, tantôt l'autre qui préside la séance. Tantôt il pleuvait, tantôt le ciel était clair.

tarder

1. Tarder à + infin. est la construction normale :

Le facteur tarde à passer. Les secours ont beaucoup tardé, ont trop tardé à venir.

La construction *tarder de* + infin. est archaïque : *Des progrès ne tardèrent pas de se manifester.*

2. Il me (*te,* etc.) *tarde de* + **infin./que + subj.** On dit :

Il me tarde d'arriver ou *Il me tarde que vous arriviez, que nous soyons arrivés.*

taxer

On dit *taxer quelqu'un de naïveté, de négligence, taxer une entreprise de folie.*

L'analogie de verbes comme *traiter* ou *qualifier* entraîne parfois l'emploi d'un adjectif au lieu d'un nom après *de : taxer quelqu'un de naïf, de négligent, taxer une entreprise de folle.* Cet emploi s'écarte de l'usage soutenu auquel ce mot appartient dans ce sens.

te : il te l'a rembarré → *pronom personnel,* 4

tel

1. À telle heure. *Tel* suivi d'un nom désigne abstraitement un être ou une chose indéterminés et se substitue, dans une phrase qui ne se rapporte pas à une réalité définie, à une précision qu'on donnerait dans un énoncé en situation :

La convocation lui enjoignait de se présenter tel jour à telle heure. Je vous rencontrerai en tel lieu qui vous conviendra. Tel enfant est plus primesautier, tel autre

plus réservé. *Il m'a expliqué que cela s'était produit en telle et telle circonstance. On peut s'y prendre de telle ou telle façon.*

2. Tel(le) une anguille. Cette forme de comparaison a un caractère littéraire :

Il se faufilait, telle une anguille (ou *tel une anguille*). On dit plus couramment : *comme une anguille.*

3. Tel (que)..., tel... La juxtaposition de deux phrases introduites par *tel* et séparées par une pause exprime avec insistance la ressemblance ou l'identité, sur un ton sentencieux ou avec une certaine recherche littéraire ; la subordination par *tel que* sans effet d'insistance présenterait les deux termes de la comparaison dans l'ordre inverse :

Tel père, tel fils (= le fils est tel que le père). *Tel (que) je l'ai quitté, tel je le retrouve* (= je le retrouve tel que je l'ai quitté).

4. Tel quel, tel que. *Tel quel* signifie « dans l'état où il est, sans y rien changer » :

Cette voiture est usagée, mais telle quelle, elle rend encore bien des services.

La forme *tel que,* fréquente dans l'usage courant *(J'ai tout laissé tel que),* est évitée dans l'usage surveillé.

5. Tel que + participe passé. Dans cette construction concise, qu'on peut rencontrer surtout dans des textes administratifs, il y a ellipse du verbe *être* :

Ce mobilier, tel que décrit dans l'inventaire (= tel qu'il est décrit...), *sera mis en vente aux enchères.*

6. Tel que... (conséquence). Pour le choix du mode, voir **conséquence, 1.**

7. Tel pronom. Comme pronom, au sens indéterminé de « celui-ci ou celui-là, plus d'un », *tel* est d'un emploi littéraire ; il est plus souvent antécédent d'un pronom relatif :

Tel qui ne disait rien n'en pensait pas moins. Tel se déclarait ravi, qui s'était mortellement ennuyé.

8. Un Tel, untel, un tel sont des façons de désigner une personne quelconque :

Un tel a dit ceci, un tel a fait cela. Adressez-vous à Madame Une Telle.

9. Tel en tête de phrase, voir inversion du sujet, 1, c.

tellement → *tant,* 1 ; **tellement que**
→ *conséquence,* 1

témoigner

1. Témoigner que + indic./témoigner + infin. On dit :

Je témoigne que je l'ai vu hier ou Je témoigne l'avoir vu hier.

2. Témoigner que (combien, à quel point)/témoigner (de) qqch. Plus spéciale-ment avec un sujet nom de chose, on peut dire :

Ce geste témoigne qu'il est sincère ou Ce geste témoigne de sa sincérité, ou (moins couramment) Ce geste témoigne sa sincérité.

3. Témoigner qqch (un sentiment) à qqn, c'est lui en donner la preuve, le lui manifester :

Je voudrais lui témoigner ma gratitude.

témoin

1. Dans l'expression *prendre qqn à témoin,* le mot *témoin* est traditionnellement déclaré invariable en vertu de son sens abstrait ancien de « témoignage » :

Je vous prends tous à **témoin**.

2. *Témoin* introduisant une preuve est aussi invariable :

La clientèle est satisfaite, **témoin** les nombreuses lettres de félicitations que nous recevons.

temps

L'expression du temps se fait par des moyens divers.

1. Subordination par des conjonctions ou des locutions conjonctives :

— à l'indicatif ou au conditionnel : *quand, lorsque, comme, dès que, (aus)sitôt que, depuis que, une fois que, après que* (voir cependant ce mot), *maintenant que, tandis que, en même temps que, tant que, aussi longtemps que, chaque fois que ;*

— au subjonctif : *avant que, en attendant que, jusqu'à ce que, jusqu'à tant que* (fam.).

2. Emploi de prépositions devant un infinitif ou un nom : *avant (de), après, pendant, depuis, dès, à, vers,* etc.

3. Emploi du gérondif : *En arrivant, il s'est mis au lit.*

4. Emploi d'une construction participiale : *Le repas terminé, on se mit au travail.*

5. Emploi d'un adjectif détaché (apposé) en tête de phrase : *Jeune, il était très timide.*

6. Emploi d'adverbes ou de compléments de temps sans préposition : *bientôt, demain, toujours,* etc., *le matin, l'an dernier, toute la journée,* etc.

tendre à + infin./**à ce que** + subj. → *à,* 5

tenir

1. Être tenu de + infin./à + n. On dit *être tenu de se taire,* mais *être tenu au silence.*

2. Tenir qqn ou qqch (pour) + adj. ou n. Dans l'usage le plus courant, on emploie *pour* dans cette construction qui introduit un attribut du complément d'objet :

Je tiens cette information *pour* vraie. On le tenait *pour* un fantaisiste.

L'omission de *pour,* usuelle à l'époque clas-sique, a aujourd'hui un caractère littéraire : *Nous tenons cette explication satisfaisante.*

● *Tenir comme* au lieu de *tenir pour* est ana-logique de *considérer comme,* mais peu usité.

3. Tenir qqch à honneur, tenir à honneur de + infin. Cette expression est archaï-sante ; on dit ordinairement *considérer quel-que chose comme un honneur, considérer comme un honneur de* + infin.

tenir à + infin./**à ce que** + subj. → *à,* 5
tentacule → *genre,* 7
tenter de + infin. → *infinitif,* II, 2
terminatif → *aspect,* 3
termite → *genre,* 7

terre

Par terre, à terre. On n'observe pas de nette différence de sens entre ces deux expres-sions ; *par terre* est plus usuel, *à terre* d'un usage légèrement plus soutenu :

S'asseoir par terre ou à terre. Tomber par terre. Laisser choir à terre un vase.

Dans quelques locutions, le choix n'est pas libre ; on dit *mettre pied à terre, courir ventre à terre, ficher quelque chose par terre* (fam.).

thème de la phrase → *que*, 4
tien adj. possessif → *mien*
tigre, tigresse → *genre*, 2
titres (d'œuvres) → *article*, 4
topaze → *genre*, 7

toucher

Toucher qqch/à qqch. On dit à peu près indifféremment :

En levant le bras, il touche le plafond, ou il touche au plafond (= il l'atteint ou y atteint). Nous touchons le but ou (plutôt) nous touchons au but. Sa maison touche la mienne ou touche à la mienne.

● *Toucher une somme,* c'est la percevoir ; *toucher à une somme,* c'est l'utiliser en partie ou en totalité.

toujours

1. Toujours peut indiquer notamment la répétition indéfinie (= chaque fois, chaque jour, etc.) :

Il se lève toujours à sept heures,

ou la continuation (= encore, jusqu'à ce moment) :

Il dort toujours.

2. Ne... pas toujours/ne... toujours pas/ne... jamais. Dans une phrase contenant l'adverbe de négation *ne... pas,* le sens de *toujours* dépend de sa place :

a) *Il ne travaille pas toujours* signifie « il y a des fois, des moments où il ne travaille pas » (négation restrictive) ;

b) *Il ne travaille toujours pas* signifie « il continue à ne pas travailler, il ne travaille pas encore ». (Voir **encore,** 2.)

● La négation absolue de *il travaille toujours* est, selon le sens de *toujours* dans la phrase affirmative :

Il ne travaille jamais, ou *Il ne travaille plus.*

tour

C'est mon tour, c'est à mon tour. On emploie couramment l'une ou l'autre de ces constructions :

C'est à mon tour d'être surprise. C'est mon tour d'être surprise.

tout

1. À *toute la ville* (= la ville entière) s'opposent nettement, pour le sens, les deux constructions *toute ville* (= chaque ville, n'importe quelle ville) et *toutes les villes.* La construction *toute ville, tout homme,* etc., s'emploie souvent dans des phrases ayant un caractère sentencieux ou du moins une portée générale :

Toute peine mérite salaire. Toute vérité n'est pas bonne à dire. Tout abonné qui en fera la demande recevra une facture détaillée.

● On dit *en tous cas* (ou *en tout cas*), ou *dans tous les cas, de tous côtés* (ou *de tout côté*), ou *de tous les côtés, en toute(s) circonstance(s)* ou bien *dans toutes les circonstances,* etc.

2. Tous (les) deux. *Tous les* suivi d'un mot numéral et d'un nom marque la périodicité :

On remonte cette pendule tous les sept jours.

● *Tous les* devant un mot numéral non suivi d'un nom (donc employé pronominalement) exprime l'association :

Nous viendrons tous les deux, tous les dix.

On dit aussi, soit régionalement, soit dans une langue un peu plus littéraire, *tous deux, tous trois,* plus rarement *tous quatre* (au-delà, l'article défini est de règle) :

Vous êtes tous deux les plus qualifiés. Ils ont déclaré tous trois la même chose.

Ordinairement, *tous deux, tous trois, tous quatre* ne se placent pas en fin de phrase.

3. Tout récapitulatif. À la fin d'une énumération, on peut reprendre l'ensemble des termes exprimés par un nom en apposition de sens plus général précédé de l'adjectif *tout* et sans article :

Le courage, la lucidité, l'autorité, toutes qualités nécessaires à un chef.

4. Tout, tout le monde + ne... pas, voir négation, 10. **Tout à coup, tout d'un coup,**

voir coup. **Tout de bon,** voir pour, 7. **Tout + gérondif** *(tout en étant très riche),* voir concession, opposition, 5.

5. Place de *tout* pronom. Quand le pronom *tout* est complément d'objet direct d'un infinitif ou d'un verbe à une forme composée, il est le plus souvent placé avant l'infinitif ou le participe :

Je peux tout vous expliquer. Vous n'avez pas tout vu.

Cependant, on peut placer *tout* après l'infinitif ou le participe, avec un effet d'insistance :

Je peux vous expliquer tout. Vous n'avez pas vu tout.

6. *Tout ce qu'il y a de.* Cette expression devant un nom pluriel est un renforcement plus ou moins littéraire de *tous, toutes ;* quand elle est devant un sujet, le verbe et, éventuellement, l'attribut sont soit au singulier, soit (plus rarement) au pluriel :

Tout ce qu'il y a de spécialistes au monde est (ou *sont*) *intrigué(s) par ce problème.*

Même liberté d'accord pour une phrase comme :

Tout ce que la France compte de spécialistes est (ou *sont*) *intrigué(s).*

● Devant un adjectif, *tout ce qu'il y a de (plus)* est un équivalent familier de *très ;* l'adjectif est tantôt au masculin singulier (accordé avec *tout*), tantôt accordé avec le nom auquel il se rapporte réellement pour le sens :

*Elle est tout ce qu'il y a de plus **naïf**. Cette personne est tout ce qu'il y a de **sérieuse**. J'ai une preuve tout ce qu'il y a de plus **convaincante**.*

7. *Tout* adverbe. On distingue *Ils sont tous surpris* (= tous sont surpris) et *Ils sont tout surpris* (= ils sont très surpris, tout à fait surpris). Dans la 2ᵉ phrase, *tout* est adverbe, et cependant il prend la forme *toute(s),* uniquement devant un adjectif commençant par une consonne (y compris *h* aspiré) :

*Elle est **toute** surprise. Elles sont **toutes** honteuses* (mais *Elle est **tout** étonnée, tout heureuse*).

8. *Être tout feu tout flamme.* Dans cette locution et dans quelques autres du même modèle, exprimant la plénitude, *tout* reste invariable :

*Elle était **tout** yeux, **tout** oreilles. Elle est **tout** sourires.*

Dans des cas moins stéréotypés, surtout de la langue littéraire, *tout* est parfois accordé avec le nom qui suit : *Il était **toute** douceur.*

9. *Tout d'une pièce, tout de travers.* Dans *tout d'une pièce,* on laisse le plus souvent *tout* invariable :

*Elle se retourna **tout** d'une pièce.*

Dans *tout de travers,* on observe tantôt l'invariabilité, tantôt l'accord de *tout* au féminin :

*Les piquets étaient **tout** de travers. Les chaises sont **tout(es)** de travers. Une tige **toute** de travers.*

10. *La toute jeunesse, la toute enfance. Le tout début.* On dit très normalement *être tout jeune, tout enfant* (*tout* est alors adverbe et modifie un adjectif ou un mot employé adjectivement). Cette construction a entraîné la création des expressions *la toute jeunesse, la toute enfance :*

Dès sa toute jeunesse, il avait manifesté ce talent (on dit plus couramment : *Dès sa première jeunesse,* ou *sa toute première jeunesse* — ou *enfance*).

De façon analogue, pour indiquer les tout premiers instants, l'expression *le tout début de qqch* s'est largement répandue dans l'usage courant :

*Regardez attentivement les images du **tout** début du film. J'arriverai au **tout** début de la matinée* (= tout au début de).

11. *Du tout.* Cette expression s'ajoute souvent à *(ne)... pas, (ne)... plus, (ne)... rien* comme élément de renforcement :

*Je ne suis **pas du tout** surpris,* ou **pas** surpris **du tout**. *Il n'y a **pas du tout** de différence,* ou **pas** de différence **du tout**. *Je ne vois là **rien du tout** d'inquiétant. Il n'a **rien** fait **du tout**. C'est un petit détail de **rien du tout**. Ça t'étonne ? — **Pas du tout**,* ou simplement *Du tout* (fam.).

● L'emploi de *du tout* sans négation devant un adjectif au sens de « totalement » *(cela est du tout inattendu)* est archaïsant.

12. *Tout à coup, tout d'un coup,* voir coup, 1.

13. *Tout + attribut + que...* Cette expression, qui marque la concession, l'opposition, équivaut à peu près à « si... que..., quelque... que..., bien que... ». Le verbe de la proposition est soit à l'indicatif ou au conditionnel, soit au subjonctif. Dans ces emplois, le mot *tout,* quoique adverbe, est variable dans les conditions indiquées au paragraphe 7 :

Tout malin qu'il est, il s'est laissé prendre. Toute naïve, tout écervelée qu'elle soit, elle a deviné le piège (= si naïve [écervelée] qu'elle soit, bien qu'elle soit naïve...). *Tout ministre qu'il est* (ou *qu'il soit*), *il n'est pas au-dessus des lois. Tout contrariant que ce serait, il faudrait bien s'en accommoder.*

---

traître, -esse → *genre,* 2
transitif → *verbe,* 1
travail → *pluriel,* II, 3
travailler à + infin./**à ce que** + subj.
    → *à,* 5

---

travers

À travers (qqch), au travers (de qqch). Ces deux constructions s'emploient à peu près indifféremment, la première étant plus usuelle :

Le liquide passe à travers le filtre ou *au travers du filtre. La toile est fine, on voit à travers,* ou *au travers.*

---

trembler que (ne) → *ne,* II, 1
trépasser → *auxiliaire,* 3

---

très, trop

1. Très, fort, extrêmement, tout à fait, tout. *Très* se place devant un adjectif ou un participe passé, ou devant un adverbe ; *fort* appartient à une langue soutenue ; *extrêmement, tout à fait* ont une plus grande force d'insistance ; *tout* (voir ce mot) s'emploie avec un nombre limité d'adjectifs, de participes ou d'adverbes :

Cet appareil est très (ou *tout à fait, extrêmement*) *pratique. Il était très* (ou *tout*) *intimidé. Il est très tard. À très bientôt* (emploi familier). *C'est très* (ou *fort*) *regrettable. C'est très* (ou *tout*) *simple. Je vous l'avoue très* (ou *tout*) *simplement.*

● *Trop* a un emploi plus étendu que *très :* on peut le placer après un verbe (ou après l'auxiliaire aux formes composées) : *Elle travaille trop. Elle a trop travaillé.*

● *Très* peut aussi se placer devant une locution adjectivale ou adverbiale, ou devant certaines prépositions : *être très en colère, très en retard, très au courant, très sur ses gardes, très au-dessus de la moyenne.*

2. Très (trop) faim, etc. On emploie souvent *très, trop* devant un nom sans article appartenant à une locution verbale, le plus souvent avec les verbes *avoir* et *faire* (emploi jugé familier) :

J'ai très faim, très soif. Il a eu très peur. Faites très attention. Cela nous fait très plaisir. J'en ai très envie.

On peut souvent utiliser aussi *bien :*

J'ai bien peur de m'être trompé. Faites bien attention. J'ai bien envie d'essayer.

L'adjectif *grand* peut parfois être substitué à *très* (usage plus soutenu) :

J'ai grande envie d'essayer. Nous avons (un) grand besoin de cela. J'ai grand peur que cela ne serve à rien. Cela nous fait (un) grand plaisir.

3. Ça m'a très surpris. Dans l'usage oral, on emploie parfois *très* devant le participe d'une forme composée de la voix active. Dans l'usage surveillé, on utilise *beaucoup* (ou *fort, extrêmement, énormément*) :

Cela m'a beaucoup surpris. Son attitude m'a beaucoup (ou *fort*) *déplu.*

Dans cette construction, *trop* s'emploie très normalement (il est placé après l'auxiliaire).

4. Trop de (accord), voir **accord,** A, 2 ; **beaucoup,** 2. *De trop/en trop,* voir **plus, moins, mieux,** 7. **Trop pour... que,** voir **conséquence,** 1, 7.

---

trouver que (mode) → *croire,* 6
tubercule → *genre,* 7
type : *type de phrase* → *phrase,* 2 ;
    coordination, 3

U V Y

1. *Un* intensif. Dans une phrase exclamative, *un* peut souligner l'importance de quelque chose :

> *Vous nous avez fait **une** peur !* (= une grande peur). *Il a **une** chance !* (On dit aussi, familièrement, *une de ces peurs, une de ces chances.*)

● Avec un adjectif employé comme nom, on dit familièrement :

> *C'est **d'un** sale ! C'est **d'un** triste, cette couleur !* (= c'est très sale, très triste).

2. *Un chacun,* voir chacun, 5. ***Un de ces,*** voir ce, I, 2.

3. *(L')un de(s)...* On dit couramment *un de mes amis* ou, dans un usage un peu plus soutenu, *l'un de mes amis.* On dit *c'est un des points fondamentaux,* ou *c'est un point fondamental, c'est une des raisons pour lesquelles* ou *c'est une raison pour laquelle,* mais non **c'est un des points fondamental, *c'est une des raisons pour laquelle.*

4. *(L')un des... qui...* (accord du verbe), voir qui, 5.

5. *L'un et l'autre, l'un ou l'autre.* Ces expressions peuvent s'employer adjectivement, dans l'usage soutenu : *dans l'un et l'autre cas, dans l'un ou l'autre cas* (usage courant : *dans les deux cas, dans un cas ou dans l'autre*).
Quand ces expressions déterminent un sujet, le verbe est soit au pluriel, soit au singulier (en général au singulier pour *l'un ou l'autre*) :

> *L'une et l'autre question **sont** intéressantes* ou ***est** intéressante. L'un ou l'autre cas **peut** se présenter.*

● L'emploi pronominal est plus usuel ; quand il s'agit de sujets, le verbe est le plus souvent au pluriel, parfois au singulier : *L'un et l'autre des témoins **ont confirmé** les déclarations de l'inculpé. L'un et l'autre **sont venus** ou **est venu.***

6. *L'un l'autre.* Cette expression traduit la réciprocité :

> *Ils se félicitent l'un l'autre* (il y a deux personnes), ou *les uns les autres* (il y a plusieurs groupes). *Ils se méfiaient l'un de l'autre, les uns des autres. Ils se battent l'un contre l'autre, les uns contre les autres. Ils s'acharnent l'un sur l'autre.*

● Quand le verbe est de ceux qui reçoivent un complément introduit par *à,* la préposition *à* est parfois omise entre *l'un* et *l'autre* :

> *Ils se prêtent l'un l'autre leur matériel* (ou, plus habituellement, *l'un à l'autre*). *Ils se plaisent l'un à l'autre,* ou *l'un l'autre.*

● Quand on emploie une locution prépositive terminée par *de,* on intercale entre *l'un* et *l'autre* soit la locution entière, soit seulement *de* :

> *Ils sont assis l'un à côté de l'autre,* ou *à côté l'un de l'autre. Elles étaient placées les unes en face des autres* (ou *en face les unes des autres*).

De même pour *près* (ou *auprès*) *de, à l'opposé de, vis-à-vis de, au-dessus de, au-dessous de, loin de, à la suite de,* etc.

7. *D'un/de un.* Devant *un* employé comme mot numéral, on peut élider ou non *de* :

> *Une table **d'un** mètre vingt de long,* ou ***de** un mètre vingt. Une pièce **d'un** franc,* ou ***de** un franc.*

8. *Sur* (ou *vers*) *les une heure.* Cet emploi de l'article pluriel devant *une* est analogue de la désignation des autres heures : *sur* (ou *vers*) *les quatre heures,* etc. On peut dire simplement *vers une heure.*

---

unique : *l'unique... qui* + subj. → ***relative,*** 4, b
unir avec/à → ***avec,*** 1
un tel, Untel → ***tel,*** 8
urgent : *ce qu'il est urgent de* + infin./ *que* + subj. → ***qui,*** 8
user : *en user* → ***agir,*** 1

157

valoir : que me vaut → *que,* 11
valu (accord) → *participe,* II, 1
vantail → *pluriel,* II, 3
se vanter de ce que/de + infin. → *de,* 10
vas : *je vas* → *aller,* 1
vécu (accord) → *participe,* II, 1
la veille → *matin, soir, midi,* 1
veiller à + infin./**à ce que** + subj. → *à,* 5
vélo : *en vélo, à vélo* → *à,* 3
vendeur, venderesse → *genre,* 2
se venger de qqch/de ce que + indic.
   → *de,* 10
vengeur, vengeresse → *genre,* 2

venir

1. Venir à + infin. exprime le caractère éventuel, fortuit d'un événement :

> *Les vivres vinrent à manquer. S'il venait à s'en apercevoir, ce serait désastreux.*

2. En venir à + infin. indique un point d'aboutissement, un degré extrême :

> *De fil en aiguille, on en est venu à évoquer cette affaire. Il en était venu à se méfier de ses amis les plus proches.*

3. Venir de + infin., voir aspect, 4.

4. S'en venir, au sens de « venir », est régional :

> *Vas-tu bien t'en venir ?*

5. Venir en tête de phrase, voir inversion du sujet, 1, d et 7. **Le lieu dont je viens/ d'où je viens,** voir dont, 5.

verbe

1. Transitivité. On appelle « transitifs directs » les verbes qui peuvent recevoir un complément d'objet direct (c'est-à-dire construit sans préposition), comme *rencontrer, surpasser, manger,* etc. :

> *J'ai rencontré un ami. Le chien mange sa pâtée.*

● On appelle « transitifs indirects » les verbes qui peuvent recevoir un complément d'objet indirect (c'est-à-dire introduit par une préposition), comme *obéir, douter :*

> *Nous obéissons à des ordres. Je doute de sa sincérité.*

● Certains verbes peuvent recevoir à la fois un complément d'objet direct et un complément d'objet indirect introduit par *à*

(appelé souvent « complément d'attribution » ou « complément d'objet second » [voir **complément**]) :

> *Pierre donne la pâtée au chien. Elle donne tout son cœur à cette entreprise humanitaire.*

● On appelle « intransitifs » les verbes qui ne peuvent pas recevoir de complément d'objet direct ou indirect, comme *planer, briller,* etc.

● On appelle « verbe employé absolument » un verbe transitif qui se trouve employé sans complément d'objet : *Le chien mange* (voir **absolu, absolument**).

● Pour le cas de verbes coordonnés ayant un même complément, voir **coordination**, 4, et **pronom personnel**, 1.

2. Les voix. Seuls les verbes transitifs directs peuvent être employés à la voix active ou à la voix passive :

> *Pierre surpasse les autres* (voix active). *Les autres sont surpassés par Pierre* (voix passive). [Voir **passif**.]

● Un verbe est à la voix pronominale quand il est accompagné d'un pronom complément réfléchi, c'est-à-dire de la même personne que son sujet, et de la forme *se* à la 3e personne :

> *Nous nous connaissons. Il se plaint. Les oiseaux s'envolent.* (Voir **pronominal**.)

3. Les verbes d'état (ou attributifs). Certains verbes, dits « d'état » ou « attributifs », peuvent servir de lien entre leur sujet et un adjectif ou un nom qui est l'attribut de ce sujet et en indique l'état ou la manière d'être. Ce sont surtout les verbes *être* (appelé « copule »), *sembler, paraître, devenir, rester, passer pour :*

> *La maison est grande. Son frère est médecin. L'affaire passe pour délicate.*

● Certains verbes peuvent servir de lien entre leur complément d'objet et un adjectif ou un nom qui est l'attribut de ce complément d'objet, par exemple *croire, juger, estimer, nommer, trouver, considérer comme :*

> *Je crois cette précaution utile. Nous considérons ce résultat comme un succès.*

4. Les verbes perfectifs. Les verbes comme *comprendre, arriver, naître, mourir, commencer, achever* expriment une action qui aboutit à un certain point où elle cesse : quand on est arrivé, on ne peut plus continuer à arriver. On les appelle des verbes « perfectifs ».

● Au passé composé, on peut leur adjoindre l'adverbe *maintenant : Maintenant j'ai compris,* ce qui n'est pas le cas pour les verbes non perfectifs : **Maintenant j'ai su la réponse. *Maintenant j'ai hésité. *J'ai maintenant habité ici.*

● Au présent passif, ils expriment l'état plutôt que l'action en cours : *La séance est commencée* (= elle est en cours ; différent de *On commence la séance*). [Voir **passif,** 2.]

● Les verbes qui se conjuguent à l'actif avec l'auxiliaire *être* sont des verbes perfectifs intransitifs : *naître, mourir, partir, arriver, tomber,* etc. Voir **commencer,** 3 ; **passer,** 1.

5. Accord du verbe, voir accord.

6. Groupe du verbe. Dans une proposition, le groupe du verbe est constitué par le verbe et les divers compléments ou adverbes qui s'y rattachent :

*Cet enfant **prête volontiers ses jouets à ses camarades.***

> **vers :** *vers (les) huit heures, sur les huit heures* → **sur,** 5
> **vertement** → **adverbe,** 2
> **se vexer de ce que/de** + infin. → **de,** 10
> **vicomte, vicomtesse** → **genre,** 2
> **vicomté** → **genre,** 7
> **vigie** → **genre,** 5
> **ville :** genre des noms de villes → **genre,** 9 ; article devant les noms de villes → **article,** 3 ; préposition devant les noms de villes *(dans, à...)* → **en,** II, 3
> **vingt :** *vingt fois* → **numéraux,** 8
> **viscère** → **genre,** 7
> **viser à** + infin./**à ce que** + subj. → **à,** 5
> **vitrail** → **pluriel,** II, 3

vitupérer

La construction directe *(vitupérer qqn, qqch),* autrefois courante, est aujourd'hui moins usuelle que la construction avec *contre* (analogie de *pester, fulminer, déblatérer,* etc.) :

Il vitupérait contre ses adversaires, contre le règlement.

voilà, voici

1. Voilà/voici. Dans l'usage surveillé, on réserve *voici* à la désignation de quelqu'un ou de quelque chose qui est proche, ou dont on va parler, par opposition à *voilà,* qui désigne quelqu'un ou quelque chose qui est moins proche ou dont on a parlé

(même opposition qu'entre *cela* et *ceci, celui-là* et *celui-ci*) :

Voici mon bureau, et voilà mon horizon. Me voici. Voilà mes observations, et maintenant voici mes conclusions.

● Dans l'usage oral courant, on n'emploie guère que *voilà,* sans se préoccuper de cette distinction :

Voilà le facteur. Me voilà.

2. Voilà + n. qui..., que..., etc. *Voilà* (ou *voici*), en corrélation avec un relatif, est un présentatif servant à mettre en relief un nom ou un pronom (voir **qui,** 8).

Voilà la part qui te revient. Voilà la personne dont je vous parlais. Voilà ce que je voulais dire. Voici ce dont il s'agit. Le voilà qui passe, et non **Le voilà qu'il passe.*

● *Voilà qui...,* voir **qui,** 6.

3. Voilà que (ou voici que) souligne le caractère soudain, inattendu ou saugrenu d'un événement :

Tiens, voilà qu'il pleut ! Voilà qu'il s'est mis en tête de chercher des trésors.

● *(Ne) voilà-t-il pas que...* (fam.) exprime la même valeur, avec plus d'insistance :

Voilà-t-il pas qu'on parle maintenant d'arrêter tous les travaux ?

4. Voilà (+ compl. de temps) que... équivaut à *il y a... que... :*

Voilà un mois qu'il n'a pas plu.

5. Voici venir + n. Dans cette construction de l'usage soutenu, on ne peut pas substituer *voilà* à *voici : Voici venir les beaux jours.* On dit plus ordinairement *Voilà les beaux jours qui viennent.* Dans l'usage littéraire seulement, un autre verbe de sens voisin peut remplacer *venir* dans cette construction infinitive.

> **voir que** (mode) → **croire,** 6 ; *voir à* + infin./ *à ce que* + subj. → **à,** 5 ; *se voir* + infin. → **passif,** 5 et **auxiliaire,** 2

voire

1. Voire exprime, dans l'usage littéraire, une réponse ou une réflexion ironique marquant un doute :

Il prétend que c'est involontaire : voire !

2. Voire ou voire même, dans l'usage

soutenu, introduit un terme qui exprime un renforcement :

- *C'est inutile, voire dangereux. On pourrait hésiter, voire même s'y tromper.*

---

voix → *verbe*, 2
volonté : *avec la meilleure volonté* → *meilleur*, 3
volonté : subordonnées dépendant de verbes de volonté → *subjonctif*, 1
votre adj. possessif → *mien*

---

vouloir

1. Vouloir bien, bien vouloir. Dans l'usage courant, ces deux constructions s'emploient indifféremment à l'infinitif dans des formules exprimant une demande ou une invitation plus ou moins insistante :

Je vous prie de vouloir bien (ou *de bien vouloir*) *accepter mes excuses, me faire connaître vos intentions, assister à la réunion.*

Une certaine tradition administrative et militaire réserve *bien vouloir* à l'expression de la demande à un supérieur et *vouloir bien* à l'expression de l'ordre.

2. Vouloir que (mode). Le mode normalement employé après *vouloir* est le subjonctif (ou l'infinitif en cas d'identité de sujet avec le verbe dépendant de *vouloir*) :

Je veux que tu viennes. Je veux venir.

● Toutefois, l'indicatif peut se rencontrer dans des expressions telles que *le hasard* (*le sort, le destin, le ciel*, etc.) *a voulu que*, présentant la constatation d'un fait réel :

Le hasard a voulu que je me suis trouvé là (ou *que je me sois trouvé là*).

3. En vouloir. On dit *Ne m'en veuille pas* ou *Ne m'en veux pas, Ne m'en veuillez pas* ou *Ne m'en voulez pas.*

● **En vouloir à qqn de qqch/de ce que + indic.,** voir de, 10.

4. Je ne veux pas... (portée de la négation), voir négation, 10.

---

vous : *je vous lui ai dit...* → *pronom personnel*, 4
voyant : *une couleur voyante* → *participe*, I, 2
vrai : *pour de vrai* → *pour*, 7

---

y

1. Y/lui. *Y* représente ordinairement des choses, des notions abstraites. Pour des êtres animés, on emploie en principe *(à) lui, leur, à eux, à elles* :

La situation est sérieuse, mais on peut y remédier. Il a appris à réfréner ses instincts au lieu d'y obéir. Ce sont des chefs, il faut bien leur obéir. Je connais ce bureau, je m'y suis déjà adressé. Je connais cette personne, je me suis déjà adressé à elle.

● *Y* s'emploie parfois pour des êtres animés, en particulier avec des verbes comme *penser à, songer à, se fier à, s'intéresser à,* qui n'admettent pas d'être immédiatement précédés de *lui* ou *leur* compléments :

Depuis que son fils est parti, elle n'arrête pas d'y penser (usage plus soutenu : *de penser à lui*).

● *Y* correspond souvent à une prononciation populaire de *lui* avec des verbes comme *donner, dire, demander,* etc. : *Comme vous n'étiez pas là, *j'y ai dit de repasser.*

● *Lui, leur* avant le verbe représentent très normalement des choses, notamment avec *donner, devoir, préférer* :

Les meubles sont poussiéreux, il faut leur donner un coup de chiffon (et non **y donner*). *Cette cravate ne me plaît pas, je lui préfère l'autre* (et non **j'y préfère*). *Est-ce que cette voiture n'est pas la vôtre ? Elle lui ressemble* (ou *elle y ressemble*).

2. Y/le. *Y* peut s'employer comme attribut, surtout dans l'usage familier, pour représenter un adjectif ou une locution adjectivale (*en avance, en colère, au courant,* etc.) :

Tu es en colère ? — Oh ! oui, j'y suis ! (usage courant : *je le suis*). *Je me croyais en retard, mais je n'y étais pas* (ou *je ne l'étais pas*).

● L'emploi de *y* pour *le* comme complément d'objet direct est un régionalisme étranger à l'usage normal : **Je n'ai pas encore fait le travail, mais je vais y faire* (usage normal : *je vais le faire*).

3. Où + y, voir où, 1. **J'(y) irai,** voir aller, 12. **Il y va de/il en va de,** voir aller, 11. **Fiez-vous-y/*fie-t'y,** voir pronom personnel, 2.